Inhalt

Vorwort

Vor Ihnen liegen die *Handreichungen für den Unterricht zu Pluspunkt Deutsch – Leben in Deutschland B1*. In diesen Handreichungen wird das methodisch-didaktische Vorgehen bei der Arbeit mit *Pluspunkt Deutsch – Leben in Deutschland* beschrieben. Sie finden hier Tipps für den Unterricht, Vorschläge für die Binnendifferenzierung und dafür, wie Sie die Aufgaben im Kursbuch variieren können, Ideen für zusätzliche Aktivitäten außerhalb des Kursraums und Ideen, um die Kursteilnehmer (KT) zum eigenständigen Lernen zu motivieren. Die Anregungen aus den *Handreichungen* haben Vorschlagscharakter, sie sind ein Angebot, aus dem Sie eine Auswahl treffen können, die der jeweiligen Kurssituation angepasst ist. Ergänzende landeskundliche Informationen ersparen Ihnen umständliches Suchen und können direkt an die KT weitergegeben werden.

In den *Handreichungen für den Unterricht* finden Sie
- ein didaktisiertes Inhaltsverzeichnis für jede Lektion, in dem das Training der vier Fertigkeiten, der Wortschatz und die Grammatik übersichtlich zusammengefasst sind,
- methodische Hinweise und Tipps zum Training der vier Fertigkeiten (Sprechen, Schreiben, Lesen und Hören),
- Vorschläge für Tafelbilder,
- Vorschläge für die zu wählenden Arbeitsformen,
- konkrete Hinweise zur Binnendifferenzierung.

Die *Handreichungen* enthalten zahlreiche Zusatzaktivitäten, auch mit Kopiervorlagen, die Sie im Unterricht einsetzen können:
- Aktivitäten zur Förderung der Kommunikation (gelenkte und freie Rollenspiele, Kopiervorlagen für Wechselspiele),
- zur spielerischen Einübung des Wortschatzes, z. B. Kopiervorlagen für Domino- und Memoryspiele,
- zur spielerischen Einübung der Grammatik (auch mit zahlreichen Kopiervorlagen),
- Diktate und Zwischentests zu den einzelnen Lektionen.

Die Kopiervorlagen sind oft in Kärtchenform gestaltet, die Sie ausschneiden können und am besten auf Karton kleben oder laminieren, um sie besser haltbar zu machen.

Erläuterungen zur Vorbereitung und zum Einsatz der Kopiervorlagen sind an der jeweiligen Stelle im Kommentar zu den Lektionen integriert.

Ausführliche Hinweise zur Konzeption der Neubearbeitung sowie zu den methodisch-didaktischen Überlegungen von *Pluspunkt Deutsch – Leben in Deutschland* finden Sie in den *Handreichungen* zum A1-Band. Im Folgenden wird die Konzeption des B1-Bandes kurz beschrieben.

Das Lehrwerk und das Rahmencurriculum

Die Handlungsfelder des Rahmencurriculums sind im B1-Band wie folgt berücksichtigt:

Gestaltung sozialer Kontakte:	Lektion 3
Arbeit und Arbeitssuche:	Lektion 3, 5, 8
Aus- und Weiterbildung:	Lektion 2
Banken und Versicherungen:	Lektion 8
Einkaufen:	Lektion 6
Gesundheit:	Lektion 10
Mediennutzung:	Lektion 2
Mobilität:	Lektion 7

Im Inhaltsverzeichnis des Kursbuches sowie in den vorliegenden *Handreichungen* werden die einzelnen Lernziele bzw. Kannbeschreibungen aus dem Rahmencurriculum, die in *Pluspunkt Deutsch* aufgegriffen werden, angegeben.

Das Kursbuch (KB)

Die Kursbücher und Arbeitsbücher des B1-Bandes sind wie die A1- und A2-Bände auch in Teilbänden erhältlich, mit den Lektionen 1–6 bzw. 7–12.

Das KB der Neubearbeitung des B1-Bandes enthält 12 Lektionen mit jeweils 10 Seiten. Auf der Auftaktseite jeder Lektion wird der für die Lektion zentrale Wortschatz eingeführt und das Thema der Lektion vorbereitet. Es folgen jeweils 6 Seiten, die in übersichtliche, mit Buchstaben versehene Blöcke aufgeteilt sind.

Die grünen Kästen enthalten die wichtigsten Regeln und Übersichten zur jeweils neu eingeführten Grammatik und manchmal zur Landeskunde, die orangefarbenen Kästen weitergehende Informationen zum Sprachgebrauch.

Die beiden Seiten *Sprechen aktiv* enthalten zusammenfassende Sprechübungen (z. B. Nachsprechübungen oder Minidialoge) zu Wortschatz und Grammatik zu jeder Lektion, dazu Phonetikübungen mit dem Titel *Flüssig sprechen* und eine verkürzte Version von Dialogen aus den Videoclips mit Übungen. Auf der *Gewusst wie*-Seite sind die wichtigsten Redemittel der Lektion und die neu eingeführte Grammatik zusammenfassend dargestellt.

Der Anhang umfasst die Partnerseiten zu den Wechselspielen, Übungen zu den Videoclips, die Hörtexte, die nicht oder nicht vollständig in den Lektionen abgedruckt sind, eine alphabetische Liste mit dem Lernwortschatz inkl. Fundstelle im Buch sowie Listen mit unregelmäßigen Verben und Verben mit Dativ bzw. Dativ und Akkusativ. Anders als in *Pluspunkt Deutsch A1* und *A2* es keinen eigenen Phonetikanhang, da die wesentlichen phonetischen Themen dort bereits behandelt wurden.

Die insgesamt 13 Videoclips greifen die Themen auf humorvolle Weise auf und gewähren Einblick in deutsche Alltagssituationen. Diese Videoclips sind in Kombination mit den Arbeitsblättern im Kursbuch fakultativ einsetzbar. Sie sind mit Untertiteln versehen, sodass die KT damit ohne Probleme auch zu Hause arbeiten können.

Insbesondere die Lesetexte in *Pluspunkt Deutsch B1* sind gegenüber den Lesetexten der vorangegangenen Niveaustufen teilweise deutlich anspruchsvoller, weil auf dieser Niveaustufe vor allem rezeptiv viel verlangt wird.

Das Arbeitsbuch (AB)

Das Arbeitsbuch enthält ein vielfältiges Aufgaben- und Übungsangebot zu den Lektionen des KB. Die KB-Übungen enthalten Verweise auf die zugehörigen Übungen im AB, sodass sich die Arbeit mit beiden Büchern abstimmen lässt.

Das AB umfasst wie im A1- und A2-Band für jede Lektion 12 Seiten. Die ersten sieben Seiten enthalten Wiederholungs- und Vertiefungsübungen zum Lernstoff im KB, die letzte(n) Übung(en) bieten ein gezieltes Schreibtraining an. Die achte Seite, *Deutsch Plus*, bietet weitere, mit dem Thema der Lektion verbundene Aufgaben. Die *Deutsch-Plus*-Seiten eignen sich auch als Erweiterungsübungen für lerngeübte KT, wenn diese z. B. während des Unterrichts mit einer Übung schneller fertig sind als andere KT.

Wenn es in den KB-Lektionen verstärkt um Dialogsituationen ging, finden sich im AB zahlreiche Parallelübungen, u. a. Textkaraoke. Die KT hören nur einen Dialogteil, den anderen sprechen sie selbst.

Auf der neunten und zehnten Seite ist der Lernwortschatz einer jeden Lektion abgedruckt. Hier können die KT die Übersetzung in ihrer Muttersprache hinzufügen. Zusätzlich finden sich weitere Übungen zum Vokabeltraining und Aussprachübungen zu schwierigen Wörtern Wie in den vorhergehenden Bänden finden Sie auf den letzten beiden Seiten jeder Arbeitsbucheinheit ein Bildlexikon zum wichtigen Wortschatz der Einheit, der noch etwas ausgeweitet wird.

Im Anhang des Arbeitsbuches findet sich zudem eine systematische Darstellung der **Grammatik** für die Niveaustufen A1 bis B1.

Die AB-Stationen nach den Lektionen 3, 6, 9 und 12 enthalten Aufgaben zur **Selbstevaluation**.

Die Lösungen für die AB-Übungen sind in einem Einleger, den die KT getrennt vom AB aufbewahren sollten. Weisen Sie die KT darauf hin, dass er ausschließlich zur nachträglichen Kontrolle dient.

Das AB ist so gestaltet, dass die KT die Übungen auch alleine zu Hause z. B. als Hausaufgabe machen können. Eine CD mit den Hörtexten liegt bei. In den ersten Stunden sollten die AB-Übungen im Unterricht gemacht werden, damit die KT die Arbeitstechniken kennenlernen und sich bei Fragen an den KL wenden können. Das erleichtert ihnen die Arbeit mit dem Buch zu Hause.

Die Stationen

Neben den 12 Lektionen enthält der B1-Band vier Stationen, die allerdings gegenüber dem A2-Band erweitert wurden. Die Stationen umfassen nicht mehr vier, sondern sechs Seiten. Die Stationen sind wie folgt aufgeteilt.

Erste Seite: Spielerische Wiederholung
zweite und dritte Seite: Berufsleben (Station 1: Ausbildungsberufe in Bereichen IT und Medien, Station 2: akademische Berufe, Station 3: Kommunikation im Beruf, Station 4: Anerkennung ausländischer Ausbildungen)

Vierte und fünfte Seite (Station 1–3): Prüfungsvorbereitung DTZ. Dazu gibt es Tipps für die Bearbeitung der Aufgaben
Sechste Seite: Regionen und Landschaften

Nach der Station 4 finden Sie einen kompletten Vorbereitungstest für den DTZ.

Die Stationen 1–3 im AB enthalten wie im A2-Band zwei Seiten für die Selbstevaluation sowie zwei weitere mit Prüfungsvorbereitung für den DTZ. In Station 4 entfällt die Prüfungsvorbereitung, dafür umfasst die Selbstevaluation vier Seiten und gibt nicht nur die Gelegenheit zur Evaluation des Lernstoffs der vorangegangenen drei Lektionen, sondern bezieht sich komplett auf den Lernstoff der Niveaustufen A1 bis B1.

Die DTZ-Vorbereitung ist in den Stationen 1–3 wie folgt aufgeteilt:
- *Station 1*
  KB: Lesen 1
  AB: Lesen 2 und 3
- *Station 2*
  KB: Hören 1–4
  AB: Lesen 4 und 5
- *Station 3*
  KB: Sprechen 1–3
  AB: Schreiben

Diktate und Zwischentests in den *Handreichungen*

Für die Diktate im Anschluss an die Kommentare zu den Lektionen in den vorliegenden *Handreichungen* bieten sich verschiedene Einsatzmöglichkeiten an. Zu jedem Diktat geben wir Ihnen neben dem Volltext eine Variante zur Durchführung an. Zum Beispiel können Sie sie vorlesen, sie sind als Partnerdiktat denkbar, als Laufdiktat, ein/e KT liest den ganzen Text vor oder mehrere KT lesen abwechselnd Teile des Textes.

Auch die Korrektur lässt sich unterschiedlich gestalten: Sie korrigieren die Texte, die KT kontrollieren ihre Texte gegenseitig oder jede/r KT kontrolliert den eigenen Text mit Hilfe des Originaltextes.

Schwerpunkt der *Zwischentests* im Anhang der *Handreichungen* sind Wortschatz, Kommunikation und Grammatik. Jeder Test sollte nicht länger als 2 Minuten dauern. Die Aufgaben sind ausnahmslos geschlossen und so gestaltet, dass sie auch von lernungeübten KT lösbar sind, sofern der Stoff der betreffenden Lektion komplett durchgearbeitet und mit Hilfe der AB-Übungen gefestigt wurde. Ein/e KT sollte mindestens 60 % der maximalen Punktzahl erreichen, damit der Test als erfolgreich bewertet werden kann.

Auftaktseite
Lernziele und Lerninhalte:

Sprechen: Fotos beschreiben,
über das Familienleben sprechen

Wortschatz: Was machen Familien?

Arbeitsbuch: Ü 1–2
Portfolioübung Ü 2: einen Text über die eigene Familie schreiben

A Familie heute
Lernziele und Lerninhalte:

Sprechen: über eine Familie sprechen

Hören: Radiobericht über Familien in Deutschland

Lesen: Text über eine Großfamilie

Grammatik: *obwohl, trotzdem*

Arbeitsbuch: Ü 3–7

B Irina Bulgakova erzählt
Lernziele und Lerninhalte:

Sprechen: über die Situation der Frauen in Deutschland sprechen,
eine Statistik beschreiben

Hören/Lesen: eine Migrantin beantwortet Interviewfragen zur Situation der Frauen in Deutschland und im Heimatland

Grammatik: Genitiv – Präpositionen mit Genitiv

Kannbeschreibungen GER / Rahmencurriculum:
Kann kurze Zeitungsberichte und -interviews zu vertrauten Themen im Wesentlichen verstehen.

Arbeitsbuch: Ü 8–14

C Konflikt in der Partnerschaft
Lernziele und Lerninhalte:

Sprechen: Aufgaben im Haushalt

Hören: Streitgespräch eines Paares über Aufgaben im Haushalt

Wortschatz: Haushalt

Grammatik: *deshalb*

Arbeitsbuch: Ü 15–20

D Gleichberechtigung
Lernziele und Lerninhalte:

Sprechen: über Gleichberechtigung diskutieren,
Textwiedergabe,
Meinungen zum Thema Gleichberechtigung äußern

Lesen: Text über Gleichberechtigung

Kannbeschreibungen GER / Rahmencurriculum:
Kann mit einfachen Worten seine/ihre Meinung über erlebte und beobachtete Aspekte des Lebens in Deutschland mitteilen.

Arbeitsbuch: Ü 21–22
Schreibtraining Ü 23: eine Mitteilung schreiben

Kannbeschreibungen GER / Rahmencurriculum:
Kann in alltäglichen Situationen stichwortartige Mitteilungen schreiben.

Arbeitsbuch – Deutsch plus Ü 24: Text über Elternzeit
Arbeitsbuch – Wichtige Wörter: Ü 1–2
Arbeitsbuch – Bildlexikon Ü 3–4: Familienleben

Kopiervorlagen in den Handreichungen:
KV 1: Partnerinterview: *Wie gut kennen Sie sich?*
KV 2: Stammbaum der Familie Löper
KV 3: Satzpuzzle *obwohl / trotzdem / aber – weil / deshalb / denn*

In Lektion 1 geht es um Familie, Partnerschaft, Aufgaben im Haushalt und um das Thema Gleichberechtigung. Die Grammatikthemen sind *obwohl* und *trotzdem*, *weil* und *deshalb* sowie der Genitiv und die Präpositionen mit Genitiv.

Die Teilnehmer lernen sich kennen

Wenn sich der Kurs neu zusammensetzt, können Sie ein kleines Partnerinterview durchführen. Schreiben Sie einige Stichpunkte an die Tafel, z. B.:

> *Name*
> *Herkunftsland*
> *Wie lange schon in Deutschland?*
> *Hobbys*
> *Lieblingsessen*
> *Lieblingsfarbe (Warum?)*

Die KT arbeiten zu zweit. Sie fragen einander gegenseitig und notieren die Antworten. Danach stellen sie sich gegenseitig vor.

Eine andere Möglichkeit besteht darin, dass sich die KT im Raum bewegen, wobei Musik läuft. Immer wenn die Musik stoppt, bleiben die KT stehen und sprechen miteinander bzw. stellen sich gegenseitig die oben aufgelisteten oder ähnliche Fragen, KL nimmt an diesen Gesprächen teil.

Sie können auch mit **Kopiervorlage 1** arbeiten. Die KT interviewen ihre Lernpartner und stellen diese im Kurs vor. Auch KT, die ab der Stufe 1 zusammen sind, haben oft die Namen der anderen nicht mehr parat und oft kann es peinlich sein, immer wieder fragen zu müssen, wie jemand heißt, bzw. wie ein Name richtig ausgesprochen wird. Die KT sollen nur Stichwörter aufschreiben und frei über die anderen erzählen. So bekommen Sie auch zu Kursbeginn einen Eindruck, wer sich mündlich auf welchem Stand befindet und diese Aktivität am Anfang des Kurses kann sehr auflockernd wirken. Bevor man mit dem eigentlichen „Stoff" beginnt, haben alle KT schon einmal miteinander gesprochen und im Kursraum etwas gesagt.

Auftaktseite
Lernziele und Lerninhalte:

Sprechen: Fotos beschreiben – über das Familienleben sprechen

Wortschatz: Was machen Familien?

1

Die KT betrachten in Partnerarbeit zunächst die Fotos und machen Notizen. Anschließend berichten sie im Plenum, was sie auf den Bildern sehen. Geben Sie insbesondere für lernungeübte KT geeignete Redemittel vor:

> *Auf dem Fotos sind … / sieht man …*
> *Die Familie feiert.*
> *Die Kinder/Geschwister/Die Mutter …*

Anschließend sammeln die KT entsprechend der Aufgabe 1b Wortschatz zum Thema Familie in Form eines Wörternetzes und sprechen mit den gesammelten Wörtern über die Familie wie in den Sprechblasen vorgeschlagen.

Variante:

Die KT bearbeiten in Gruppen je ein Bild und erfinden eine Geschichte zu den Fotos. Die Geschichten werden im Plenum erzählt oder aufgeschrieben und an eine Pinnwand geheftet. Wenn zwei Gruppen dasselbe Bild bearbeitet haben, vergleichen sie ihre Ergebnisse und einigen sich evtl. darauf, welche Geschichte am besten zu dem Foto passt.

2

Diese Portfolioübung gibt den KT die Gelegenheit, über sich selbst zu sprechen. Geben Sie (insbesondere lernungeübten KT) die Aufgabe, mindestens drei Formulierungen aus dem Redemittelkasten zu benutzen und vor dem Sprechen Sätze zu schreiben, die Sie dann korrigieren sollten. Die KT lesen die Sätze dann zuerst vor, in einem zweiten Schritt werden sie dann frei vorgetragen.

Nutzen Sie hier die Gelegenheit, den in *Pluspunkt Deutsch A1*, Lektion 4 (Auftaktseite, Block A) eingeführten Wortschatz für Verwandtschaftsbeziehungen zu wiederholen.

Arbeitsbuch: Ü 1–2
Portfolioübung Ü 2: einen Text über die eigene Familie schreiben

A Familie heute

Lernziele und Lerninhalte:

Sprechen: über eine Familie sprechen
Hören: Radiobericht über Familien in
                Deutschland
Lesen: Text über eine Großfamilie
Grammatik: *obwohl / trotzdem*

In diesem Block geht es in einem Hörtext um unterschiedliche Familienmodelle in Deutschland. Eine Familie mit mehreren Generationen unter einem Dach wird vorgestellt. Die Grammatik behandelt Nebensätze mit *obwohl* sowie das Adverb *trotzdem*.

1

Dieses einleitende Hörverstehen dient der Einführung in das Thema dieses Blocks sowie der Vorentlastung des nachfolgenden Lesetextes.
(Lösung 1a: richtig: 2, 3, 4)

Für die Erklärung der Wörter im Schüttelkasten sollten lernungeübte KT bzw. KT, die Schwierigkeiten mit dem Hörverstehen haben, den abgedruckten Text im Anhang nachlesen.

2

Die KT decken den Text unter 2b ab und lesen nur die Überschrift. Geben Sie geeignete Redemittel vor, damit die KT ihre Vermutungen äußern können:

> Es ist möglich, dass …
> Ich vermute, dass …
> Vielleicht … / Möglicherweise …
> Der Text handelt von …
> In dem Text geht es um …

Notieren Sie die Vermutungen an der Tafel. Anschließend lesen die KT den Text, um im ersten Schritt ihre Vermutungen zu überprüfen. Gehen Sie hinsichtlich der Erläuterung unbekannten Wortschatzes folgendermaßen vor: Sammeln Sie die Wörter an der Tafel und lassen Sie sie möglichst von den KT selbst erklären.

Der Stammbaum, den die KT unter 2c zeichnen sollen, bietet wie Aufgabe 2 auf der Auftaktseite Gelegenheit, den Familienwortschatz, den die KT in *Pluspunkt Deutsch A1*, Lektion 4 gelernt haben, zu wiederholen. 2d lösen die KT in Partnerarbeit, Besprechung der Ergebnisse im Plenum.

Damit 2c insbesondere von lernungeübten KT leichter gelöst werden kann, enthält **Kopiervorlage 2** ein Schema für einen Stammbaum der Familie Löper.

Karl und Hilde sind die Eltern von Andreas und Beate. Andreas (alleinerziehend) hat eine Tochter Miriam. Beate ist mit Michael verheiratet, sie haben drei Kinder Max, Katrin und Isa.

Zur Wiederholung des Familienwortschatzes gibt es außerdem eine Grafik, um die Familie aus der Sicht von Hilde zu beschreiben. (Karl = ihr Mann, Andreas = ihr Sohn, Miriam = ihre Enkelin, Michael = ihr Schwiegersohn, Beate = ihre Tochter, Max = ihr Enkel, Katrin = ihre Enkelin, Isa = ihre Enkelin).

Sie können auch für die anderen Familienmitglieder weitere Grafiken wie in der Kopiervorlage anfertigen. (Lösung 2d: 1. Zeile 14–26, 2. Zeile 33–37, 3. Zeile 39–41, 4. Zeile 23–25)

3

Die neue Grammatik wird eingeführt, indem die KT Sätze mit *obwohl* und *trotzdem* zunächst erkennen sollen:

Obwohl ich alleinerziehend bin, fühle ich mich nicht allein.
Karl und ich sind jetzt Rentner. Trotzdem sind wir noch sehr aktiv.
Obwohl es hier manchmal etwas laut und hektisch ist, bin ich über das Zusammenleben mit Beates Familie sehr glücklich.
Meine Schwiegereltern haben z. B. eine ganz andere Meinung über die Erziehung der Kinder. Trotzdem akzeptieren sie unsere Erziehungsmethoden.

Erläutern Sie die Nebensätze mit *obwohl* und Satzverbindungen mit *trotzdem*, nachdem die KT 3a gelöst haben und machen Sie insbesondere auch auf die Position des Verbs aufmerksam. Schreiben Sie die Sätze an die Tafel und markieren Sie die Verben ähnlich wie im Grammatikkasten. Danach sollten die KT, vor allem die lernungeübten, die Sätze auch ins Heft schreiben und die Verben markieren.

Anschließend formen die KT die Sätze entsprechend der Aufgabe 3b in Einzelarbeit um, individuelle Kontrolle durch KL.

Erläutern Sie bei dieser Gelegenheit auch noch einmal die Struktur von Nebensätzen allgemein und erinnern Sie daran, dass das Verb in Nebensätzen immer am Ende steht. Geben Sie einen Überblick über alle Nebensatztypen, die die KT vom A2-Band her kennen sollten: *weil, dass, wenn* (konditional), *damit* sowie indirekte Fragesätze und Relativsätze.

4

Diese Übung dient der weiteren Festigung. Die Zuordnung der Bilder erfolgt zunächst im Plenum, danach schreiben die KT Sätze mit *obwohl* und *trotzdem* entsprechend in 4b und sprechen sie dann laut.

Varianten:

– Kettenspiel. A beginnt einen Satz mit *obwohl*, den B beendet. Dann beginnt B einen neuen Satz mit *obwohl* usw.
   Spielen Sie dieses Kettenspiel in zwei Runden: einmal mit *obwohl* und beim zweiten Mal mit *trotzdem*.
   Teilen Sie ggf. Zettel aus, auf denen die Satzanfänge schon vorgegeben sind, was insbesondere für lernungeübte KT eine Erleichterung sein kann.
– Schreiben Sie Satzgefüge mit Nebensätzen mit *obwohl* und passenden Hauptsätzen auf Zettel und schneiden Sie diese durch. Eine Hälfte der KT bekommt einen Satzanfang mit *obwohl*, die andere bekommt die Haupsätze. Die KT mit den Nebensätzen lesen ihre Sätze vor, KT mit den passenden Hauptsätzen beenden den Satz.
– Zwei KT verlassen den Raum, die übrigen einigen sich auf eine Satzverbindung mit *obwohl* bzw. *trotzdem*, jedem/jeder KT wird ein Wort zugeteilt. Die beiden KT kommen wieder in den Raum, aus der Gruppe sagt jede/r KT das ihm/ihr zugeteilte Wort, die beiden KT stellen die Gruppe entsprechend der Reihenfolge der Sätze auf.

Kopiervorlage 3 enthält ein Satzpuzzle mit Sätzen zu *obwohl / trotzdem / aber* und *weil / deshalb / denn* zum Ausschneiden, das Sie auch für die vorgeschlagenen Varianten verwenden können (*zu weil / deshalb / denn* siehe Block C dieser Lektion).

5

In dieser Aufgabe steht noch einmal die Textarbeit in Form eines fiktiven Interviews im Vordergrund. Einleitend erarbeitet KL zusätzlich zu der Frage in dem Heftausriss in 5a gemeinsam mit den KT eine bis zwei weitere Fragen und mögliche Antworten, sodass die KT eine genauere Anleitung für die Partnerarbeit haben. Danach stellen sich je zwei Kleingruppen gegenseitig ihre Fragen, die jeweils andere Gruppe antwortet.

Arbeitsbuch: Ü 3–7

B   Irina Bulgakova erzählt
Lernziele und Lerninhalte:

Sprechen: über die Situation der Frauen in Deutschland sprechen – eine Statistik beschreiben
Hören/   Eine Migrantin beantwortet
Lesen: Interviewfragen zur Situation der Frauen in Deutschland und im Heimatland
Grammatik: Genitiv, Präpositionen mit Genitiv

Die KT hören und lesen ein Interview über die Meinung einer Migrantin zur Gleichberechtigung in Deutschland.

1a

Das einleitende Hörverstehen dient dem Globalverstehen. Hier kommt es nicht darauf an, jedes einzelne Wort zu verstehen, sondern nur, die Hauptinhalte zu erkennen. Die KT hören das Interview zweimal, beim zweiten Mal ggf. mit Pausen, jeweils nachdem eines der aufgelisteten Themen vorgekommen ist.
(Lösung: Mutterschutz, Heiratsalter, Wohnsituation, Betreuungsmöglichkeiten für Kinder, die Situation von Frauen nach einer Scheidung)

Nutzen Sie die Gelegenheit, den KT Hörstrategien bewusst zu machen. Diskutieren Sie mit den KT nach dem Hören, was das Verständnis des Interviews ermöglicht hat, selbst wenn nicht alle Wörter bekannt waren: Kontext, Ableitung unbekannter Wörter von bereits bekannten Wörtern usw. So setzt sich z. B. das Kompositum *Betreuungsmöglichkeit* aus bereits früher eingeführten Wörtern zusammen. Machen Sie darauf aufmerksam, dass man viele Texte verstehen kann, ohne jedes einzelne Wort kennen zu müssen und dass auch Texte im DTZ Wortschatz enthalten können, der für die KT neu ist, ohne dass dies das Prüfungsergebnis beeinträchtigen muss.

Anschließend lösen die KT Aufgabe 1b.

Frau Bulgakovas Aussagen über Frauen in Deutschland können dazu dienen, dass die KT ihre eigenen Erfahrungen und Meinungen kritisch überprüfen: *Kann ich Frau Bulgakova zustimmen? – Habe ich andere Erfahrungen gemacht?* Es bietet sich also eine Diskussion an, die auch erweitert werden kann: Wie beurteilen die KT die Situation der Frauen in ihrem Heimatland?

Fassen Sie dafür einleitend gemeinsam mit den KT zusammen, wo Frau Bulgakova die Unterschiede zwischen Deutschland und Russland sieht und sammeln Sie diese Unterschiede an der Tafel.

Gespräche dieser Art und die entsprechenden (von KT zu KT verschiedenen) Ansichten können im Idealfall ein Leitfaden sein, um sich im deutschen Alltag besser zurechtzufinden und die gegenüber der alten Heimat andersartige Umgebung besser zu verstehen.

2

In den restlichen Übungen dieses Blocks geht es um den Genitiv. Zunächst lesen die KT noch einmal den Text und markieren die Genitivformen mit Unterstützung durch KL. Notieren Sie anschließend je eine Genitivform für maskulin, neutrum, feminin und Plural an der Tafel und erläutern Sie Formen und Funktion. Unterstreichen Sie die maskulinen und neutralen Endungen farbig. Auf die Nomen der n-Deklination müssen Sie an dieser Stelle nicht eingehen, sie werden in Lektion 8 (Block C) behandelt.
(Lösung: *während des Studiums, bei den Eltern des Ehemannes, ein Leben außerhalb der Familie, die Betreuung der Kinder, wegen eines Kindes, die Situation der Frauen, Erziehung der Kinder*)

Geben Sie auch weitere Beispiele für die im Grammatikkasten genannten Präpositionen im Genitiv. Da diese an dieser Stelle nicht weiter geübt werden, empfiehlt es sich, AB-Übung 12 im Unterricht zu machen.

3–4

Diese Übungen dienen der weiteren Festigung. Übung 3 ist etwas komplexer, weshalb Sie lernungeübten KT Unterstützung geben sollten, indem Sie über die Heftausrisse hinaus weitere Sätze mit Lücken an die Tafel schreiben oder als Kopie verteilen sollten, z. B.:

2014 hatten in Westdeutschland nur _____

_____ unter 3 Jahren eine Kinderbetreuung.

In Ostdeutschland hatten _____ _____

eine Betreuung.

Nachdem die KT Sätze geschrieben haben, beschreiben sie die Statistiken mündlich.

Arbeitsbuch: Ü 8–14

C Konflikt in der Partnerschaft
Lernziele und Lerninhalte:

Sprechen:	Aufgaben im Haushalt
Hören:	Streitgespräch eines Paares über Aufgaben im Haushalt
Wortschatz:	Haushalt
Grammatik:	*deshalb*

In diesem Block geht es um Aufgabenteilung im Haushalt, außerdem werden *weil* und *deshalb* einander gegenübergestellt.

1

Zunächst ordnen die KT die Begriffe den Fotos zu und stellen Vermutungen über die Situation auf dem Foto oben in der Mitte an. Erinnern Sie an bereits bekannte Redemittel für Vermutungen: *Vielleicht, ich glaube, dass…, es ist möglich, dass…, ich denke, dass… usw.* Dann überlegen die KT, wer welche Aufgaben im Haushalt übernimmt oder auch nicht.
Notieren Sie die Vermutungen der KT als Referenz für 1b an der Tafel.
(Lösung 1b: 1. Der Fernseher ist zu laut, er sieht eine Fernsehsendung. 2. Sie hat auch gearbeitet. 3. Er hat morgen Vormittag frei, er kann die Küche auch dann aufräumen. 4. Er muss am nächsten Vormittag viel machen.)

Erweitern Sie den Wortschatz dieser Übung durch ein Wörternetz. Dafür sammeln die KT in Kleingruppen zunächst jeweils vier bis fünf Wörter, die dann gemeinsam in einem Wörternetz mit dem Wort *Haushalt* im Zentrum an der Tafel oder auf einem Lernplakat, das im Kursraum aufgehängt wird, notiert werden. Möglicher Wortschatz:

den Boden wischen – kleine Reparaturen machen – die Waschmaschine / den Trockner einräumen / ausräumen – Lampen aufhängen – Glühbirnen wechseln – die Haustiere füttern

2

Mit dieser Übung wird den KT der Unterschied von *weil* und *deshalb* bewusst gemacht. Verweisen Sie auf die Ähnlichkeit mit *obwohl-trotzdem*, bevor die KT die Aufgabe lösen.

Stellen Sie auch *weil, deshalb* und *denn* einander gegenüber und lassen Sie die KT die Sätze in 2 evtl. auch mit *denn* schreiben. Für diese Gegenüberstellung ist auch AB-Übung 18 geeignet.

Hier bietet sich zudem Gelegenheit, wichtige bereits bekannte Konnektoren und ihren Einfluss auf die Stellung des Verbs im Satz zusammenfassend zu präsentieren, z. B. wie folgt:

Konnektoren, die Hauptsätze verbinden	Konnektoren, die Nebensätze verbinden	Konnektoren in Pos. 1
und *oder* *aber* *denn* *sondern*	*weil* *wenn* *dass* *als* *damit* *obwohl*	*zuerst* *dann* *danach* *deshalb* *trotzdem*

Fordern Sie die KT auf, aus jeder Gruppe einen oder zwei Konnektoren auszuwählen und Beispielsätze zu schreiben.

Varianten:

– *weil, deshalb* (und *denn*) können in denselben Varianten geübt werden wie *obwohl* und *trotzdem* (siehe oben): Kettenspiel, Satzgefüge, 2 KT verlassen den Raum.
– **Kopiervorlage 3:** Satzpuzzle mit Sätzen zu *obwohl/trotzdem/aber* und *weil/deshalb/denn* zum Ausschneiden.

3
Abschließend sprechen die KT allgemein über die Aufgabenverteilung in ihren Familien, was zugleich zum nachfolgenden Block mit dem Thema Gleichberechtigung überleitet.

Arbeitsbuch: Ü 15–20

D Gleichberechtigung
Lernziele und Lerninhalte:

Sprechen:	über Gleichberechtigung diskutieren – Textwiedergabe, Meinungen zum Thema Gleichberechtigung äußern
Lesen:	Text über Gleichberechtigung

1
Der Text in 1a informiert darüber, dass die Gleichberechtigung im Grundgesetz verankert ist, wobei es nachfolgend darum geht, inwieweit die Gleichberechtigung auch realisiert ist.
Die KT lesen dann die Texte in 1b in Partnerarbeit und beantworten die Fragen, Auswertung im Plenum. Bei der Textwiedergabe sollte KL auf die Stellung des Verbes in den *dass*-Nebensätzen achten.

Führen Sie evtl. weitere Redemittel ein, z. B.:

Viktoria kritisiert, dass …
Niko hat das Gefühl, dass …

Diese Form der Textwiedergabe kennen die KT bereits aus *Pluspunkt Deutsch A2* (z. B. aus Lektion 3, Block B). Damit möglichst viele KT zu Wort kommen, sollten Vierergruppen gebildet werden, in denen sich die KT die Texte gegenseitig erzählen.

2
Abschließend sagen und schreiben die KT ihre eigene Meinung zu dem Thema, wobei auch die Situation mit dem Heimatland zur Sprache kommen kann und Vergleiche angestellt werden können, z. B. auch zu dem Thema Einkommen von Männern und Frauen.

Geben Sie den KT die Aufgabe, mit den vorgegebenen Redemitteln jeweils mindestens einen Satz zu sprechen und anschließend zu schreiben. Es empfiehlt sich die Texte, die die KT in 2b zu dem Thema schreiben, außerhalb des Unterrichts zu korrigieren.

Arbeitsbuch: Ü 21–22
Schreibtraining Ü 23: eine Mitteilung schreiben
Arbeitsbuch – Deutsch plus Ü 24: Text über Elternzeit
Arbeitsbuch – Wichtige Wörter: Ü 1–2
Arbeitsbuch – Bildlexikon Ü 3–4: Familienleben

Sprechen aktiv

1
Wörter sprechen: Hier werden Komposita aus der Lektion wiederholt. Lassen Sie die KT mit den Wörtern Sätze bilden, nachdem sie sie wie in 1b angegeben gehört und nachgesprochen haben.

2–3
Grammatik sprechen: Sprechübung zu *obwohl* und *trotzdem* in Übung 2. Um die Minidialoge in 2b vorzubereiten, schreiben die KT zunächst die Satzgefüge mit *obwohl* und *trotzdem* in Einzelarbeit. Die Minidialoge können variiert und erweitert werden, z. B.:

+ *Hast du gehört? Das Wasser ist kalt, aber die Leute baden im See!*
– *Was? Sie baden im See, obwohl das Wasser kalt ist? Kaum zu glauben! / Unglaublich! / Das ist ja ungewöhnlich!*

In Übung 3 werden Fragen und Antworten bzw. Minidialoge mit *weil* und *deshalb* geübt, wobei ebenfalls

Erweiterungen und Variationen möglich sind:

+ *Warum ist Frau Bathi heute nicht im Büro?*
– *Weil sie eine Geschäftsreise macht.*
+ *Sie macht eine Geschäftsreise? Deshalb ist sie nicht im Büro? Wann kommt sie zurück?*
– *Das weiß ich nicht.*

Lerngeübte KT können Dialogvariationen und Erweiterungen selbst erarbeiten.

4

Flüssig sprechen: Die Sprechen-aktiv-Nachsprechübungen haben eine speziellen, vielleicht zunächst etwas ungewöhnlichen Charakter, der den Hörsinn stark anspricht: Die Texte sind nicht abgedruckt (Sie finden sie allerdings im Anhang) und sie werden mit leichter, entspannender Musik eingeleitet und begleitet. Die KT sollen sich bequem hinsetzen, vielleicht die Augen schließen und sich ganz auf das Hören und Sprechen konzentrieren. Diese Übungen eignen sich als entspannender Ausstieg am Ende eines Unterrichtstages. Die Sprechen-aktiv-Nachsprechübungen sind immer zweiteilig aufgebaut. Die Lernenden hören zunächst alle Sätze ohne Pause. Im zweiten Teil ist nach jedem Satz eine Pause zum Nachsprechen. Lassen Sie die Lerner, jeder/jede für sich, hören und (halb)laut sprechen, ein exaktes Chorsprechen mit gleichzeitigem Einsatz und Tempo ist in dieser Übung nicht erwünscht.
In Lektion 1 werden Sätze über eine Patchworkfamilie geübt, wobei Wortschatz aus der Lektion aufgegriffen wird.

5

Dialogtraining: Diese Übung baut auf der Videosequenz 1 zu Lektion 1 auf. Man sollte sie dann machen, wenn keine Möglichkeit besteht, die Videoclips zu zeigen und die zum Video gehörenden Übungen nicht gemacht wurden.
Thema ist Feierabend bzw. Aufgabenteilung im Haushalt.
Die KT sollten den Dialog zunächst nur hören und die Frage zum Globalverstehen beantworten, worüber die Personen sprechen. Anschließend lesen sie den Dialog und schreiben Fragen und Antworten.

Variante:

Kopieren Sie den Dialog und schwärzen Sie zentrale Wörter, evtl. in zwei Versionen: In Version 1 werden nur die Nomen geschwärzt, in Version 2 zusätzlich die Verben. Die KT lesen den Dialog zunächst komplett, dann in den beiden Versionen und schließlich versuchen sie, ihn frei zu spielen.

Auftaktseite
Lernziele und Lerninhalte:

Sprechen: Fotos beschreiben,
über digitale Medien sprechen
Hören: Dialoge mit dem Schwerpunkt
digitale Medien
Wortschatz: digitale Medien

Kannbeschreibungen GER/Rahmencurriculum:
Kann sich mit Bekannten oder Freunden über Medien austauschen.

Arbeitsbuch: Ü 1–2

A Die sozialen Netzwerke
Lernziele und Lerninhalte:

Sprechen: berichten, was Spaß macht,
was schwer oder leicht ist
Lesen: Zeitungsartikel über Jugendliche
und digitale Medien
Schreiben: Sätze mit *zu* plus Infinitiv.
Grammatik: *zu* plus Infinitiv

Arbeitsbuch: Ü 3–8

B Online einkaufen
Lernziele und Lerninhalte:

Sprechen: über Einkaufsgewohnheiten sprechen
Hören: Interviews über Einkaufsgewohnheiten
Lesen: Online-Shopping
Wortschatz: im Internet einkaufen

Kannbeschreibungen GER/Rahmencurriculum:
Kann sich mit Bekannten über Vor- und Nachteile bestimmter Einkaufsmöglichkeiten und Zahlungsmodalitäten austauschen.
Kann eine schriftliche Bestellung (online) aufgeben.

Arbeitsbuch: Ü 9–10

C Umschulung und Fortbildung
Lernziele und Lerninhalte:

Sprechen: Interviews zu Umschulungen und
Fortbildungen
Hören: Gespräch über eine Fortbildung
Wortschatz: Lernen, E-Learning, Umschulung,
Fortbildung

Kannbeschreibungen GER/Rahmencurriculum:
Kann sich über Lernerfahrungen austauschen.

Arbeitsbuch: Ü 11

D Eine moderne Liebesgeschichte
Lernziele und Lerninhalte:

Schreiben: eine Liebesgeschichte variieren
oder zu Ende schreiben
Lesen: eine Liebesgeschichte
Grammatik: Präposition + *einander*

Arbeitsbuch: Ü 12–13
Schreibtraining Ü 14: Satzzeichen
Arbeitsbuch – Deutsch plus Ü 15–16: Computerspiele
Arbeitsbuch – Wichtige Wörter: Ü 1–3
Arbeitsbuch – Bildlexikon Ü 4–6: Wortschatz zum Thema elektronische Medien, Ü 7–8: Über Fotos zum Thema elektronische Medien sprechen

Kopiervorlagen in den Handreichungen:
KV 4A/B: Spiel zum Infinitiv mit *zu*
KV 5: Meine Online-Welt – Unterschriften sammeln

Schwerpunkt dieser Lektion sind digitale Medien und ihre Nutzung für Einkäufe und Lernen. Die Grammatikthemen sind *zu* + Infinitiv und Präpositionen + *einander*.

Auftaktseite
Lernziele und Lerninhalte:

Sprechen: Fotos beschreiben – über digitale
Medien sprechen

Hören: Dialoge mit dem Schwerpunkt
digitale Medien

Wortschatz: digitale Medien

1

Medien wurden bereits in *Pluspunkt Deutsch A2*, Lektion 2 behandelt. Sammeln Sie einleitend den Wortschatz, den die KT bisher zu diesem Thema gelernt haben bzw. bereits kennen: *Smartphone, Radio, Fernsehen, Zeitung* usw. Anschließend beschreiben die KT die Fotos kurz als Vorentlastung für den HV. Lassen Sie die KT zusätzlich überlegen, in welchen Situationen die Personen sind: privat oder beruflich? (Lösung 1a: Dialog 1: B, Dialog 2: C, Dialog 3: A.

Lösung 1b: ein TV-Paket abonnieren: C, das Tablet: B, ein großes Display haben: A, Mails checken: B, Fotos auf Facebook posten: A, ein Selfie machen: A, das Smartphone: A, eine App herunterladen: C, kostenloses WLAN: B, eine gute Kamera haben: A)

In 1c sollten die KT dann auf Basis der Hörtexte ausführlicher über die Foto sprechen. Dazu empfiehlt es sich, dass die KT die Dialoge vorab im Anhang nachlesen.

Variante:

Die KT wählen zu zweit ein Foto aus und schreiben dazu eine kleine Geschichte (4–5 Sätze), die dann im Plenum vorgelesen oder an einer Pinnwand aufgehängt wird, sodass alle KT sie lesen können. Es wird abgestimmt, welche Geschichte den KT am besten gefällt.

2

In dieser Übung berichten die KT über die eigene Nutzung von E-Medien. Dabei bietet sich Gelegenheit, Zeitadverbien und Adverbien der Häufigkeit zu wiederholen: *oft, manchmal, selten, morgens, mittags, abends, einmal/mehrmals pro Tag* usw. Dabei sollten die KT auch die Inversion mündlich üben und z. B. Sätze wie folgt variieren: *Manchmal schreibe ich E-Mails. Ich schreibe manchmal E-Mails.*

Arbeitsbuch: Ü 1–2

A Die sozialen Netzwerke
Lernziele und Lerninhalte:

Sprechen: berichten, was Spaß macht,
was schwer oder leicht ist

Lesen: Zeitungsartikel über Jugendliche
und digitale Medien

Schreiben: Sätze mit *zu* plus Infinitiv.

Grammatik: *zu* plus Infinitiv

1

Bevor die KT den Text lesen und 1a lösen, erfolgt ein einleitendes Gespräch über die Überschriften, deren Bedeutung die KT interpretieren sollen (lerngeübte KT). Geben Sie dafür einige Leittragen vor:

– *Warum hat man heute vielleicht keine Lust mehr, Bücher zu lesen?*
– *Wer hat keine Lust mehr, Bücher zu lesen?*
– *Welche Altersgruppe gehört zur Generation Smartphone?*
– *Warum können Smartphones süchtig machen?*

Anschließend lesen die KT den Text und ordnen die passende Überschrift zu.
(Lösung: Generation Smartphone)

1b in Partnerarbeit, Besprechung der Lösungen im Plenum (1R, 2R, 3R, 4F, 5F, 6F). 1c vermittelt eine wichtige Übung zum Lernen von Wortschatz: Machen Sie die KT darauf aufmerksam, dass man sich Wörter oft einfacher merkt, wenn man Wortverbindungen lernt, als wenn man Wörter einzeln lernt. Sammeln Sie gemeinsam mit den KT weitere Verbindungen von Nomen und Verben, die zum Thema passen: *eine App herunterladen, Fotos posten, Mails checken (vgl. Auftaktseite), einen Link anklicken, Daten löschen, ein Programm installieren* usw.

Eine andere Möglichkeit zum Üben von Wortschatz auch bei längeren Lesetexten: Die KT wählen zwei bis drei Wörter, bei deren Verständnis sie sich nicht sicher fühlen, aus und schreiben damit Sätze, die dann im Kurs vorgelesen werden, um zu diskutieren, ob die Wörter richtig verwendet wurden oder nicht.

2

Einführung von *zu* + Infinitiv. Die KT lesen den Text noch einmal und ergänzen die Sätze, damit ihnen die neue Struktur – der Infinitiv mit *zu* – bewusst wird. Lassen Sie die KT die Sätze laut vorlesen und schreiben Sie sie an die Tafel, wobei Sie *zu* sowie den Infinitiv markieren. Weisen Sie anhand des Satzes *Jugendliche müssen lernen, mit den neuen Medien umzugehen* auf die Zusammenschreibung bei trennbaren Verben hin und geben Sie weitere Beispiele dafür, damit die KT erkennen, dass man bei nicht trennbaren Verben im Prinzip zwei Wörter schreiben muss, bei trennbaren aber nur eines. Ziehen Sie zur Erläuterung auch den Grammatikkasten heran.

Stellen Sie die bereits bekannten Verben mit Infinitiv ohne zu (Modalverben usw.) der neuen Form gegenüber und nennen Sie typische Einleitungssätze bzw. Verben für den Infinitiv mit zu:

> *Zeit / Lust / Angst / Interesse / Probleme haben …*
> *Es ist gut / schlecht / spannend …*
> *anfangen, aufhören, vergessen, versuchen*

2b und 2c dienen der weiteren Festigung der neu gelernten Form, zunächst in mündlicher, dann in schriftlicher Form. Lassen Sie insbesondere lernungeübte KT auch bei 2b einige Sätze schreiben, bevor sie sprechen und fordern Sie die KT auf, *zu* nach dem Vorbild des Grammatikkastens zu markieren.

3

In dieser Übung sollen die KT Satzanfänge frei mit *zu* + Infinitiv ergänzen. Das Ratespiel kann auch dazu dienen, dass sich die KT besser kennenlernen.

Varianten:

– Bilden Sie Vierergruppen. Ein/e KT nennt einen Satzanfang, die anderen drei KT ergänzen den Satz je einmal, wobei die Ergänzungen nicht identisch sein dürfen, z. B.:
 Ich habe keine Zeit, ins Kino zu gehen. / dich zu besuchen. / aufzuräumen.
– Die KT werfen sich im Plenum gegenseitig einen Ball zu. KT A wirft den Ball, sagt einen Einleitungssatz, KT B fängt den Ball und beendet den Satz.

Kopiervorlage 4 A/B ist ein Spiel zum Infinitiv mit *zu*. Die Regeln sind dort abgedruckt. Je nach Lernstärke können Sie das Spiel variieren: Lerngeübte KT/Gruppen erhalten ein Zeitlimit, um die Sätze zu ergänzen, lernungeübte KT/Gruppen erhalten mehr Zeit zum Überlegen und evtl. weniger Spielkärtchen.

Arbeitsbuch: Ü 3–8

B Online einkaufen
Lernziele und Lerninhalte

Sprechen: über Einkaufsgewohnheiten sprechen
Hören: Interviews über Einkaufsgewohnheiten
Lesen: Online-Shopping
Wortschatz: im Internet einkaufen

1

Einleitend sprechen die KT über ihre eigenen Einkaufsgewohnheiten. Machen Sie auf verschiedene Möglichkeiten aufmerksam und differenzieren Sie: Wo kaufen die KT z. B. Lebensmittel, Kleidung, Elektronik, Werkzeug, Möbel, Bücher? Geben Sie passenden Wortschatz vor, der über den bereits eingeführten hinausgeht: Fachgeschäft, Boutique, Schuhgeschäft, Elektromarkt, Baumarkt, Möbelhaus, Buchhandlung usw. Fragen Sie die KT weiter, welche Bedeutung der Einkauf per Internet für sie hat.

2

Danach lesen die KT den Text in Einzelarbeit zweimal und lösen die Aufgaben in 2a und 2b. Auch hier bietet sich Gelegenheit für eine intensive Wortschatzübung. Lassen Sie die KT in Partnerarbeit zwei bis drei Wörter im Text notieren, deren Bedeutung sie nicht kennen oder wo sie sich unsicher sind. KT, die die Wörter kennen, bekommen die Aufgabe, sie mit Beispielen zu erklären.

3

(Lösung 3a: 1F, 2R, 3R, 4F). Da der Hörtext insgesamt sehr umfangreich ist, empfiehlt sich folgende Vorgehensweise: Die KT hören den Text zunächst noch einmal ohne Pausen, dann mit Pausen, damit sie Zeit haben, Notizen zu machen. Auf Basis dieser Notizen berichten sie über die Personen. Sollte diese Aufgabe für einige KT zu schwierig sein, können die Interviews noch einmal im Anhang nachgelesen werden, bevor die KT berichten.

4

Diese Aufgabe soll den KT eine Hilfestellung bieten, auf deutschen Internetseiten einzukaufen. Partnerarbeit, Auswertung im Plenum. Geben Sie den KT als Hausaufgabe, den Bestellvorgang in einem Online-Shop nachzuvollziehen. Am nächsten Tag berichten sie dann über ihre Erfahrungen.

5

Das abschließende Projekt bietet eine Zusammenfassung dieses Blocks. Verweisen Sie auf den Redemittelkasten und geben Sie den KT die Aufgabe, zwei der Redemittel auszuwählen, um mit diesen Sätzen zu sprechen. Einfache Redemittel zur Beschreibung von

Vorteilen und Nachteilen wurden in *Pluspunkt Deutsch A2*, Lektion 13, Block C eingeführt. Erweitern Sie die Liste:

Es ist von Vorteil / Nachteil, …
Vorteilhaft / Nachteilhaft ist, …

Kopiervorlage 5: Fragebogen *Meine Online-Welt – Unterschriften sammeln.*
Die KT laufen durch den Kursraum, suchen für jede Frage auf ihrem Zettel KT, die mit JA antworten und notieren die Namen bzw. die Antworten. Geben Sie eine Zeitvorgabe (10 Minuten oder auch länger, je nach Größe der Gruppe). Danach berichten die KT, was sie erfahren haben.

Arbeitsbuch: Ü 9–10

C   Umschulung und Fortbildung
Lernziele und Lerninhalte

Sprechen: Interviews zu Umschulungen und
            Fortbildungen
Hören: Gespräch über eine Fortbildung
Wortschatz: Lernen, E-Learning, Umschulung,
            Fortbildung

1

Bevor die KT das Wörternetz ergänzen, beschreiben sie die Fotos. Geben Sie dafür Leitfragen vor: *Wo sind die Leute? – Was machen sie?*

Anschließend ergänzen die KT das Wörternetz zum Thema *Lernen*, was auch Gelegenheit bietet, den Wortschatz zu diesem Thema, den die KT in *Pluspunkt Deutsch A2*, Lektion 1 (Block C: Sprachen lernen) und 4 (Schule) gelernt haben, zu wiederholen. 1b in Partnerarbeit, Besprechung der Lösungen im Plenum. Es bietet sich in diesem Kontext Gelegenheit, noch einmal wie in Lektion 1 des A2-Bandes über Lerntypen, Lerngewohnheiten und Lerntechniken zu sprechen.

2

Die KT hören das Gespräch zweimal, um die Aufgaben in 2a zu lösen.
(Lösung 2a: 1R, 2R, 3R, 4F, 5R, 6R, 7F, 8R. Korrektur der falschen Sätze: 4 Es gibt Fernlehrer. 7. Man kann selbst entscheiden, wie schnell man lernen möchte.)

Variante:
Die KT hören das Interview ein weiteres Mal und machen Notizen. Auf Basis dieser Notizen geben sie in Kombination mit den Lösungen von 2a Elenis Bericht in eigenen Worten wieder.

2b in Partnerarbeit mit individueller Kontrolle durch KL. Die KT berichten über ihre Lernpartner im Kurs. Es kann sich eine allgemeine Diskussion über die Vor- und Nachteile des E-Learnings anschließen, wobei die KT noch einmal die im vorangegangen Block gelernten Redemittel einsetzen sollten.

Arbeitsbuch: Ü 11

D   Eine moderne Liebesgeschichte
Lernziele und Lerninhalte

Schreiben: eine Liebesgeschichte variieren
            oder zu Ende schreiben
Lesen: eine Liebesgeschichte
Grammatik: Präposition + *einander*

1

Bevor die KT die Geschichte lesen, sprechen sie zunächst über die Bilder: *Wo sind die Personen, was machen sie?* Anschließend lesen sie den Text und ordnen die Bilder. Einzelarbeit, Auswertung der Ergebnisse im Plenum (Lösung: 5-4-3-2-6-1). Die Fragen in 1b können die KT zunächst in Partnerarbeit schriftlich beantworten, bevor sie im Plenum beantwortet werden.

Variante:
Die KT ordnen die Bilder, bevor sie den Text lesen und überprüfen ihr Ergebnis dann anhand der Lektüre.

In 1c geht es dann um das eigentliche Grammatikthema dieses Blocks. Erklären Sie die Bedeutung von *einander* über den Grammatikkasten hinausgehend wie folgt:

Er ist für sie da, sie ist für ihn da.
➜ Sie sind **füreinander** da.
Er fährt mit ihr in Urlaub, sie fährt mit ihm in Urlaub.
➜ Sie fahren **miteinander** in Urlaub.

Geben Sie weitere Beispiele: *aneinander denken, voneinander träumen, miteinander telefonieren, miteinander tanzen* o. Ä.

Erläutern Sie auch die reziproke Bedeutung von *sich* in dem Satz: *Sie haben sich oft im Chat getroffen → Sie haben einander oft im Chat getroffen* und geben Sie den KT den Auftrag, im Text Konstruktionen dieser Art zu finden: *Wir wollten uns endlich mal treffen / Wir haben uns sofort gut verstanden.* Geben Sie weitere Beispiele für diese Verwendung von *sich* bzw. *einander: Sie lieben einander/sich.*

2

Sammeln Sie für die Fortsetzung der Geschichte gemeinsam mit den KT Ideen, z. B. wie folgt:

eine gute Arbeit bekommen – Erfolg im Beruf haben – drei Kinder bekommen – ein Haus bauen – viel gemeinsam mit der Familie machen – immer aneinander denken – viel miteinander sprechen – eins sehr glückliches Leben haben

sich oft streiten – aus der gemeinsamen Wohnung ausziehen – sich eine Zeit nicht sehen – sich wieder treffen – wieder zueinander finden

Die KT schreiben dann die Geschichten in Dreiergruppen, KL korrigiert sie außerhalb des Unterrichts, danach werden die Geschichten im Plenum vorgelesen.

Arbeitsbuch: Ü 12–13
Schreibtraining Ü 14: Satzzeichen
Arbeitsbuch – Deutsch plus Ü 15–16: Computerspiele
Arbeitsbuch – Wichtige Wörter: Ü 1–3
Arbeitsbuch – Bildlexikon Ü 4–6: Wortschatz zum Thema elektronische Medien; Ü 7–8: über Fotos zum Thema elektronische Medien sprechen

Sprechen aktiv

1

Wörter sprechen: In dieser Übung werden Nomen-Verbverbindungen aus der Lektion geübt. Die KT sollten mit geeigneten Verbindungen auch kurze Sätze bzw. Minidialoge sprechen, nachdem sie 1a gelöst und die Wörter nachgesprochen haben, z. B. wie folgt:

+ Checkst du oft deine E-Mails?
– Ja, viermal am Tag.

+ Hast du schon an einem E-Learning Kurs teilgenommen?
– Nein, noch nicht.

Vorab schreiben die KT geeignete Fragen in Partnerarbeit mit individueller Unterstützung durch KL.

2–3

Grammatik sprechen: Übung 2 zum Thema *zu* plus Infinitiv. Die KT schreiben die Fragen in Einzelarbeit mit individueller Kontrolle durch KL, Fragen und Antworten in Partnerarbeit mit abschließender Runde im Plenum. In Ü 3 werden Präpositionen plus *einander* geübt. Die Dialoge in 3a werden in Einzelarbeit ergänzt, bevor sie gesprochen werden. Im Falle lernungeübter KT sollten die geeigneten Verben bei 3b zunächst gesammelt und an der Tafel notiert werden.

Variante:

Für lerngeübte KT. Die KT schreiben in Partnerarbeit weitere Dialoge wie in 3a mit Lücken, die dann mit einem anderen Paar ausgetauscht werden, dessen Aufgabe es ist, die Dialoge zu ergänzen und zu sprechen. Dabei können sich die Lernpaare auch gegenseitig kontrollieren.

4

Flüssig sprechen: Die KT hören und sprechen Sätze zum Online-Shopping. Schreiben Sie einige Sätze an die Tafel und markieren Sie den Satzakzent oder fordern Sie die KT auf, einige oder alle Sätze aus dem Anhang ins Heft zu schreiben und den Satzakzent zu markieren. Lassen Sie die KT die Sätze mit unterschiedlicher Betonung sprechen, z. B.:

Lebensmittel kaufe ich <u>nie</u> online ein.
<u>Lebensmittel</u> kaufe ich nie online ein.

5

Dialogtraining: Diese Übung baut auf der Videosequenz 2 zu Lektion 2 auf. Man sollte sie dann machen, wenn keine Möglichkeit besteht, die Videoclips zu zeigen und die zum Video gehörenden Übungen nicht gemacht wurden. Thema ist der Interneteinkauf. Wenn die KT den Text hören, um 5a zu lösen, sollten sie den abgedruckten Dialog abdecken. Die KT können den Dialog auch variieren, nachdem sie ihn gelesen haben, z. B. werden statt Schuhen diverse Kleidungstücke, Bücher oder Elektronikgeräte bestellt, nicht die Frau, sondern der Mann hat etwas bestellt o. Ä.

Auftaktseite
Lernziele und Lerninhalte:
Sprechen: Personen und Situationen beschreiben
Hören: Gespräche in beruflichen Situationen
Wortschatz: Adjektive

Arbeitsbuch: Ü 1–2

A Eine Firma stellt sich vor
Lernziele und Lerninhalte:
Sprechen: Personen beschreiben
Hören: Informationsgespräch über eine Firma
Lesen: Informationstext über eine Firma
Wortschatz: Unternehmen, Berufe
Grammatik: Adjektivdeklination im Dativ mit
            Artikel

Kannbeschreibungen GER/Rahmencurriculum:
Kann sich über eine Firma informieren.

Arbeitsbuch: Ü 3–5

B Stellenanzeigen
Lernziele und Lerninhalte:
Lesen: Stellenanzeigen
Schreiben: Stellengesuche
Grammatik: Adjektivdeklination ohne Artikel

Arbeitsbuch: Ü 6–8

C Richtig bewerben
Lernziele und Lerninhalte:
Sprechen: sagen, wozu man etwas braucht,
            Bewerbungstipps
Hören: Interview über eine Bewerbung,
            Dialog eines Paares vor einem
            Bewerbungsgespräch
Lesen: Online-Bewerbung
Wortschatz: Bewerbungen
Grammatik: *um … zu, anstatt … zu, nicht …, sondern*

Kannbeschreibungen GER/Rahmencurriculum:
Ist sensibilisiert für die kulturell unterschiedliche Relevanz des persönlichen Auftretens und kann das eigene Auftreten dazu in Beziehung setzen.
Kann ein Stellengesuch aufgeben und darin wichtige Auskünfte geben.
Kann wichtige Tipps und Informationen zum Thema Bewerbung verstehen.

Arbeitsbuch: Ü 9–18
Schreibtraining Ü 19: Sätze mit Konnektoren zu einem Text verbinden.
Arbeitsbuch – Deutsch plus Ü 20: Diskussion in einem Internetforum über Karriere und Wohnortwechsel
Arbeitsbuch – Wichtige Wörter: Ü 1–3
Arbeitsbuch – Bildlexikon Ü 4: Texte über Personen schreiben, Ü 5: Wortschatz zum Thema Bewerbung

Kopiervorlagen in den Handreichungen:
KV 6: Minidialoge *Wozu? / Um … zu / Damit*
KV 7: Domino *damit – um … zu – anstatt … zu – nicht …, sondern*

Lektion 3 widmet sich Personenbeschreibungen bzw. wie Personen in bestimmten Situationen wirken, wobei der Kontext Beruf im Zentrum steht. Außerdem geht es um eine Firmenpräsentation und Stellenanzeigen sowie korrektes Verhalten bei Bewerbungsgesprächen. Die Grammatik behandelt die Adjektivdeklination im Dativ und ohne Artikel, *um … zu, damit, anstatt … zu* und *nicht …, sondern.*

Auftaktseite
Lernziele und Lerninhalte:

Sprechen: Personen und Situationen beschreiben
Hören: Gespräche in beruflichen Situationen
Wortschatz: Adjektive

– Welche Ausbildung hat er/sie?
– Ist er/sie im Beruf erfolgreich?
– Was sind seine/ihre Stärken und Schwächen?
– Ist er/sie zufrieden?
– Ist er/sie verheiratet?
– Was macht er/sie in seiner/ihrer Freizeit?

1

Die KT beschreiben einleitend kurz, wen sie auf den Fotos sehen, bzw. welche Situationen dargestellt sind und stellen entsprechende Vermutungen an: Konferenz / Besprechung, Bewerbungsgespräch, Begegnung auf einem Flur / jmd. ist etwas auf den Boden gefallen; dabei soll es noch nicht darum gehen, die Personen zu bewerten. Anschließend hören die KT die Gespräche und ordnen die Fotos zu.
(Lösung: Gespräch 1: Foto 3, Gespräch 2: Foto 4, Gespräch 3: Foto 1, Gespräch 4: Foto 2)
Neben der Zuordnung der Fotos sollen die KT nach dem ersten Hören ihre Vermutungen überprüfen.

2

Die KT sollten die Gespräche zwei weitere Male hören und notieren: *Wie ist die Stimmung? Welchen Ton haben die Leute? Klingen sie freundlich / unfreundlich?*

Lenken Sie danach die Aufmerksamkeit auf die Adjektive im Kasten, die KT sagen, welchen Eindruck die Personen auf sie machen. Wenn möglich, sollten sie auch begründen, warum das so ist. Diese Aufgabe ist auch in Partnerarbeit möglich. Die KT sagen ihre Meinung und machen Notizen dazu, anschließend werden die Ergebnisse im Kurs verglichen.

Sammeln Sie mit den KT weitere passende Adjektive, damit die Beschreibung noch detaillierter bzw. differenzierter werden kann, z. B. *entspannt, ruhig, zufrieden, fleißig, ehrgeizig, engagiert, gelangweilt, freundlich, aufmerksam, unaufmerksam.*

Varianten:
– Die KT hören die Dialoge mit Pausen und sprechen sie nach. Dann lesen sie sie mit der passenden Stimmung (freundlich, höflich, verärgert) in Partnerarbeit mit individueller Kontrolle durch KL. KT, die dazu bereit sind, spielen die Dialoge im Kurs vor.
– Ein/e KT beschreibt eine der Personen, die anderen raten, welche Person gemeint ist
– Die KT arbeiten in Dreier- oder Vierergruppen und wählen eine Person aus, über die sie einen kurzen Text schreiben, wobei folgende Fragen als Leitfaden dienen können:

Jede Gruppe bekommt ein Blatt A3-Papier und einigt sich auf eine Person. Die KT zeichnen ein Rechteck in der Mitte und an den Seiten jeweils ein Viereck. Es folgt eine Phase der Einzelarbeit. Jede/r KT notiert in seinem/ihrem Viereck Antworten zu den Fragen. Dann lesen die KT ihre Antworten gegenseitig vor und einigen sich, welche Antworten am besten passen. Mit diesen Antworten schreiben sie gemeinsam einen Text in das Rechteck in der Mitte des A3-Blattes. Anschließend stellt jede Gruppe die von ihr ausgewählte Person vor.

Arbeitsbuch: Ü 1–2

A Eine Firma stellt sich vor
Lernziele und Lerninhalte:

Sprechen: Personen beschreiben
Hören: Informationsgespräch über eine Firma
Lesen: Informationstext über eine Firma
Wortschatz: Unternehmen, Berufe
Grammatik: Adjektivdeklination im Dativ mit Artikel

In diesem Block steht eine Unternehmenspräsentation im Mittelpunkt. Außerdem wird die Adjektivdeklination im Dativ mit Artikel eingeführt.

1

Die KT lesen den Text zunächst jeder für sich und sammeln unbekannten Wortschatz, der nach der Lektüre gemeinsam im Plenum erläutert wird. Anschließend ergänzen sie die Sätze in Partnerarbeit, die dann im Plenum vorgelesen werden.
(Lösungsbeispiel: 1. Die Heriton AG gibt es seit 1972. 2. Zuerst hat die Firma nur für den deutschen Markt produziert. 3. Heute exportiert sie 74 Prozent. 4. In dem Unternehmen arbeiten 1621 Mitarbeiter. 5. Pro Jahr erwirtschaftet Heriton 425 Millionen Umsatz pro Jahr. 6. Die Firma sucht qualifizierte Mitarbeiter.)
Anschließend markieren die KT die Artikel und Adjektive im Dativ (1b), damit den KT bewusst wird, dass die Adjektivendung in diesem Fall immer -en ist. Zusätzlich sollten die KT auch die weiteren Adjektive im Nominativ oder Akkusativ im Text unterstreichen und Genus, Kaus und Deklinationstyp bestimmen.

Variante:

Für lerngeübte KT: Nachdem die KT den Text gelesen und 1a gelöst haben, liest KL oder ein lerngeübter KT den Text langsam vor, die (anderen) KT machen Notizen und geben dann den Text auf Basis ihrer Notizen mündlich wieder.

2

In dieser Aufgabe wird die Adjektivdeklination im Dativ geübt. Zunächst ordnen die KT die Berufe zu, dann sprechen Sie über die Personen. Evtl. sollten vorab noch einmal Wortschatz für Kleidung und Farben wiederholt werden. Verweisen Sie auf die Sprechblasen und betonen Sie, dass die KT die Sätze stets so formulieren sollen, dass sie die Adjektivdeklination im Dativ üben.

Varianten:

- Wie für die Auftaktseite vorgeschlagen, können die KT auch hier kurze Texte über die Personen schreiben.
- Die KT beschreiben sich gegenseitig. *Der Mann mit der blauen Hose heißt Roberto.* o. Ä. Diese Beschreibungen sind auch als Ratespiel möglich.

3

In dem abschließenden HV bekommen die KT weitere Informationen über die Firma Heriton, weil ein potentieller Bewerber um einen Ausbildungsplatz mehr über die Firma wissen möchte.
(Lösung 3a: Boris Ionow gefällt seine Arbeit bei der Heriton AG, …
Lösung 3b: 1. Vor drei Wochen, 2. Als Industriemechaniker, 3. In der Einkaufsabteilung, 4. Gut, 5. 14, 6. Weil er dann mehr Chancen hat.)

Dieser Text vermittelt den KT Tipps für Bewerbungen, z. B. dass man sich bei mehreren Firmen bewerben sollte. Lassen Sie die KT den Text im Anhang nachlesen und dann berichten, was sie evtl. für eigene Bewerbungen lernen können.

Arbeitsbuch: Ü 3–5

B Stellenanzeigen
Lernziele und Lerninhalte:

Lesen: Stellenanzeigen
Schreiben: Stellengesuche
Grammatik: Adjektivdeklination ohne Artikel

1

Das einleitende Leseverstehen ist eine Kurzfassung des Prüfungsteils Lesen 2 im DTZ. Primäre Funktion der Stellenanzeigen ist die Einführung der Adjektivdeklination ohne Artikel, um die es dann in 1b geht. Erstellen Sie gemeinsam mit den KT an der Tafel eine Tabelle. Die KT suchen die Formen im Text und tragen sie ein. So erfolgt eine erste Systematisierung der Adjektivdeklination ohne Artikel.

> m   Nominativ: mobiler Pflegedienst
>   Akkusativ: –
>   Dativ: –
>
> n   Nominativ: kleines Schreibbüro, großes Kaufhaus
>   Akkusativ: gutes Gehalt
>   Dativ: –
>
> f   Nominativ: große Malerfirma
>   Akkusativ: erfahrene Bürohilfe, moderne Herrenabteilung
>   Dativ: (mit) guter Bezahlung

Geben Sie weitere Beispiele, in denen die Adjektivdeklination häufig ohne Artikel vorkommt, z. B. bei Getränken und Flüssigkeiten: *kalte Milch – heißer Kaffee – klares Wasser.* Nennen Sie auch Redewendungen wie *bei guter Gesundheit sein, von ganzem Herzen gratulieren, auf großem Fuß leben* u. Ä. mit passenden Beispielsätzen.

2

2a in Einzelarbeit mit individueller Kontrolle durch KL, 2b ist auch in Partnerarbeit möglich. Die Anzeigen können im Kursraum aufgehängt werden. Erweitern Sie die Liste in der Schalttafel, für die Adjektive in Spalte 1 z. B.:
freundlich , fleißig.
in Spalte 3: *hervorragend* (Englischkenntnisse, Abschluss), *groß* (Erfahrung) usw.
Ebenso kann die Liste der Berufe ausgeweitet werden oder der Qualifikationen: *Computerkenntnisse, Masterabschluss, (schnelle) Auffassungsgabe* usw.

Variante:

Die KT schreiben selbst Kleinanzeigen nach dem Vorbild der AB-Übungen 7 und 8, z. B.

> *Neuer Fernseher.*
> *Mit praktischer Fernbedienung.*
> *Nur 250 €!*

Sammeln Sie dafür im Falle lernungeübter KT geeigneten Wortschatz, lerngeübte KT schreiben die Anzeigen selbstständig.

In diesem Block wird die Adjektivdeklination ohne Artikel nur schriftlich geübt. Eine Möglichkeit, die Deklination mündlich zu üben, bietet Übung 1 auf der Seite *Sprechen aktiv*. Abgebildet ist ein Buffet mit internationalen Gerichten, zu dem die KT in Partnerarbeit Fragen stellen und antworten (siehe dazu die Hinweise auf Seite 25 in diesen *Handreichungen*).

Arbeitsbuch: Ü 6–8

C Richtig bewerben
Lernziele und Lerninhalte:

Sprechen: sagen, wozu man etwas braucht –
Bewerbungstipps
Hören: Interview über eine Bewerbung –
Dialog eines Paares vor einem
Bewerbungsgespräch
Lesen: Online-Bewerbung
Wortschatz: Bewerbungen
Grammatik: *um … zu, anstatt … zu, nicht …, sondern*

In diesem Block wird das Thema Bewerbungen, das schon in *Pluspunkt Deutsch A2*, Lektion 10 behandelt wurde, weiter aufgegriffen. Die Grammatikthemen sind *um … zu* und *(an)statt … zu*.

1
Einleitend lernen die KT neuen Wortschatz zum Thema Bewerbung kennen, wobei 1b zum einen dazu dient, bekannten Wortschatz aus Lektion 10 des A2-Bandes zu wiederholen, und zum anderen dazu, den Wortschatz zu erweitern. Es empfiehlt sich Partnerarbeit oder Dreiergruppen. Die Gruppen erhalten für 1b einige Minuten Zeit, z. B. acht bis zehn Wörter zu sammeln, die dann gemeinsam an der Tafel notiert werden.
(Lösung:
1a: Übrig bleiben: sich auf ein Bewerbungsgespräch vorbereiten, eine Absage bekommen.
1c: 1. Der Mann von Frau Ott ist Abteilungsleiter. 2. Die Online-Bewerbungen waren für sie am Anfang etwas schwierig. 3. Sie hat erst nach einigen Monaten eine Arbeit gefunden. 4. Obwohl sie gut vorbereitet war, war sie vor dem Gespräch ziemlich nervös.

1d (Beispiel): Frau Ott hat sich bei mehreren Firmen beworben, aber Absagen bekommen. Viele Firmen haben eine Online-Bewerbung erwartet. Schließlich hat sie im Internet eine Stellenanzeige gefunden, sie hat einen Bewerbungsbrief geschrieben und ihren Lebenslauf aktualisiert. Sie musste die Zeugnisse scannen, weil die Bewerbung online war. Sie konnte sich zehn Tage auf das Bewerbungsgespräch vorbereiten, das dann erfolgreich war. Nach einer Woche hat sie eine Zusage bekommen und den Arbeitsvertrag unterschrieben.)

2
Die KT beantworten die Fragen zum Lesetext zunächst in Partnerarbeit, Auswertung im Plenum. Es kann sich ein Gespräch darüber anschließen, welche Bewerbungsformen im Heimatland üblich sind bzw. wie weit Online-Bewerbungen verbreitet sind, und worauf man achten sollte, wenn man eine Online-Bewerbung im Heimatland schickt.

3–4
Die einleitende Frage (3a) dient der allgemeinen Einführung ins Thema und dem Globalverstehen. (Lösung 3a: A, 3b: 1E, 2F, 3A, 4C, 5B, 6D)

Nachdem die KT 3b gelöst haben, notiert KL zwei zusammengehörende Sätze, einmal mit *damit*, einmal mit *um … zu* nach dem Vorbild des Grammatikkastens an die Tafel, um den Unterschied von *damit* und *um … zu* zu erklären. *Damit* kennen die KT bereits aus *Pluspunkt Deutsch A2*, Lektion 8.

> *Seine Frau hat ihm Tipps für die Kleidung gegeben damit er gut aussieht.*
>
> *Er nimmt ein Taxi, damit er nicht zu spät kommt.*
> *Er nimmt ein Taxi, um nicht zu spät zu kommen.*

Markieren Sie in diesen Sätzen das Subjekt, und erläutern Sie, warum im ersten Satz *um … zu* nicht möglich ist, aber im zweiten.

Erläutern Sie auch, wie man die Sätze mit *weil* umformen kann, um den modalen Aspekt von *damit* und *um … zu* zu verdeutlichen (vgl. dazu auch die Kommentare in den *Handreichungen für den Unterricht* zu *Pluspunkt Deutsch A2*, Lektion 8, S. 66):

Seine Frau hat Tipps für die Kleidung gegeben, weil er gut aussehen soll.
Er nimmt den Einladungsbrief mit, weil er ihn am Empfang zeigen will.

Erläutern Sie auch, dass das Fragewort *warum* zu Nebensätzen mit *weil* gehört und *wozu* zu *damit*.

Anschließend formen die KT die Sätze in Aufgabe 4 in Partnerarbeit um.

5

Diese Aufgabe dient der Festigung der neu gelernten Form durch eine mündliche Übungsvariante. Die KT fragen und antworten in Partnerarbeit.

Varianten:

– Stellen Sie für weitere Aktivitäten (im Plenum oder in Partnerarbeit) weitere Fragen zusammen und notieren Sie diese Fragen auf Zettel. Jede/r KT erhält eine Frage (für eine Plenumsaktivität) oder mehrere (für Partnerarbeit), z. B.:

  Wozu haben Sie / hast du ein Fahrrad? / Wozu hast du ein Wörterbuch? / Wozu macht Herr Müller einen Tanzkurs?

  Jede/r KT stellt die Frage(n), die auf seinem Zettel steht/stehen, die anderen KT antworten mit *um … zu.*
  Darüber hinaus können die KT auch mit *damit* antworten und Fragen mit *warum* für Antworten mit *weil* stellen.

– Die KT arbeiten in Dreiergruppen, jeweils ein/e KT stellt eine Frage: *Wozu hast du / habt ihr ein Wörterbuch?* – von den beiden anderen KT antwortet einer/eine mit *damit*, der/die andere mit *um … zu.*

– Ein KT stellt jeweils eine Frage mit *wozu* und *warum* (*Warum hast du ein Wörterbuch – Wozu hast du ein Wörterbuch?*), die beiden anderen KT antworten entsprechend der ihnen gestellten Frage mit *um … zu/damit* oder *weil.*

Kopiervorlage 6: *Wozu? Um … zu/Damit.* Jede/r KT bekommt eine Karte. Die KT bewegen sich im Raum. KT mit den *?*-Karten stellen Fragen mit *wozu*, KT mit einem passenden grauen Kärtchen antworten mit einem *um … zu* oder einem *damit*-Satz. Danach präsentieren die KT ihre Minidialoge im Kurs. Die anderen überprüfen, ob die Sätze richtig sind.

6

Einführung von *(an)statt … zu* und *nicht … sondern.* Diese Übung sollten Sie im Plenum anleiten, dann haben Sie die Gelegenheit, die neuen grammatischen Strukturen zu erläutern. Schreiben Sie zwei Sätze aus

der Ü 6a an die Tafel, nachdem die KT die Sätze bzw. Satzteile in dieser Übung zugeordnet haben und heben Sie die Gegensätze wie folgt hervor, z. B.

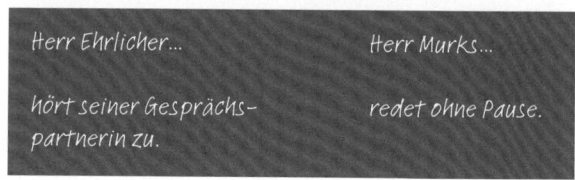

Herr Ehrlicher…   Herr Murks…

hört seiner Gesprächs-   redet ohne Pause.
partnerin zu.

Verbinden Sie dann die Sätze zunächst mit *anstatt … zu* und machen Sie darauf aufmerksam, dass *anstatt … zu* ebenso wie *um … zu* und wie alle Nebensätze sowohl vor als auch hinter dem Hauptsatz stehen kann. Geben Sie dafür Beispiele und gehen Sie auch auf die Stellung des Verbs im Hauptsatz ein:

– *Er nimmt ein Taxi, um nicht zu spät zu kommen.*
– *Um nicht zu spät zu kommen,* **nimmt** *er ein Taxi.*

– *Er ist sehr unhöflich, anstatt freundlich zu sein.*
– *Anstatt freundlich zu sein,* **ist** *er sehr unhöflich.*

Erläutern Sie anschließend *nicht …, sondern.* Danach machen die KT Aufgabe 6b und formen die Sätze aus 6a in Partnerarbeit um. Geben Sie lernungeübten KT besondere Unterstützung.

Varianten:

– Die KT sammeln Eigenschaften für erfolgreiche oder erfolglose Menschen, z. B.:

  Erfolgreiche Menschen / Menschen mit Erfolg …
  sind selbstsicher
  sind sehr aktiv
  nehmen manchmal auf andere keine Rücksicht …

  Erfolglose Menschen / Menschen ohne Erfolg …
  sind manchmal unsicher
  bleiben oft passiv / sind manchmal nicht aktiv genug …

  Diskutieren Sie bei dieser Sammlung mit den KT auch darüber, ob erfolgreiche Menschen immer nur positive Eigenschaften haben, und ob erfolglose immer nur negative und regen Sie eine entsprechende Diskussion unter den KT an.

– Lerngeübte KT lernen weitere Redemittel:
  Herr Ehrlicher ist freundlich, aber Herr Murks ist sehr unhöflich.
  Im Gegensatz/Im Unterschied zu Herrn Ehrlicher ist Herr Murks unhöflich.
  Anders als Herr Murks ist Her Ehrlicher … usw.

– Die KT ergänzen Sätze, z. B.: *Anstatt zu ko-chen … / die Wohnung aufzuräumen, … Er nimmt das Fahrrad, anstatt … .* Je ein/e KT beginnt einen Satz, den andere KT sinnvoll beenden.
Dieses Spiel können die KT auch mit *um … zu* spielen.

In **Kopiervorlage 7** finden Sie ein Domino für *damit – um … zu* sowie *anstatt , … zu – nicht …, sondern.* Es ist vor allem für lernungewohnte KT geeignet.

7

Eine Plenumsdiskussion über passende (und unpassende) Tipps zur Kleidung bei Bewerbungsgesprächen schließt die Lektion ab. Dabei haben die KT wieder Gelegenheit, Redemittel für Diskussionen und Meinungsäußerungen zu üben. Außerdem bietet sich ein interkultureller Vergleich hinsichtlich dieses Themas an. Weitere Anregungen zum Thema bietet der Lesetext in AB-Übung 18.

Arbeitsbuch: Ü 9–18
Schreibtraining Ü 19: Sätze mit Konnektoren zu einem Text verbinden.
Arbeitsbuch – Deutsch plus Ü 20: Diskussion in einem Internetforum über Karriere und Wohnortwechsel
Arbeitsbuch – Wichtige Wörter: Ü 1–3
Arbeitsbuch – Bildlexikon Ü 4: Texte über Personen schreiben, siehe dazu die die Vorschläge für die Personenbeschreibungen auf der Auftaktseite dieser Lektion auf Seite 21 in den vorliegenden *Handreichungen.* Ü 5: Wortschatz zum Thema Bewerbung

Sprechen aktiv

1

Grammatik sprechen: Diese Übung ermöglicht eine zusammenfassende Übung der Adjektivdeklination mit Schwerpunkt auf der Adjektivdeklination ohne Artikel. Einleitend betrachten die KT die Gerichte und berichten, was sie kennen. Verweisen Sie auf die Sprechblasen und lassen Sie entsprechende Minidialoge sprechen. Partnerarbeit, abschließende Runde im Plenum.

Variante
Auch die Adjektivdeklination im Nominativ und Akkusativ mit Artikel kann geübt werden, z. B. wie folgt:

– *Hast du schon die bulgarischen Fleischtaschen probiert?*
+ *Nein, noch nicht.*

– *Der indische Reissalat schmeckt sehr gut.*
+ *Ja, das stimmt..*

2

Wörter sprechen. In dieser Übung werden Adjektive aus der Lektion aufgegriffen. Partnerarbeit, individuelle Kontrolle durch KL. Geben Sie evtl. weitere Formulierungshilfen:

Die Person auf Bild X wirkt … / sieht … aus.

Die KT können auch fragen und antworten:

+ *Findest du, dass die Frau auf Bild 1 verärgert aussieht?*
– *Ja, finde ich.*

3

Flüssig sprechen: Die KT hören einen Text über den Verlauf einer Bewerbung und sprechen die Sätze nach. Als weitere Übungsmöglichkeit bietet es sich an, dass sich die KT den Text im Anhang des Kursbuches in Partnerarbeit zunächst langsam, dann immer schneller gegenseitig laut vorlesen.

4

Dialogtraining: Diese Übung baut auf der Videosequenz 3 zu Lektion 3 auf. Man sollte sie dann machen, wenn keine Möglichkeit besteht, die Videoclips zu zeigen und die zum Video gehörenden Übungen nicht gemacht wurden.
Geübt werden Adjektive, die zum Thema der Lektion passen bzw. für Bewerbungsgespräche eine Rolle spielen.
(Lösung: 1. super, 2. elegant, 3. angemessen, 4. gepflegten, 5. langweilig, 6. unhöflich, 7. freundlich, 8. interessiert, 9. pünktlich)

Varianten:
– Die KT ergänzen vor dem Hören geeignete Adjektive und vergleichen dann mit dem Hörtext.
– Die KT variieren den Dialog mit anderen geeigneten Adjektiven weiter, die vorab auch im Plenum gesammelt und an der Tafel notiert werden können.

Spiel und Spaß

__1__

Aufgabe der KT ist es, mit den Buchstaben eines Nomens kurze Wortsequenzen zu schreiben. Als Beispiel ist hier das Wort *Kindheit* abgedruckt. Alle Wörter, die die KT ergänzen, sollen zu diesem Wortfeld passen, ein Wort aus der Sequenz soll einen Buchstaben des Ausgangsworts als Anfangsbuchstaben haben.

Ein weiteres Beispiel mit Familie:

Gemeinsame	**F**ahrten in den Urlaub
	Ausflüge zu den Großeltern
	Mit den Eltern einkaufen
	Immer auf die kleineren Geschwister aufpassen
	Lieber ohne die Eltern Urlaub machen
	Im Haushalt helfen
Oft mit den	**E**ltern telefonieren

Variante:

Wettstreit. Bilden Sie vier Gruppen. Aus jeder Lektion (1–3) wird im Plenum ein wichtiges Nomen ausgewählt, wobei alle Nomen dieselbe Buchstabenzahl haben müssen. Die KT suchen in den Gruppen für je eines der ausgewählten Nomen passende Wortsequenzen. Gewonnen hat die Gruppe, die zuerst fertig ist.

__2__

Auch dieses Spiel legt den Schwerpunkt auf Wortschatzarbeit und Wortschatzwiederholung. Überlegen Sie sich einen kleinen Preis für die Gruppe, die die meisten Spielrunden gewonnen hat.

Die KT lesen die gefundenen Wörter laut vor. Für jedes Wort, das zum Wortfeld passt, gibt es einen Punkt. Eine Variante der Spielregeln ist z.B., dass für Wörter, die nicht zum Wortfeld passen, jeweils ein Punkt abgezogen wird. Ebenso kann vereinbart werden, dass nur Verben oder nur Nomen gesucht werden, und dass die Nomen mit Artikel und Pluralform zu nennen sind.

Arbeit und Beruf

In den nachfolgenden Aufgaben geht es zum einen um das Lese- und Hörverstehen, aber auch darum, den KT berufsbezogene Informationen zu ermitteln.

__1__

Die erste Aufgabe dient dem Globalverstehen, die KT sollten die Texte dafür nur kurz überfliegen, ohne dass unbekannter Wortschatz geklärt wird. Im zweiten Schritt können sich die KT mehr Zeit nehmen, um die Fragen von 1b zu beantworten. Verweisen Sie auf den Infokasten, dass man für die genannten Berufe kein Studium braucht, und fragen Sie die KT, welche Informationen für sie interessant waren.
(Lösungsbeispiel: 1b: Sie nutzen Programmiersprachen und andere Tools. 2. Sie müssen den Kunden, die sich technisch nicht auskennen, Probleme klar und einfach erklären können. 3. IT-System-Kaufleute beraten bei der Planung und dem Kauf von IT-Produkten. 4. Sie müssen Angebote kalkulieren und Leistungen abrechnen. 5. Sie gestalten mediales Material, Broschüren, Anzeigen usw. 6. Sie müssen zeichnen können, um den Kunden ihre Ideen darzustellen.)

Variante:
Die KT geben die Texte in eigenen Worten wieder:

In dem Text steht, dass…
Wir erhalten Informationen über…
Man erfährt, dass… .

2

Der nachfolgende Hörtext bietet weitere Einblicke in die Ausbildung von IT-System-Kaufleuten. (Lösung 2a: Er lernt einen IT-Beruf; 2b: 1F, 2R, 3F, 4R, 5R)

3

Diese Übung ist als Hausaufgabe geeignet, für die die KT einige Tage Zeit bekommen sollten. Eine Präsentation sollte nicht mehr als maximal drei Minuten dauern. Geben Sie für die Präsentation der Ergebnisse Redemittel vor:

> Ich finde den Beruf ... sehr interessant.
> In dem Beruf beschäftigt man sich mit ...
> Wichtige Aufgaben in dem Beruf sind ...
> Voraussetzung für die Ausbildung ist ...
> Für die Ausbildung sollte man ...
> Man bekommt im ersten/zweiten/dritten Lehrjahr ... Euro.

Prüfungsvorbereitung DTZ: Lesen

In den Stationen 1–3 des Kursbuches und Arbeitsbuches finden sich Übungen für die Vorbereitung des DTZ. Die einzelnen Prüfungsteile sind wie folgt über die Stationen 1–3 verteilt:

Kursbuch:
Station 1: Lesen, Teil 1
Station 2: Hören, Teil 1–4
Station 3: Sprechen, Teil 1–3

Arbeitsbuch:
Station 1: Lesen, Teil 2 und 3
Station 2: Lesen, Teil 4 und 5
Station 3: Schreiben

Es empfiehlt sich, anlässlich dieser Übung ausführlicher über den Deutsch-Test für Zuwanderer zu informieren. Im Anhang findet sich dazu zwei Kopiervorlagen.
Kopiervorlage 8 bietet einen ausführlicheren Überblick über die Prüfungsteile im DTZ. Machen Sie für jeden KT eine Kopie. **Kopiervorlage 9** ist eine kurze Zusammenfassung der wichtigsten Informationen zum DTZ. Machen Sie eine Kopie für den OHP, die Sie bei Ihren Erläuterungen als Referenz benutzen.

Der an dieser Stelle geübte Prüfungsteil Lesen 1 wurde auch schon in Pluspunkt Deutsch A2, Station 2 geübt. Im A2-Band ist das Thema Einkaufen, hier ist ein fiktives VHS-Programm abgedruckt, die KT sollen herausfinden, wo sie passende Kurse finden.

In Station 2 des A2-Bandes gab es Tipps, um die Aufgabe zu lösen, die Sie auch hier nennen sollten:
– Die KT sollen die Aufgaben genau lesen und überlegen, welche Wörter aus den Aufgaben sie im Text wiederfinden bzw. welche Wörter ähnlich sind.
– Machen Sie darauf aufmerksam, dass es nicht immer eine passende Seite (A oder B) gibt. In diesem Fall ist C (Andere Seite) anzukreuzen.
– Weisen Sie darauf hin, dass die KT in jedem Fall ein Kreuz machen sollen, auch wenn sie bei einer Lösung nicht sicher sind.

Im DTZ sind für die Prüfungsteile Lesen 1-5 insgesamt 45 Minuten vorgesehen. Es empfiehlt sich, den KT hier ca. 10 Minuten Zeit zu geben.
(Lösung: 1C, 2B, 3A, 4A, 5A)

Besprechen Sie anschließend, wo sich im Lesetext und in den Aufgabenstellungen die Signalwörter befinden und heben Sie hervor, dass Lesetexte immer solche identische oder ähnliche Signalwörter enthalten, in denen die richtige Lösung versteckt ist.

Zu den DTZ-Aufgaben im Arbeitsbuch

Die Prüfungsteile Lesen 2 und 3 wurden bereits im AB von *Pluspunkt Deutsch A2*, Station 2, geübt. Auch hier sollten Sie Tipps zur Lesestrategie geben:

Wie in Teil 1 sollten die KT auch in Teil 2, wo sie für fünf Situationen passende Anzeigen finden sollen, nach Signalwörtern suchen, die in den Situationen bzw. den Anzeigen identisch oder ähnlich sind. Heben Sie hervor, dass es immer für eine Situation keine passende Anzeige gibt.

Im DTZ gibt es beim Leseverstehen Teil 3 drei kürzere Lesetexte, hier sind es zwei, die beide zum Handlungsfeld Wohnen gehören. Es ist gut möglich, dass die KT nicht alle Wörter in diesen Texten verstehen. Weisen Sie darauf hin, dass es auch im DTZ Wörter geben kann, die die KT nicht kennen, dass es aber trotzdem möglich ist, die Aufgaben zu lösen und dass die KT nicht an unbekannten Worten hängen bleiben sollten. Text 1 (Müll- und Abwassergebühren) ist schwieriger als Text 2 (Mieterbefragung). Auch bei Text 1 sollen die KT ohne Wörterbuch arbeiten.

Lassen Sie die KT bei der Besprechung der Lösungen auch genau angeben, wo im Text die Fundstelle für die jeweilige Lösung ist, und weisen Sie auf die Korrespondenzen bzw.
(Nicht-)Übereinstimmungen in den Texten und den Aufgaben hin, z. B. bei 7A 22 Cent (Text) – 22 % (Aufgabe), woraus sich ergibt, dass die Aussage falsch sein muss.

Regionen und Landschaften

In dieser Station wird der Rhein vorgestellt, es folgen die Lüneburger Heide und Weimar in den Stationen 2 und 3 und der Donauradweg in Station 4.

1

KT, die den Rhein kennen, z. B. Städte am Rhein besucht oder Ausflüge an den Rhein gemacht haben, sollten berichten, wenn sie die Aufgaben gelöst haben.

Fragen Sie die KT außerdem, was sie sonst noch über den Rhein wissen, z. B.: *Aus welchem Land kommt er? In welches Land / welches Meer fließt er? Welche großen Städte liegen am Rhein? (Mainz, Koblenz Bonn, Köln, Düsseldorf, …). Wie lang ist er? (1320 km). Welche wichtigen Nebenflüsse kennen die KT (Neckar, Main, Mosel, …)?*

2

Partnerarbeit, Besprechung der Lösungen im Kurs: 1. Weser, 2. Oder, 3. Elbe, 4. Donau

Varianten:
- Auch hier können die KT weitere Informationen zu den Flüssen sammeln, nachdem sie die Aufgabe gelöst haben, z. B. in Form eines Projekts. Teilen Sie dafür den Kurs in Gruppen ein, jede Gruppe sammelt z. B. im Internet Informationen über einen der Flüsse und stellt ihn im Kurs vor.
- Die KT stellen einen wichtigen Fluss in ihrem Heimatland vor.

Auftaktseite
Lernziele und Lerninhalte:

Sprechen: Fotos beschreiben,
ein Gespräch mit einem Bekannten/
einer Bekannten führen
Hören: Gespräch zwischen zwei Personen
darüber, was sie in der letzten Zeit
gemacht haben.

Arbeitsbuch: Ü 1

A Lebensläufe
Lernziele und Lerninhalte:

Sprechen: über Personen berichten
Schreiben: Text über die eigene Vergangenheit
Lesen: Lebensläufe von zwei prominenten
Personen
Grammatik: Präteritum der regelmäßigen Verben

Arbeitsbuch: Ü 2–5

B Zeitgeschichte
Lernziele und Lerninhalte:

Lesen: Text über die Entwicklung des Verkehrs
Wortschatz: Verkehr
Grammatik: Präteritum der unregelmäßigen Verben

Kannbeschreibungen GER/Rahmencurriculum:
Kann die wesentlichen Informationen aus einem
Sachtext, der weitgehend auf dem Grundwortschatz
basiert, verstehen.

Arbeitsbuch: Ü 6–10

C Zeitzeugen
Lernziele und Lerninhalte:

Hören: Interview mit einem älteren Mann über
sein Leben
Schreiben: über das Leben im Heimatland und in
Deutschland heute
Grammatik: temporale Nebensätze mit *wenn* und *als*
Projekt: Mein Leben – Früher und heute

Kannbeschreibungen GER/Rahmencurriculum:
Kann in einer kurzen Erzählung, die von Erlebnissen
in der Kindheit handelt, die wichtigsten Ereignisse
verstehen.
Kann einen einfachen, zusammenhängenden Text
über das eigene Leben schreiben.

Arbeitsbuch: Ü 11–14
Schreibtraining Ü 15: Inversion – Adverbien auf
Position 1 im Satz
Arbeitsbuch – Deutsch plus Ü 16: Hans im Glück

Kannbeschreibungen GER/Rahmencurriculum:
Kann die wesentlichen Handlungszüge eines literari-
schen Textes, der auf dem Grundwortschatz und einer
einfachen konkreten Handlung basiert, verstehen.

Arbeitsbuch – Wichtige Wörter: Ü 1–2
Arbeitsbuch – Bildlexikon Ü 3–5: Wortschatz zum
Thema Verkehr, Ü 6–7: Vergleich von Verkehrssitua-
tionen in Deutschland und im Heimatland

Kopiervorlagen in den Handreichungen:
KV 10 A / B: Präteritum-Memory
KV 11: Reaktionsspiel: Fragen und Antworten mit
als oder *wenn.*

Schwerpunkt dieser Lektion ist das Präteritum. Nachdem die KT in *Pluspunkt Deutsch A1,* Lektion 10 sowie in *Pluspunkt Deutsch A2,* Lektion 1 das Perfekt
und in der Lektion 4 des A1-Bandes sowie in Lektion 4 des A2-Bandes das Präteritum von *haben, sein*
und den Modalverben kennengelernt haben, wird
hier das Präteritum der übrigen Verben eingeführt.

Auftaktseite
Lernziele und Lerninhalte:

Sprechen: Fotos beschreiben,
ein Gespräch mit einem Bekannten/
einer Bekannten führen

Hören: Gespräch zwischen zwei Personen
darüber, was sie in der letzten Zeit
gemacht haben.

__1__

Die Fotos dienen der Vorentlastung des HV, in dem Alina und Manu über ihr Leben in der letzten Zeit berichten. Geben Sie geeignete Redemittel für Vermutungen vor, z. B.

> *Ich glaube, dass …*
> *Vielleicht …*
> *Es kann sein, dass ….*

Beim ersten Hören ordnen die KT dann nicht nur die Fotos zu, sondern überprüfen auch ihre Vermutungen.
(Lösung 1a: Foto 2: M, Foto 3: A, Foto 4: M, Foto 5: M, Foto 6: A, Foto 7: A;
Lösung 1b: Alina: verheiratet, Altenpflegerin, sie arbeitet in Offenbach, Klavierspielen, Manu: ledig, U-Bahn-Fahrer, Frankfurt, Radfahren)
Mit Hilfe ihrer Notizen in 1b dann fassen die KT das Gespräch in eigenen Worten zusammen.

__2__

Bevor die KT einen Dialog schreiben und spielen, sollten sie den Hörtext im Anhang nachlesen und wichtige allgemeine Redemittel für derartige Situationen unterstreichen, für die Begrüßung z. B. *Grüß dich / Dich habe ich ja ewig nicht gesehen! Oder Standardrepliken wie: Das glaube ich.*

Die KT schreiben die Dialoge in Partnerarbeit, geben Sie hierbei individuelle Hilfen. Dann werden die Dialoge im Plenum gespielt, wobei auch auf Intonation und Gestik geachtet werden sollte. Geben Sie ggf. einige inhaltliche Punkte vor, z. B. Beruf, Familie, Ausbildung, Arbeit, Wohnung.

Auch wenn die einleitenden Übungen auf das zentrale Thema *Über Vergangenes berichten* bzw. *Präteritum* vorbereiten, sollten die KT ihre Dialoge unbelastet von grammatischen Vorgaben schreiben, Sie können dann überprüfen, wie gut die bereits bekannten Vergangenheitsformen beherrscht werden.

Arbeitsbuch: Ü 1

A   Lebensläufe
Lernziele und Lerninhalte:

Sprechen: über Personen berichten
Schreiben: Text über die eigene Vergangenheit
Lesen: Lebensläufe von zwei prominenten
Personen
Grammatik: Präteritum der regelmäßigen Verben

Wiederholen Sie zunächst das Perfekt und die bereits bekannten Präteritumsformen von *haben, sein* und den Modalverben z. B. wie folgt: Die KT berichten im Perfekt, was sie gestern oder am Wochenende gemacht haben und/oder sie erzählen, was sie in der Kindheit machen konnten, durften oder mussten. Oder machen Sie für das Präteritum der Modalverben eine Gegenüberstellung von *früher* und *heute* ähnlich der Einführung dieser Grammatik in *Pluspunkt Deutsch A2*, Lektion 4, Block C, wo es um Schule früher und heute ging:
– *Früher mussten die Kinder beim Essen still sein*
   – Heute müssen sie nicht mehr still sein.
– *Früher konnten die Kinder auf der Straße spielen*
   – Heute können sie (wegen der Autos) nur selten
   auf der Straße spielen.
– *Früher durften Kinder nur zweimal pro Woche*
   fernsehen. – Heute dürfen sie oft drei Stunden
   pro Tag fernsehen.

__1__

Teilen Sie den Kurs in zwei Gruppen, jede Gruppe liest einen Text und ergänzt die Sätze in 1a, Auswertung der Ergebnisse im Plenum.

Anschließend unterstreichen die KT in den Texten, die sie gelesen haben, die Verben im Präteritum und machen eine Tabelle. Im Text über Helene Fischer sind folgende Verben relevant:

Ihre Eltern wanderten … aus
Nach der Schule besuchte sie …
2003 beendete sie …
2004 schickte ihre Mutter …
2006 veröffentlichte Fischer …
2011 erreichte sie …
2012 spielte sie …
Es folgten weitere Alben, …
2015 besuchten …
Bei ihrem ersten großen Fernsehauftritt lernte Helene Fischer … kennen.

Und im Text über Miroslav Nemec:

Bis zu seinem zwölften Lebensjahr lebte er …
Nach der Scheidung seiner Eltern wohnte er … und besuchte …
Schon während seiner Schulzeit spielte Musik eine wichtige Rolle …
Als 15-jähriger gründete er …
Nach dem Gymnasium studierte er …
Danach machte er noch …
In den 1980er Jahren spielte er …
In dieser Zeit arbeitete er …
2011 veröffentlichte er …
1994 gründete er …

Schreiben Sie, nachdem die KT diese Verben gesammelt haben, einige Verben beispielhaft an die Tafel und stellen Sie sie der Präsensform gegenüber, z. B. wie folgt:

> *Sie veröffentlichte 2006 ihr erstes Album.*
> *Sie veröffentlicht auch heute viele Alben.*
>
> *2011 erreichte sie zum ersten Mal Platz 1.*
> *Auch heute erreicht sie oft Platz 1.*

Markieren Sie die Endungen farbig und heben Sie das *t*, das Signal für das Präteritum der regelmäßigen Verben, besonders hervor. Erläutern Sie anschließend alle Konjugationsformen mit Hilfe des Grammatikkastens bei 1b und weisen Sie auf das eingeschobene *e* als Besonderheit bei *arbeiten* hin und geben Sie weitere Beispiele (*reden, antworten, melden, enden* u. a.).

Anschließend ergänzen die KT die Sätze in 1b und lesen sie dann laut vor.

Varianten:
– Lesen Sie einen Text oder einzelne Sätze mit Verben aus der Übung im Präsens vor, die KT schreiben ihn im Präteritum, z. B.:
Er hat kein Auto. Er verdient genug Geld und wohnt in einem schönen Haus.
oder:
Wir arbeiten sechs Stunden pro Tag.

– Anschließend können die KT weitere kurze Sätze oder Texte in Partnerarbeit umformen, z. B.:
Gestern Abend wollte sie allein sein. Sie machte die Wohnungstür hinter sich zu, schaltete das Radio ein und hörte Musik.
Heute Abend …
Er erzählte eine Geschichte und seine Freunde hörten gespannt zu. Niemand langweilte sich, obwohl er mehr als eine Stunde redete.
Er erzählt eine Geschichte …

1c bietet den KT Gelegenheit, sich intensiver mit den Texten auseinanderzusetzen. Die KT berichten gegenseitig über „ihren" Text, die anderen KT hören zu. Evtl. sollte man diese Aufgabe vor die Grammatikerarbeit legen, weil den KT beide Texte andernfalls bereits bekannt sind. Das Präteritum wird dann passiv verstanden, die KT berichten im Perfekt. In diesem Fall empfiehlt sich folgende Vorgehensweise:

Der Kurs wird in zwei große Gruppen geteilt, die eine Gruppe liest den Text über Helene Fischer, die andere über Miroslav Nemec. Während des Lesens decken die KT den Text, den sie nicht bearbeiten, ab.
Im nächsten Schritt werden mit KT, die denselben Text gelesen haben, möglichst Vierergruppen gebildet, um das Verständnis zu klären und unbekannte Wörter zu erläutern. Dann ergänzt jede Gruppe die Sätze 1–5 zu ihrem Text, der andere Text bleibt abgedeckt.
Im dritten Schritt werden die Gruppen neu zusammengesetzt, in jeder neuen Gruppe sind jetzt zwei Experten für Text A und zwei Experten für Text B (oder auch ein Experte für einen Text und zwei Experten für den anderen Text, je nach TN-Zahl). Die KT berichten den anderen KT über den Text, den sie gelesen haben, wobei sie möglichst frei bei geschlossenen Büchern sprechen sollten.
Als Abschlusskontrolle ist ein Quiz im Plenum möglich, bei denen die ursprünglichen Experten fragen, die im dritten Schritt informierten KT antworten.

2
Diese abschließende Übung dient der weiteren Festigung des Präteritums der regelmäßigen Verben. Achten Sie darauf, dass die KT nur die in dem Schüttelkasten vorgegebenen Verben verwenden und nicht in Versuchung kommen, unregelmäßige Verben zu verwenden. Das anschließende Ratespiel ist auch in der Form möglich, dass KL oder ein/e KT die Texte im Plenum vorliest.

Arbeitsbuch: Ü 2–5

B Zeitgeschichte
Lernziele und Lerninhalte:
Lesen: Text über die Entwicklung des Verkehrs
Wortschatz: Verkehr
Grammatik: Präteritum der unregelmäßigen Verben

1

Die einleitenden Aufgaben dienen dem Global- und dem Detailverstehen, primäres Ziel des Textes ist aber die Einführung des Präteritums der unregelmäßigen Verben ab Aufgabe 2. Die unregelmäßigen Verben im Präteritum werden zunächst ohne weitere Erklärung präsentiert, wobei diese Verben den KT zum Teil bereits aus dem Alltag bekannt sein dürften. Vor der Lektüre erfolgt ein kurzes Gespräch über die Fotos, wobei folgende Fragen als Leitfaden dienen können: *Was ist zu sehen? Wie alt sind die Fotos?*

Variante:
Schreiben Sie die Zahlen aus dem Text an die Tafel, die KT ergänzen die zugehörigen Informationen, nachdem sie die Aufgaben 1a und b gelöst haben. (Lösung: 1C, 2C, 3B, 4A)

2

Übergang zur Grammatikarbeit. In der Liste in 2a finden sich alle unregelmäßigen Verben in der Reihenfolge, in der sie im Text vorkommen. Die KT lösen 2a zunächst in Partnerarbeit, anschließend erfolgt eine Besprechung im Plenum. Schreiben Sie zwei oder drei Verben im Infinitiv, Präteritum und Partizip II an die Tafel, z.B.:

> wachsen – wuchs – gewachsen
> kommen – kam – gekommen
> fliegen – flog – geflogen

Heben Sie das wesentliche Merkmal der unregelmäßigen Verben, d.h. den Vokalwechsel, nicht nur beim Partizip II, sondern auch beim Präteritum hervor. Schreiben Sie dann die Konjugation eines unregelmäßigen Verbs aus der Liste in 2b im Präteritum komplett an die Tafel und erklären Sie die Besonderheiten: Keine Endung in der 1. und 3. Person Singular (wie bei den Modalverben), *-en* in der 1. und 3. Person Plural. Die zweite Person ist weniger wichtig, da sie nur selten gebraucht wird. Gehen Sie auch auf die Sonderformen ein, für die in 2b beispielhaft *nennen* steht. Weitere Verben dieser Gruppe finden sich auf der *Gewusst wie*-Seite.

Lassen Sie eine/n lerngeübte/n KT die Unterschiede zwischen der Konjugation eines regelmäßigen und eines unregelmäßigen Verbs im Präteritum anhand von zwei Verben beschreiben, z.B.: *er / sie lachte – er / sie kam.*

Anschließend ordnen die KT die Präteritumsformen in die Tabelle mit den Stammvokalen ein und ergänzen dann die Verben in 2c.

3–4
Diese Übungen dienen der Vertiefung, Aufgabe 4 enthält mit den Lernkarten einen wichtigen Lerntipp für die unregelmäßigen Verben.

Varianten:
– Die Formen des Präteritums müssen nach und nach auswendig gelernt werden. Es gibt keine Regel, welche Verben unregelmäßig sind.
  Im Anhang findet sich eine Liste der unregelmäßigen Verben, die in *Pluspunkt Deutsch* A1 bis B1 eingeführt werden. Lassen Sie die KT jeden Tag fünf Verben lernen, die sie für wichtig erachten und Beispielsätze schreiben, die sie am nächsten Tag im Kurs präsentieren. Sammeln Sie diese Beispielsätze gelegentlich ein und korrigieren Sie sie außerhalb des Unterrichts.
– Eine weitere Möglichkeit, das Präteritum zu trainieren, könnte wie folgt aussehen: Teilen Sie den Kurs in fünf Gruppen auf. Jede Gruppe scheibt zu fünf oder sechs der in 2a abgedruckten Verben Beispielsätze im Präteritum, die dann anschließend im Plenum vorgelesen werden.
  Fragen Sie dann die KT: An wie viele Präteritumsformen konnten sie sich spontan erinnern, als sie die Sätze geschrieben haben? Bei wie vielen mussten sie ihre Lernpartner fragen oder im Wörterbuch nachschauen?
  Im Falle lernungeübter KT sollten die ersten Beispielsätze im Plenum erarbeitet werden.
– Wenn die KT bereits eine größere Anzahl unregelmäßiger Verben im Präteritum beherrschen, schreiben sie drei oder vier Verben im Infinitiv auf Kärtchen, die Lernpartner ergänzen die Präteritumsform evtl. mit einem Beispielsatz. Die KT kontrollieren sich gegenseitig.

Heben Sie auch hervor, dass die KT im Alltag mit dem Perfekt auskommen, dass es aber wichtig ist, dass sie das Präteritum passiv beherrschen. Sie sollten es verstehen können, wenn es z.B. in einem Lesetext auftaucht.

Erläutern Sie anhand von Beispielsätzen weitere Unterschiede zwischen dem Perfekt und dem Präteritum: Man benutzt das Perfekt oft, wenn das Vergangene für den Erzähler noch sehr aktuell ist. Ferner wird es verwendet, wenn die Nachwirkungen dessen, was in der Vergangenheit passiert ist, auch noch in der Gegenwart aktuell sind, wie im Satz *Es hat in der Nacht geschneit.* Man schaut am Morgen aus dem Fenster und auf der Straße ist alles weiß.

Demgegenüber signalisiert der Gebrauch des Präteritums, dass man zu dem, was in der Vergangenheit passiert ist, eine größere Distanz hat.

Variante:

Auf der Deutsch plus-Seite im AB ist das Märchen *Hans im Glück* abgedruckt. Als zusätzliche Grammatikübung können die KT alle unregelmäßigen Verben im Präteritum im Text nach dem Muster der Tabelle in Aufgabe 2b sortieren.

Kopiervorlage 10 bietet ein Präteritum-Memory. Schneiden Sie die Kärtchen aus. Kleben Sie die Infinitive auf weiße Kärtchen, die Präteritumsformen auf Kärtchen in einer anderen Farbe.
Danach werden Kärtchen auf den Tisch gelegt. Jede/r KT zieht zuerst ein weißes Kärtchen und deckt ein andersfarbiges Kärtchen auf. Wenn er/sie die dazugehörende Präteritumsform gefunden hat, darf er/sie beide Kärtchen behalten und noch einmal aufdecken. Sieger ist, wer die meisten Kärtchenpaare gesammelt hat.
Fertigen Sie bei größeren Lerngruppen identische Kartensets an und lassen Sie die KT in Kleingruppen spielen.
Zweiter Durchgang zur weiteren Festigung der Formen: Jede/r KT zieht ein weißes Kärtchen (Infinitiv) und nennt danach die korrekte Präteritumsform. Erst danach darf er/sie die zweite Karte aufdecken. Natürlich können Sie – und auch die KT – die Kärtchen mit anderen Formen ergänzen. Die Verben des Memorys sind alle aus der Lektion 4.
Wenn das Spiel beendet ist, kann jede/r KT versuchen, mit den Präteritumsformen auf den gesammelten Kärtchen eine Geschichte aus der Vergangenheit zu erzählen.

Arbeitsbuch: Ü 6–10

C Zeitzeugen
Lernziele und Lerninhalte:

Hören: Interview mit einem älteren Mann über sein Leben
Schreiben: über das Leben im Heimatland und in Deutschland heute
Grammatik: temporale Nebensätze mit *wenn* und *als*
Projekt: Mein Leben – Früher und heute

1

Als Vorentlastung für das HV sprechen die KT über die Fotos: *Was sehen sie? Was machen die Leute?* Anschließend hören sie das Interview zweimal, um die Aufgaben 1a und 1b zu lösen.
(Lösung 1a: Klettern in den Alpen, 1b: 1. 77. 2. Eine Schwester. 3. Er war fast immer draußen, bei schönem Wetter ist er schwimmen gegangen, Sonntagnachmittag gab es fast immer Kaffee und Kuchen. 4. 50 Stunden pro Woche. 5 Auf einem Tanzabend. 6. Sie konnten keine Wohnung finden. 7. An den Urlaub in Italien mit dem ersten Auto. 8. Sie war Hausfrau.)

Da der Hörtext ziemlich lang ist und viele Details enthält, empfiehlt es sich, dass die KT den Text im Anhang nachlesen und unbekannter Wortschatz geklärt wird, bevor sie in Aufgabe 1c einen Text schreiben. Sie können die KT auch die Präteritumsformen aus dem Hörtext an der Tafel sammeln lassen, damit sie auf diese in ihren Texten zurückgreifen können. Für die Texte empfehlen sich Partnerarbeit sowie die Vorgabe, dass maximal acht Sätze geschrieben werden. Regen Sie die KT an, den Text im Präteritum zu schreiben sowie möglichst viele Konnektoren zu benutzen: *zuerst, dann, danach – weil (Er hat nicht gleich geheiratet, weil…* usw.) Sammeln Sie dann die Texte zur Korrektur ein.

Alternativ kann diese Übung auch nach Einführung der temporalen Nebensätze mit *als* und *wenn* gemacht werden. Dann können auch diese Nebensätze einbezogen werden (Textstellen aus dem HV): *Wenn das Wetter schön war, … – Wenn Oktoberfest war … – Als ich Abitur machte, … – Als ich Ilse kennenlernte, … – Als wir ihn hatten, … – Als die Kinder klein waren, … – Als unser jüngstes Kind acht war, … Wenn die Sonne morgen scheint, … – Wenn ich zurückschaue, …*

2a

Hier werden anhand von vier Sätzen aus dem Hörtext (Grammatikkasten) die temporalen Nebensätze eingeführt. Konditionale Nebensätze mit *wenn* kennen die KT bereits aus *Pluspunkt Deutsch A2*, Lektion 4, Block A. Erläutern Sie den Unterschied von *wenn* und *als*, nachdem die KT die Aufgabe gelöst haben, und

heben Sie besonders hervor, dass temporale Nebensätze mit *als* nur in der Vergangenheit möglich sind.
Da hier eine sehr häufige Quelle für Grammatikfehler
liegt, empfiehlt es sich, ausführlich auf dieses Thema
und mit so vielen Beispielen wie möglich einzugehen.
Schreiben Sie z. B. folgende Satzanfänge an die Tafel,
die die KT zu Ende schreiben:

> *Als ich heute Morgen aufgestanden bin, …*
> *Immer wenn ich aufstehe, …*
> *Als ich hier angekommen bin …*
> *Immer wenn ich hier ankomme …*

Erläutern Sie anhand der Nebensätze mit *wenn* und
als auch noch einmal die Struktur von Nebensätzen
und erinnern Sie daran, dass das Verb in Nebensätzen
immer am Ende steht. Geben Sie evtl. einen Überblick
über alle Nebensatztypen, die die KT vom A2-Band
her kennen sollten: *weil, dass, wenn* (konditional),
damit und erwähnen Sie auch *obwohl* (Lektion 1 des
B1-Bandes) sowie indirekte Fragesätze und Relativsätze im Nominativ und Akkusativ.

2b

In dieser Übung werden die temporalen Nebensätze
mit *wenn* und *als* weiter gefestigt. Erarbeiten Sie mit
lernungeübten KT den ersten Satz in 4a gemeinsam
und fordern Sie diese KT auf, die Verben im Nebensatz zu markieren.

Variante:

Wettstreit. Verteilen Sie Zettel mit zwei bis vier Satz-
anfängen: *Als er den Führerschein gemacht hat, …*
Als die Kinder draußen gespielt haben, … Immer wenn
sie Hunger hatten, … u. Ä. Die KT arbeiten zu zweit
und ergänzen diese Satzanfänge, die anschließend im
Plenum vorgelesen werden. Dann erfolgt eine Ab-
stimmung darüber, welche Ergänzungen die KT am
besten finden.

3

Die KT vergleichen ihr Leben früher im Heimatland
und heute in Deutschland in Form eines Projekts. Der
Text zu *Früher* soll als Modell dienen und die KT sollten die Redemittel in dem Kasten als Hilfe nutzen.
Anschließend sollten die KT über ihr Leben früher
und heute auch mündlich berichten. Lassen Sie möglichst alle KT mit einigen kurzen Sätzen zu Wort kommen, sodass sich ein Erfahrungsaustausch entwickelt,
an dem alle teilnehmen können.

Varianten:

– Erarbeiten Sie mit den KT für diese Aufgabe evtl.
einen Fragenkatalog als Orientierung, der wie folgt
gegliedert werden kann:
*1. Thema Arbeit: Wie viele Stunden mussten Sie in
Ihrer Heimat arbeiten? Haben Sie
mehr/weniger verdient als heute?*
*2. Thema Wohnen: War die Wohnung in der Heimat
größer/kleiner als in Deutschland? Hatte Ihre
Familie mehr/weniger Platz?*
*3. Thema Geld/Lebensstandard: Haben Sie heute
mehr/weniger Geld als früher?*
Weitere Bereiche suchen, die man vergleichen
kann, sind z. B.: Schule, Lebensgewohnheiten
(Freizeitbeschäftigungen, Wochenende),
Heimatort – jetziger Wohnort, Einkaufen.
– Stellen Sie weitere zum Grammatikthema passende
Fragen, z. B.: *Wie alt waren Sie, als Sie die erste
Arbeit gefunden haben? nach Deutschland gekommen sind? die erste Fremdsprache gelernt haben?
eine Ausbildung abgeschlossen haben? die Schule
verlassen haben?* usw.

Kopiervorlage 11 ist ein Dialogspielspiel zu den *als-*
und *wenn*-Sätzen. Jede/r KT bekommt ein Kärtchen.
KT A stellt KT B seine/ihre Frage, KT B antwortet
und stellt seine/ihre Frage KT C usw. Die Fragen sind
in der Sie-Form geschrieben, wenn in Ihrem Kurs
normalerweise geduzt wird, formen die KT die Fragen
in die Du-Form um.

Arbeitsbuch: Ü 11–14
Schreibtraining Ü 15: Inversion – Adverbien auf
Position 1 im Satz
Arbeitsbuch – Deutsch plus Ü 16: Hans im Glück
Arbeitsbuch – Wichtige Wörter: Ü 1–2
Arbeitsbuch Bildlexikon Ü 3–5: Wortschatz zum
Thema Verkehr, Ü 6–7: Vergleich von Verkehrs-
situationen in Deutschland und im Heimatland

Sprechen aktiv

1

Wörter sprechen: In dieser Übung wird Wortschatz aus der Lektion aufgegriffen. Schwerpunkt ist das Nachsprechen der Sätze, um die Intonation bzw. die Aussprache der einzelnen Wörter zu üben.

2–3

Grammatik sprechen: Übung 2 dient dem systematischen Erlernen der Präteritumsformen der unregelmäßigen Verben nach den Stammvokalen des Präteritums bzw. Perfekts. Geben Sie den KT die Aufgabe, die Listen um zwei bis drei Verben zu erweitern, nachdem sie die Aufgabe gelöst haben. In Übung 3 geht es um *wenn* und *als*. Die KT können auf die Fragen in einer langen oder kurzen Form antworten, z. B. zu Frage 1:

- *Als ich sechs Jahre alt war, habe ich in Istanbul gelebt.*
- *In Istanbul.*

4

Flüssig sprechen: Wie in Lektion 3 hören die KT auch hier einen zusammenhängenden Text. Dieses Mal berichtet eine Person über ihre Kindheit, wobei die Präteritumsformen der Verben geübt werden.

Fordern Sie die KT auf, ähnliche Sätze über ihre eigene Kindheit im Präteritum vorzutragen. Auch hier sollten die Sätze zunächst geschrieben und dann von den KT je für sich allein geübt werden. Dabei können die KT das Sprechtempo variieren, z. B. mit kürzeren oder längeren Pausen sprechen, oder Sätze oder Ereignisse, die sie für besonders wichtig halten, besonders betonen.

5

Dialogtraining: Diese Übung baut auf der Videosequenz 4 zu Lektion 4 auf. Man sollte sie dann machen, wenn keine Möglichkeit besteht, die Videoclips zu zeigen und die zum Video gehörenden Übungen nicht gemacht wurden.

Machen Sie evtl. Vorgaben für die Ergänzung des letzten Satzes im Dialog, z. B.:

- *Ach Tantchen, das macht doch nichts. Ich kann mich in das Thema Technik sicher schnell einarbeiten.*
- *Doch! Natürlich! Ich fand Technik schon immer sehr interessant.*

Lassen Sie die KT mündlich über die Firma Knorr-Bremsen berichten, nachdem sie die Aufgaben gelöst haben.

Auftaktseite
Lernziele und Lerninhalte:

Sprechen: über eine Firma sprechen,
über wichtige Themen am Arbeitsplatz
sprechen
Hören: drei Personen berichten über die Firma,
in der sie arbeiten
Wortschatz: Arbeitswelt

Arbeitsbuch: Ü 1

A   Ein Arbeitskonflikt
Lernziele und Lerninhalte:

Sprechen: über die Lösung eines
Arbeitskonflikts diskutieren
Lesen: Zeitungsartikel über einen
Arbeitskonflikt
Grammatik: Adjektive mit *un-* und *-los*, Nomen,
die man wie Adjektive dekliniert

Arbeitsbuch: Ü 2–8

B   Die schriftliche Bewerbung
Lernziele und Lerninhalte:

Sprechen: ein Bewerbungsschreiben analysieren
Hören: Dialog eines Paares über Stellen-
angebote
Lesen: Stellenanzeigen, Bewerbungsschreiben
Wortschatz: Arbeitssuche
Grammatik: Nebensätze mit *bevor, während* und
nachdem

Kannbeschreibungen GER/Rahmencurriculum:

Kann in Stellenanzeigen überprüfen, ob passende
Angebote enthalten sind.
Kann mithilfe einer Vorlage ein einfaches Bewer-
bungsschreiben verfassen

Arbeitsbuch: Ü 9–16
Portfolioübung Ü 12: Bewerbungsschreiben

C   Die Gehaltsabrechnung
Lernziele und Lerninhalte:

Sprechen: Gehaltsabrechnungen in Deutschland
und im Heimatland vergleichen –
Gehälter in Deutschland
Lesen: Gehaltsabrechnung
Wortschatz: Gehaltsabrechnung
Projekt: Gehälter in Deutschland

Kannbeschreibungen GER/Rahmencurriculum:

Kann in Arbeitsdokumenten die wesentlichen Informationen verstehen, z. B. in einer Gehaltsabrechnung.

Arbeitsbuch: Ü 17
Schreibtraining Ü 18: Umlaute
Arbeitsbuch – Deutsch plus Ü 19–20: Tipps zum
Bewerbungsschreiben

Kannbeschreibungen GER/Rahmencurriculum:

Kann wichtige Informationen und Tipps zum Thema
Arbeitssuche verstehen.

Arbeitsbuch – Wichtige Wörter: Ü 1–3
Arbeitsbuch Bildlexikon Ü4–6: Berufe und Situationen bei der Arbeit

Kopiervorlagen in den Handreichungen:

KV 12: Redemittel für ein Bewerbungsschreiben
KV 13 A/B: Wechselspiel zu *bevor, während* und
nachdem

Thematischer Schwerpunkt dieser Lektion sind die
schriftliche Bewerbung und eine Gehaltsabrechnung.
Damit knüpft sie an Lektion 10 des A2-Bandes an, in
der u.a. Stellenanzeigen sowie Bewerbungsgespräche
Thema waren. Die Grammatikthemen sind Wortbildung (Adjektive mit *un-* und *-los*), Nomen, die man
wie Adjektive dekliniert sowie temporale Nebensätze
mit *während, bevor* und *nachdem*.

Auftaktseite
Lernziele und Lerninhalte:

Sprechen: über eine Firma sprechen,
über wichtige Themen am
Arbeitsplatz sprechen

Hören: drei Personen berichten über die Firma,
in der sie arbeiten

Wortschatz: Arbeitswelt

1

Erstellen Sie einleitend ein Wörternetz zum Thema
Arbeit, damit die KT bereits bekannten Wortschatz
aktivieren. Lassen Sie die KT außerdem ihre Berufe
nennen oder evtl. ihre Wunschberufe, in denen sie
eine Ausbildung machen wollen, und sammeln sie
weiteren Wortschatz zu Berufen.

Anschließend sprechen die KT über die Abteilungen
in der Firma Matzon und darüber, was man dort
macht. Geben Sie dafür geeigneten Wortschatz vor:

> *Personalabteilung: Arbeitsverträge schreiben und*
> *verwalten, die Gehaltsabrech-*
> *nungen machen*
> *Marketingabteilung: Werbekampagnen vorbereiten*
> *Geschäftsführung: das Unternehmen führen,*
> *Geschäftsziele festlegen*

2

Danach hören die KT das Interview und lösen die
Aufgaben. Ziel der Übung ist es, den Wortschatz zum
Thema Arbeit zu festigen.
(Lösung 2a: Marin: Personalabteilung, Winter:
Produktion, Rodriguez: Assistentin der Geschäftsfüh-
rung,
Lösung 2b: 1. Über die mögliche Schließung des
Werks. 2. Bei Matzon, 3. Für die Gehaltsabrechnun-
gen. 4. Für die Endkontrolle. 5. Sie ist noch jung und
kann so eine Arbeit schnell wieder finden. 6. Termin-
planung, Vorbereitung von Konferenzen)

3

In dieser Übung soll es nicht um das Thema Arbeit im
engeren Sinne gehen, sondern um Dinge, die ganz allgemein am und um den Arbeitsplatz wichtig sein können wie z.B. Kinderbetreuung, Urlaubsregelungen,
Konflikte mit Kollegen und Vorgesetzten, Kündigun-
gen usw. Sammeln Sie zunächst Stichwörter an der
Tafel, über die die KT dann sprechen, erstellen Sie
evtl. gemeinsam mit den KT eine Liste, in der die Themen in der Reihenfolge ihrer Wichtigkeit aufgelistet
sind. Geben Sie den KT an dieser Stelle auch Gelegenheit, über ihre eigenen Erfahrungen am Arbeitsplatz
zu berichten.

Arbeitsbuch: Ü 1

A Ein Arbeitskonflikt
Lernziele und Lerninhalte:

Sprechen: über die Lösung eines Arbeitskonflikts
diskutieren

Lesen: Zeitungsartikel über einen Arbeitskonflikt

Grammatik: Adjektive mit *un-* und *-los*,
Nomen, die man wie Adjektive
dekliniert

Die KT lesen zwei Texte über einen Arbeitskonflikt
und seine Beilegung und diskutieren über das Ergebnis. Außerdem geht es um Adjektive (die Vorsilben
un- und *-los*) sowie um Nomen, die man wie Adjektive dekliniert.

1

Zunächst lesen die KT die Überschrift, um zu sagen,
was sie von dem Text erwarten. Notieren Sie die Vermutungen der KT an der Tafel. Anschließend lesen sie
den Text und überprüfen ihre Vermutungen. Nach der
zweiten Lektüre beantworten sie die Fragen.
(Lösungsbeispiel: 2. In Rumänien. 3. Der Betriebsrat
fordert Verhandlungen. 4. Er plant Streiks, wenn die
Verhandlungen keinen Erfolg haben. 5. Sie sagt, dass
die Kosten für die Produktion in Unterrode zu hoch
sind. 6. Sie hat Angst, dass die Stadt weniger Steuern
bekommt, wenn das Unternehmen schließt, und dass
das negative Folgen für die Geschäfte hat.)

Varianten:

– Lerngeübte KT können den Text in eigenen Worten zusammenfassen. Geben Sie dafür passende Redemittel vor, z. B.

> *In dem Text geht es um …*
> *Der Text handelt von …*
> *Thema des Textes ist …*

– Für lernungeübte KT können Sie ein Arbeitsblatt mit wichtigen Stichwörtern vorbereiten, z. B.

> *demonstrieren – 3.000 Menschen / Matzon – in Rumänien produzieren / das Werk in Unterrode – schließen / Mitarbeiter – Angst, arbeitslos zu werden*

Die KT fassen dann den Text auf Basis dieser Stichwörter zusammen.

2

Aufgabe zur Wortbildung. Erläutern Sie die Bildung der Adjektive mit Hilfe des Grammatikkastens und sammeln Sie mit den KT weitere Adjektive mit *un-* und *-los*, nachdem sie die Aufgabe gelöst haben. Lassen Sie die KT mit den zusätzlich gesammelten Adjektiven Beispielsätze bilden.

Thematisieren Sie in Verbindung mit der Vorsilbe *un-* Gegensatzpaare bei Adjektiven, z. B. *schön-hässlich, klein-groß* und verdeutlichen Sie, dass es keine feste Regel im Deutschen gibt, wann man ein Adjektiv mit *un-* verneinen kann. Man muss die Adjektive lernen! Machen Sie auch auf andere Möglichkeiten der Wortbildung bei Adjektiven aufmerksam: *-lich* (das Glück – glücklich), *-bar* (machen – machbar), *-wert* (lesen – lesenswert), *-ig* (der Fleiß – fleißig) sowie Komposita (z. B. *hellblau, dunkelrot*).

3a

Als Vorbereitung auf den Text in Aufgabe 3 diskutieren die KT, welche Möglichkeiten es gibt, um den Arbeitskonflikt bei der Firma Matzon beizulegen. Geben Sie auch hier geeignete Redemittel vor, z. B.

> *Ich schlage vor, dass …*
> *Die Geschäftsleitung und der Betriebsrat sollten …*
> *Ich finde es am besten, wenn …*

Anschließend lesen die KT den Text und lösen die Aufgaben.
(Lösung: 1F, 2R, 3R, 4F)

3b

Jetzt geht es um die Nomen, die man wie Adjektive dekliniert. Weisen Sie darauf hin, dass sie im Deutschen recht häufig sind, nachdem die KT die Aufgabe gelöst haben und lassen Sie sie weitere bekannte Nomen dieser Art sammeln. In *Pluspunkt Deutsch* sind sie schon mehrfach vorgekommen, z. B. *der/die Bekannte, der/die Fortgeschrittene, der/die Jugendliche.*

Lassen Sie die KT z. B. mit *der/die Bekannte* beispielhaft Sätze bilden, z. B.

> *Herr Müller ist ein Bekannter von mir.*
> *Ich habe einen Bekannten, der …*
> *Gestern bin ich mit einem Bekannten ins Kino gegangen.*

4

Die abschließende Diskussion bietet wieder Gelegenheit, Redemittel zur Meinungsäußerung zu üben. Die KT sollten mit mindestens einem Beispiel aus dem Redemittelkasten einen Satz formulieren. Erinnern Sie die KT auch an früher eingeführte Redemittel zur Meinungsäußerung: *Ich finde …, Ich denke …* usw. Fordern Sie die KT außerdem auf, über Arbeitskonflikte zu berichten, die ihnen aus Deutschland oder dem Heimatland bekannt sind.

Arbeitsbuch: Ü 2–8

B Die schriftliche Bewerbung
Lernziele und Lerninhalte:

Sprechen:	ein Bewerbungsschreiben analysieren
Hören:	Dialog eines Paares über Stellenangebote
Lesen:	Stellenanzeigen – Bewerbungsschreiben
Wortschatz:	Arbeitssuche
Grammatik:	Nebensätze mit *bevor, während* und *nachdem*

Im Zentrum dieses Blocks stehen Stellenanzeigen und Bewerbungsschreiben, nachdem die KT in *Pluspunkt Deutsch A2*, Lektion 10, Block C einige grundlegende Redemittel und Themen von Bewerbungsgesprächen kennengelernt haben Die Grammatik behandelt temporale Nebensätze.

1

Bereits aus *Pluspunkt Deutsch A2*, Lektion 10 sowie aus Lektion 3 des vorliegenden Bandes kennen die KT einfache Stellenanzeigen, hier lernen sie komplexere Anzeigen kennen. Aufgabe 1 dient der Vorentlastung der Anzeigen und ebenso der Wortschatzwiederholung. In Lektion 10 des A2-Bandes wurden z. B. die Arbeitnehmereigenschaften (soft skills) *zuverlässig, flexibel, belastbar, engagiert* und *teamfähig* ausführlich erläutert und andere wurden lexikalisch eingeführt.

Gehen Sie auf für Stellenanzeigen wichtige Aspekte ein, nachdem die KT die Aufgabe gelöst haben: Was erfahren Bewerber aus den Anzeigen über die Unternehmen, was können sie (nicht) erwarten, welche Informationen gibt eine Firma, welche evtl. relevanten Informationen gibt sie nicht?

Bringen Sie dafür auch geeignete Stellenanzeigen aus der Tageszeitung oder dem Internet mit, um diese Themen ausführlicher zu behandeln. Ziehen Sie auch die Stellenanzeige in AB-Übung 10a heran.

2

Zunächst lesen die KT die Anzeigen in Einzelarbeit, klären Sie während der Lektüre unbekannten Wortschatz. Anschließend ergänzen sie die Tabelle und berichten dann in eigenen Worten über die Stellenanzeigen.

Geben Sie geeignete Redemittel vor:

> Hartwig Motorenbau sucht einen/eine ...
> Die Firma ... sucht einen/eine ...
> Für die Firma ist wichtig, dass ...
> Der neue Mitarbeiter/Die neue Mitarbeiterin soll ...
> Der neue Mitarbeiter/Die neue Mitarbeiterin muss ... / braucht ...
> Die Firma erwartet, dass der neue Mitarbeiter/die neue Mitarbeiterin ...
> Voraussetzung ist, dass der neue Mitarbeiter/die neue Mitarbeiterin ...
> Die Firma bietet ...

Varianten:

– Die KT schreiben in Vierergruppen Fragen zu den Anzeigen, die die Nachbargruppen beantworten.
– Fordern Sie die KT auf, in Zeitungen selbst weitere Stellenanzeigen zu suchen oder bringen Sie selbst geeignete Anzeigen in den Unterricht mit. Diese Anzeigen werden auf dieselbe Weise ausgewertet wie die Anzeigen unter B2.

3

Diese Übung hat u.a. den Zweck, die KT noch einmal auf wesentliche Punkte in den Stellenanzeigen im KB, aber auch in Stellenanzeigen allgemein wie Voraussetzungen hinsichtlich Berufserfahrung und Ausbildung, aber auch Standort des Unternehmens aufmerksam zu machen.
(Lösung: 1. Er hat kein Wirtschaftsstudium absolviert. 2. Die Firma ist weit entfernt. 3. Sie ist Musiklehrerin. 4. Die Chancen sind schlecht. 5. Die Stelle ist besser als in Unterrode arbeitslos zu sein, Frau Moran sieht auch Chancen für sich.)

4

Notieren Sie die zentralen Stichwörter an der Tafel, nachdem die KT das Bewerbungsschreiben gelesen haben. Folgende Stichwörter aus der Anzeige finden sich auch im Schreiben von Herr Moran wieder: *selbstständig arbeiten, Kundenkontakte/Kundenservice, kaufmännische Ausbildung/Ausbildung zum Kaufmännischen Angestellten, Englischkenntnisse, Teamfähigkeit/gewohnt im Team zu arbeiten.*
Anschließend berichten die KT im Plenum.

Das Thema wird im AB weiter vertieft (AB-Übungen 10–12 sowie AB-Übung 19: Tipps zum Bewerbungsschreiben auf der *Deutsch-Plus*-Seite). Diese Übungen sollten in jedem Fall nicht nur als Hausaufgabe, sondern als Erweiterung von Block B im KB auch im Unterricht gemacht werden.

> **Informationen zur Landeskunde:**
> Im Internet finden Sie zahlreiche Seiten mit Bewerbungstipps, Musterbewerbungen usw.
> Als Beispiel verweisen wir hier auf die Webseite http://www.bewerbung-tipps.com/anschreiben.php.
> Hier finden Sie Informationen darüber, dass das Anschreiben der wichtigste Teil der Bewerbung ist und einen ersten Eindruck des Bewerbers/der Bewerberin verschafft. Die Firma wird die Stellenanforderungen mit den Angaben im Anschreiben vergleichen. Sie sollten das Anschreiben kurz halten und darauf achten, dass der Leser Interesse bekommt, Ihre Bewerbung vollständig zu lesen. Wenn Sie auf Ihre Stärken eingehen, ist auch ein kurzer Verweise auf Tätigkeiten, die für die neue Stelle wesentlich sind, sinnvoll.
> (siehe hierzu auch die Informationen zur Landeskunde zum Lebenslauf in den *Handreichungen* zu *Pluspunkt Deutsch A2*, Seite 80)

Kopiervorlage 12 enthält Redemittel für Bewerbungsschreiben, die die KT für AB-Übung 12 verwenden können. Dort sollen sie ein Bewerbungsschreiben für eine Stellenanzeige, die sie selbst gesucht haben, verfassen.

5

Einführung von *während, bevor* und *nachdem*.
Schreiben Sie die Sätze auch an die Tafel, nachdem die Zuordnung erfolgt ist, und fragen Sie: *Was macht Herr Moran zuerst? – Was macht er danach? – Was macht er zuletzt?* Ergänzen Sie dann die Uhrzeiten neben den Sätzen an der Tafel. Schreiben und erläutern Sie dann die Haupt- und Nebensätze mit *bevor, während* und *nachdem* und markieren Sie wie im Grammatikkasten auf der Seite. Heben Sie den Zeitenwechsel bei *nachdem* besonders hervor und geben Sie dafür weitere Beispiele. Das Plusquamperfekt muss an dieser Stelle nicht eigens thematisiert werden, denn es wird in Lektion 8 (Block B) eingeführt.

6

In dieser Übung werden die neu gelernten Nebensatzkonnektoren gefestigt. 6a ist gegenüber 6b stärker gelenkt. Lernungeübte KT sollten in beiden Übungen je einen Satz zusammen mit KL erarbeiten.

Geben Sie evtl. auch einen Überblick über alle temporalen Nebensätze, die die KT jetzt kennen: Neben den hier gelernten gehören dazu auch noch die Nebensätze mit *wenn* und *als*, die in Lektion 4 eingeführt wurden. Als weiterer Konnektor für temporale Nebensätze wird in Lektion 9 Block A *seit/seitdem* eingeführt.

Varianten:
– Lassen Sie die KT Alltagssituationen mit Hilfe der Konnektoren beschreiben: *Was machen Sie, bevor Sie in die Schule gehen? … nachdem Sie die Schule verlassen haben? … bevor Sie einkaufen? … nachdem Sie eingekauft haben? … während Sie frühstücken?* Diese Übung ist als Umfrage im Plenum oder in Partnerarbeit möglich, wobei die KT anschließend über ihre Lernpartner berichten können.
– Ergänzungsspiel nach dem Vorbild von Übung 3 in Block A von Lektion 2 zu Infinitiven mit zu. Die KT spielen zu zweit. Zunächst notiert jede/r KT einen Satzanfang mit *bevor, während* und *nachdem*. Die KT lesen ihre Sätze vor, der/die andere KT ergänzt einen passenden Hauptsatz. In der zweiten Runde notieren die KT Hauptsätze sowie zusätzlich *bevor, während* und *nachdem*, der/die andere KT ergänzt den Nebensatz.

– Dieses Spiel ist auch in Dreiergruppen möglich. KT A liest einen Satzanfang vor, KT B und C schreiben den Satz zu Ende und vergleichen dann ihre Ergebnisse. So bietet sich auch Gelegenheit, dass die KT sich gegenseitig korrigieren.
– Plenumsaktivität. Die KT werfen sich einen Ball zu. Der/Die KT, der/die den Ball wirft, beginnt einen Satz, der/die KT, der/die den Ball fängt, beendet den Satz.
– Für lerngeübte KT. Schreiben Sie einige Sätze an die Tafel, um auf die Möglichkeit hinzuweisen, temporale Nebensätze zu nominalisieren, z. B.

Vor dem Essen … – Bevor ich esse …
Während des Essens … – Während ich esse …
Nach dem Essen … – Nachdem ich gegessen habe, …

Geben Sie den KT einige weitere Sätze, die sie entsprechend umformen, z. B.

Während der Fahrt zur Arbeit höre ich Musik. – Während ich zur Arbeit fahre, …
Nach dem Schwimmen ruhen sie sich aus. – Nachdem sie geschwommen haben, …
Vor dem Einkauf schreibe ich einen Einkaufszettel. – Bevor ich einkaufe, …

Arbeitsbuch: Ü 9–16
Portfolioübung Ü 12: Bewerbungsschreiben

Kopiervorlage 13 ist ein Wechselspiel zu *bevor, während* und *nachdem*. Jede/r KT erhält eine Kopie 13A oder B mit Fragen, zu denen sich Antwortvorschläge auf der anderen Kopie finden. Die Antworten sind im Prinzip freigestellt, die Bilder sollen nur als Hilfe dienen. Lediglich die Konjunktionen sind vorgegeben.

C Die Gehaltsabrechnung
Lernziele und Lerninhalte:

Sprechen:	Gehaltsabrechnungen in Deutschland und im Heimatland vergleichen, Gehälter in Deutschland
Lesen:	Gehaltsabrechnung
Wortschatz:	Gehaltsabrechnung
Projekt:	Gehälter in Deutschland

Anhand einer Gehaltsabrechnung lernen die KT Details über das Lohn- und Gehaltssystem bzw. die Sozialversicherung in Deutschland kennen. Sie erhalten somit eine Anleitung, auch eine eigene Lohnabrechnung besser zu verstehen. Das deutsche Sozialversicherungssystem ist auch Thema im Orientierungskurs, der im Anschluss an die Integrationssprachkurse stattfindet, diese Seite kann als Vorentlastung dafür genutzt werden.

1

Plenumsarbeit mit Unterstützung durch KL, da der Wortschatz zum weitaus größten Teil neu, aber für den Arbeitsmarkt unverzichtbar ist. AB-Übung 17 kann insbesondere bei lernungeübten KT als Kontrolle dienen, ob das Vokabular verstanden wurde.

Gehen Sie die Abrechnung mit den KT noch einmal gemeinsam durch, nachdem die Aufgabe gelöst wurde und erläutern Sie die Abgaben – ggf. können Sie diese auch durch lerngeübte KT oder KT, die sich mit dem Steuer- und Sozialversicherungssystem auskennen, erläutern lassen.

Informationen zur Landeskunde:
Die Lohnsteuer richtet sich prozentual nach der Höhe des Gehalts, der Solidarzuschlag wird für die neuen Bundesländer bezahlt. Wenn man Mitglied in der evangelischen oder katholischen Kirche oder in einer jüdischen Gemeinde ist, bezahlt man die Kirchensteuer.
Die Abgaben für die Sozialversicherung bezahlen Arbeitgeber und Arbeitnehmer gemeinsam, bei der Krankenversicherung bezahlen die Arbeitnehmer mehr als 50 %, ansonsten jeweils 50 %. Das Rentenalter wird nach und nach auf 67 Jahre heraufgesetzt.
Für die Lohnsteuerklassen I bis VI spielt u. a. der Familienstand eine Rolle.
Nähere Quelle: http://de.wikipedia.org/wiki/Lohnsteuerklasse. Hier finden Sie auch weitere Informationen.

Weisen Sie darauf hin, dass das Sozialversicherungssystem, wie im Infokasten kurz beschrieben bzw. wie in der Gehaltsabrechnung von Herrn Moran dargestellt, nur für feste Arbeitsstellen gilt, nicht aber für Selbstständige und Freiberufler, zu denen auch viele Dozenten in der Erwachsenenbildung zählen. Das Thema Selbstständigkeit wird später in Lektion 8 näher behandelt.

2

Mit dieser Aufgabe erhalten die KT Gelegenheit, die Verhältnisse in Deutschland mit denen im Heimatland zu vergleichen. Stellen Sie evtl. weitere Fragen:

Wie ist das Sozialversicherungssystem in Ihrem Heimatland? Gibt es ein solches System?

Wie viel Steuern muss man bezahlen?
In welchem Alter geht man in Rente?

Hier bietet sich auch Gelegenheit, auf das Thema Gehaltsunterschiede von Männern und Frauen einzugehen.

Thematisieren Sie evtl. auch, wie offen die Menschen im Heimatland über Geld bzw. das Monatseinkommen sprechen, und ob die KT Unterschiede zu Deutschland festgestellt haben. Dies kann zu einem interessanten interkulturellen Vergleich führen.

Je nachdem, wie offen die KT sind, bietet es sich an zu fragen, wofür sie ihr Geld ausgeben: Miete, Lebensmittel, Konsumgegenstände, Versicherungen, Sonderwünsche usw.

Geben Sie dafür geeignete Redemittel vor, z. B.:

> Ich gebe viel / wenig / ... Euro für ... aus.
> Am meisten Geld gebe ich / geben wir für ... aus.
> Wir sparen bei ...
> Besonders teuer finde ich / ist ...

3

Das abschließende Projekt soll den KT ein Bild von den Durchschnittseinkommen in Deutschland in verschiedenen Berufen vermitteln. Sie können hier den Kurs in Gruppen einteilen, die sich mit verschiedenen Berufsgruppen beschäftigen: Berufe im Gesundheitswesen, in der Gastronomie, technische Berufe, kaufmännische Berufe, Handwerksberufe usw. Die Gruppen präsentieren dann ihre Ergebnisse im Kurs.

Arbeitsbuch: Ü 17
Schreibtraining Ü 18: Umlaute
Arbeitsbuch – Deutsch plus Ü 19–20: Tipps zum Bewerbungsschreiben
Arbeitsbuch – Wichtige Wörter: Ü 1–3
Arbeitsbuch – Bildlexikon Ü 4–6: Berufe und Situationen bei der Arbeit

Sprechen aktiv

1

Wörter sprechen: Hier wird die Wortbildung geübt, Adjektive mit *un-* und *-los*. Lassen Sie die KT weitere Adjektive mit *un-* und *-los* notieren und nach dem Muster von 1a sprechen.

Variante:

Sammeln Sie gemeinsam mit den KT Adjektive, bei denen eine Wortbildung mit *un-* nicht funktioniert wie z.B. *klein, groß, lang* und lassen Sie die KT die Gegenteile dieser Adjektive nennen.

2

Grammatik sprechen: Wechselspiel zu temporalen Nebensätzen mit *bevor, während* und *nachdem*. Die KT haben jeweils Fragen zu einer Person und Antworten zu einer anderen Person. Zu den Personen, bei denen ihnen die Antworten bzw. Informationen fehlen, fragen sie wie in den Sprechblasen vorgegeben, der/die andere KT antwortet. Stellen Sie zunächst eine Frage im Plenum, die ein/e KT beantwortet, bevor die KT zur Partnerarbeit übergehen.

3

Flüssig sprechen: In einem zusammenhängenden Text wird ein Unternehmen präsentiert. Der Text bereitet die KT auf eine mündliche Präsentation vor. Als weitere Übung sollten die KT einen Paralleltext zunächst schreiben, für sich alleine üben und dann im Plenum vortragen. Lernungeübte KT beschränken sich darauf, die Zahlen und die Produktion des Unternehmens zu variieren.

4

Dialogtraining: Diese Übung baut auf den Videosequenzen 5–6 zu Lektion 5 auf. Man sollte sie dann machen, wenn keine Möglichkeit besteht, die Videoclips zu zeigen und die zum Video gehörenden Übungen nicht gemacht wurden.

Inhalt des Gespräches ist die Wochenendarbeit bzw. die Arbeitszeit allgemein von Friederike. Vorschläge für eine Fortsetzung des Dialogs (4b):

– Friederike schlägt vor, dass sie z.B. noch bis zum Sommer mehr als einmal monatlich am Wochenende arbeitet, bis dahin sollte der Pflegedienst Zeit genug haben, neue Mitarbeiter zu finden, Frau Amani stimmt zu;

– Friederike droht mit Kündigung, wenn sie weiterhin oft am Wochenende arbeiten muss, Frau Amani will dies verhindern und verspricht Friederike weniger Wochenendarbeit.

Auftaktseite
Lernziele und Lerninhalte:
Sprechen: über Bilder sprechen,
sagen, was man im Leben wichtig findet

Arbeitsbuch: Ü 1a
Portfolioübung Ü 1b: schreiben, was einem im Leben wichtig ist

A Wünsche und Wirklichkeit
Lernziele und Lerninhalte:
Sprechen: sagen, was man tun würde, wenn ...
Ratschläge geben,
Vorschläge machen
Lesen: Text über Wünsche der Deutschen
Schreiben: Wunschsätze
Grammatik: Konjunktiv II

Arbeitsbuch: Ü 2–11
Portfolioübung Ü 9: Schreiben – Was wäre, wenn ...?

B Geburtstagswünsche
Lernziele und Lerninhalte:
Sprechen: berichten, was man sich wünscht oder kaufen möchte
Hören: Gespräch über Geburtstagswünsche
Grammatik: Reflexivpronomen im Dativ

Arbeitsbuch: Ü 12–16

C Verbraucherschutz
Lernziele und Lerninhalte:
Sprechen: über Verbraucherzentralen und Verbraucherschutz sprechen,
Umtauschdialoge
Hören: Gespräche mit der Verbraucherzentrale
Lesen: Infotext über Verbraucherzentralen

Kannbeschreibungen GER/Rahmencurriculum:
Kann bei Beratungsstellen spezifische Probleme erörtern.
Weiß, dass es Verbraucherinformationsstellen gibt, kennt deren Funktion und weiß, wie man sie in Anspruch nimmt.
Weiß, dass es Umtauschmöglichkeiten sowie ein Widerrufs- und Reklamationsrecht gibt.

Arbeitsbuch: Ü 17–18
Schreibtraining Ü 19: einen Beschwerdebrief schreiben

Kannbeschreibungen GER/Rahmencurriculum:
Kann mit sehr einfachen Worten einen Kaufvertrag schriftlich widerrufen.

Arbeitsbuch – Deutsch plus Ü 20–21: Geschenktipps
Arbeitsbuch – Wichtige Wörter: Ü 1–4
Arbeitsbuch – Bildlexikon Ü 5–6: Situationen im öffentlichen Raum, Bildbeschreibung, Vergleich mit dem Heimatland

Kopiervorlagen in den Handreichungen:
KV 14 A/B: Würfelspiel zum Konjunktiv II
KV 15: Dialoggrafiken zu Geschenken, Einkauf und Umtausch

Thematischer Schwerpunkt dieser Lektion sind Wünsche und Verbraucherschutz. Die Grammatikthemen sind der Konjunktiv II sowie Reflexivpronomen im Dativ.

Auftaktseite
Lernziele und Lerninhalte:

Sprechen: über Bilder sprechen,
            sagen, was man im Leben wichtig findet

1

Die Zuordnung der Wörter aus dem Schüttelkasten und die Beschreibung der Fotos erfolgen zunächst in Partnerarbeit, anschließend im Plenum. Geben Sie evtl. geeignete Redemittel vor:

> *Ich glaube, Foto 1 zeigt Leute, für die viele Freunde wichtig sind.*
> *Den Personen auf Bild … ist vielleicht … wichtig.*

Auch für die Minidialoge in 1b empfehlen sich Vorgaben, die Sie mit den KT gemeinsam erarbeiten können, z. B.:

– *Sag mal, was ist dein nächstes Ziel?*
+ *Ich würde gerne …*

– *Herr und Frau …, Sie sind jetzt beide Rentner. Was ist für Sie besonders wichtig? (Foto 6)*

Es genügt, wenn die Minidialoge sich auf eine Frage und eine Antwort beschränken, ausführlicher wird das Thema dann in Aufgabe 2 behandelt.

2

Die Stellungnahmen dieser Übung sollen für die KT auch Anregungen sein zu berichten, was für sie im Leben wichtig ist. Die KT hören die Personen zweimal. Zuerst ohne Pause, dann mit Pause nach jeder Stellungnahme, damit sie genug Zeit für Notizen haben. Anschließend berichten sie auf Basis ihrer Notizen, lernungeübte KT oder KT, denen das Sprechen schwer fällt, sollten die Text dafür noch einmal im Anhang nachlesen.
(Lösung 2a: Nadra: 14, Schülerin, Familie, guter Schulabschluss. Carlos: 18 – Freunde. Karina: 22 – Freiheit, neue Dinge lernen, Liebe. Ferdinand: 28 – Erfolg im Beruf)

Für 2b werden zunächst wichtige Stichwörter an der Tafel in Form des Wörternetzes wie auf der Seite vorgeschlagen gesammelt. Anschließend schreiben die KT einen kleinen Text über ihre eigenen Ziele und Wünsche auf separate Zettel, die ohne Namen im Kursraum aufgehängt werden. Die KT lesen dann die verschiedenen Texte und raten anschließend, wer was geschrieben hat. Es bietet sich auch die Möglichkeit, eine Statistik für den Kurs darüber aufzustellen, welche Aspekte am häufigsten genannt werden.

Arbeitsbuch: Ü 1a
Portfolioübung Ü 1b: schreiben, was einem im Leben wichtig ist

A   Wünsche und Wirklichkeit
Lernziele und Lerninhalte:

Sprechen: sagen, was man tun würde, wenn …
             Ratschläge geben,
             Vorschläge machen
Lesen: Text über Wünsche der Deutschen
Schreiben: Wunschsätze
Grammatik: Konjunktiv II

Thema dieses Blocks ist der Konjunktiv II. Den Konjunktiv II von *können* für höfliche Bitten kennen die KT aus *Pluspunkt Deutsch A2*, Lektion 5, Block B. In Lektion 9 des A2-Bandes haben sie den Konjunktiv II von *sollen* für Vorschläge kennengelernt. Wunschsätze mit *würde / möchte gern* wurden dann in Lektion 10 eingeführt (Block A). Rufen Sie diese Formen noch einmal in Erinnerung, bevor die KT den Konjunktiv II weiter üben.

1

Die KT lesen den Text still und ergänzen die Zahlen, Auswertung der Ergebnisse im Plenum. Fragen Sie die KT, wie wichtig die in dem Text genannten Wünsche für sie selbst sind bzw. vergleichen Sie die Ergebnisse der Umfrage mit den Wünschen, die sie anlässlich der Aufgaben der Auftaktseite geäußert haben.

2

Danach lesen die KT den Text noch einmal und markieren die Konjunktiv II-Formen: *wäre, hätte* und *würde* plus Infinitiv, was der Ausgangspunkt für die Erläuterung der Konjunktiv II-Formen im Grammatikkasten ist. Schreiben Sie die Sätze aus 1a auch an die Tafel und markieren Sie bei den Verben den Umlaut als Signal für den Konjunktiv II. Auch wenn *würde* plus Infinitiv bereits aus dem A2-Band bekannt ist, sollten Sie diese Form besonders hervorheben und darauf hinweisen, dass für den Infinitiv hier dieselben Regeln gelten wie bei den Modalverben. Dann ergänzen die KT die Sätze in 2a.
2b in Einzelarbeit, individuelle Kontrolle durch KL. Machen Sie die Vorgabe, dass die KT jeweils mindestens einen Satz mit *wäre, hätte* und *würde* schreiben und achten Sie darauf, dass sie *hätte* und *wäre* nicht verwechseln.

Varianten:
- Kettenspiel. KT A beginnt einen Satz, z. B.
  Ich würde gerne …, KT B beendet den Satz und
  beginnt einen neuen usw.
- Die KT werfen sich einen Ball zu und fragen und
  antworten: *Was würdest du/würden Sie jetzt gern
  machen? – Was hättest du/hätten Sie gerne? –
  Wo wärst du/wären Sie jetzt gerne?* usw.

3

In dieser Aufgabe geht es um konditionale Nebensätze mit *wenn* und den Konjunktiv II. Konditionale
Nebensätze mit *wenn* im Indikativ sind aus *Pluspunkt
Deutsch A2*, Lektion 4 bekannt. Die Zuordnung in 3a
und die Gegenüberstellung der Sätze in 3a und 3b
zunächst in Partnerarbeit, anschließend Besprechung
im Plenum. Machen Sie weitere Gegenüberstellungen
mit Situationen, die zum Kurs passen, z. B.:

*Wenn jetzt Pause wäre, würde ich einen Kaffee holen.
Es ist aber jetzt keine Pause. Ich hole keinen Kaffee.
Wenn wir kein Kursbuch hätten, …
Wenn der CD-Player kaputt wäre, …*

4–5

Festigung der Konditionalsätze in schriftlicher (4) und
mündlicher (5) Form. 4 in Einzelarbeit mit individueller Unterstützung durch KL.

6

Mit dem Dialog wird der Konjunktiv II der Modalverben *können* und *müssen* eingeführt, der Konjunktiv II von *sollen* ist bereits aus dem A2-Band bekannt.
Stellen Sie auch hier Wünsche und Realität gegenüber, nachdem die KT die Aufgabe gelöst haben:

*Nicht real/Wunsch:
Wenn er **nicht** am Wochenende arbeiten **müsste**,
könnte er ins Kino gehen.*

*Realität:
Er **muss** am Wochenende arbeiten,
er **kann nicht** ins Kino gehen.*

Verweisen Sie bei der anschließenden Erläuterung
des Grammatikkastens auf den Unterschied zwischen
den Präteritumsformen der Modalverben, die die KT
in *Pluspunkt Deutsch A2*, Lektion 4 gelernt haben,
und den Konjunktiv II-Formen. Dieser Unterschied ist
eine der häufigsten Fehlerquellen, denn viele KT
haben Probleme, die Formen mit und ohne Umlaut
korrekt beim Hören zu unterscheiden bzw. auszu-
sprechen. Deshalb sollten die KT in jedem Fall auch
AB-Übung 6, in der der Konjunktiv II und das Prä-

teritum von *können* und *müssen* einander gegenübergestellt werden, im Unterricht und nicht als Hausaufgabe machen.
Danach ergänzen die KT die Sätze in 6b.

Lassen Sie die KT auch Beispielsätze mit den Modalverben im Präteritum schreiben, für die Sie einfache
Satzbausteine vorgeben, z. B.:

*nicht müssen – am Wochenende – aufräumen – ich
mit 18 Jahren – er – können – den Führerschein
machen
in Urlaub fahren – letztes Jahr – Peter und Andreas –
dürfen – ohne die Eltern*

So wiederholen die KT nicht nur das Präteritum der
Modalverben, sondern auch der Unterschied
zwischen den Präteritums- und den Konjunktiv II-
Formen der Modalverben wird ihnen stärker bewusst.

7

Diese Übungen dienen der weiteren Festigung des
Konjunktivs II der Modalverben in schriftlicher (7a)
und mündlicher (7b) Form. 7a in Einzelarbeit, Besprechung der Lösungen im Plenum, 7b in Partnerarbeit
mit individueller Kontrolle durch KL.

Geben Sie den KT dann eine zusammenfassende
Übersicht über die Anwendungen des Konjunktiv II,
die sie nun kennen, mit Beispielsätzen:

Höfliche Bitte: *Könnte / Dürfte ich noch ein Stück
Kuchen haben?*
Wunsch: *Ich hätte gerne ein großes Haus.*
Vorschlag: *Du solltest mehr Englisch lernen.*
Bedingung: *Wenn er ein Auto hätte, könnte er
außerhalb seines Wohnortes arbeiten.*

Weitere Aktivitäten zur freien Anwendung des Konjunktivs:

a) Ratschläge geben
Ein/e KT denkt sich ein Problem aus, die anderen
müssen Ratschläge geben. Beispiel:

KT A:
*Ich habe ein Problem. Ich kann schlecht schlafen.
Was soll ich machen? Was rätst du mir raten Sie mir?
Was kann ich deiner / Ihrer Meinung nach tun?*

KT B:

*Wenn ich du / Sie wäre, (dann) würde ich abends
Gymnastik machen.*
Meiner Meinung nach solltest du / sollten Sie …
An deiner / Ihrer Stelle würde ich …

b) Bedingungssätze üben
KT A denkt sich einen *wenn*-Satz aus, sagt oder
notiert aber nur den Aussagesatz ohne *wenn*-Satz.
Die anderen KT versuchen, den passenden Bedin-
gungssatz zu erraten, indem sie den ganzen Satz mit
korrektem Satzbau sagen oder schreiben.

Beispiel:
KT A: *Ich würde Fahrrad fahren.*
KT B: *Wenn ich kein Auto hätte, würde ich Fahrrad
        fahren.*
KT C: *Wenn hier nicht so viel Verkehr wäre, würde
        ich Fahrrad fahren.*
KT D: *Wenn ich mehr Zeit hätte, würde ich Fahrrad
        fahren.*
KT E: …

Danach nennt KT A den Satz, den er/sie sich ausge-
dacht hat.

Kopiervorlage 14 A/B ist ein Würfelspiel zum Konjunktiv II. Die Regeln sind dort erklärt. Bevor die KT
zu spielen beginnen, geben Sie anhand der Aufgabenkärtchen zwei bis drei mündliche Beispiele, wie die
Aufgaben zu lösen sind:

– *Wenn ich ein Auto hätte, würde ich viele Ausflüge
  machen / könnte mein Fahrrad im Keller
  bleiben / müsste ich nicht mit dem Bus fahren.*
– *Was sollte man bei einem Bewerbungsgespräch
  beachten?*
  *Man sollte pünktlich sein. Man sollte nicht nach
  dem Urlaub fragen.*
– *Machen Sie drei Vorschläge für eine Klassenparty.*
  Es wäre gut, wenn wir Musik hätten.

Die Aufgabenkärtchen enthalten alle gelernten Funktionen des Konjunktiv II: Bedingung, höfliche Bitte,
Vorschlag und Wunsch.

Arbeitsbuch: Ü 2–11
Portfolioübung Ü 9: Schreiben: Was wäre, wenn …?

B Geburtstagswünsche
Lernziele und Lerninhalte:
Sprechen: berichten, was man sich wünscht
            oder kaufen möchte
Hören: Gespräch über Geburtstagswünsche
Grammatik: Reflexivpronomen im Dativ

1
Das einleitende Hörverstehen dient der Einführung
der Reflexivpronomen im Dativ.
(Lösung 1a: Lukas – Fußball, Fußballschuhe; Alina –
Smartphone)

Variante
Die KT hören das Gespräch noch einmal und beant-
worten weitere Fragen:
Was können sich die Eltern nicht leisten?
Was könnte sich Alina selbst kaufen? u. Ä.
Lerngeübte KT können solche Fragen während des
Hörens notieren, die anderen KT beantworten sie
nach dem Hören.

1b
Einführung der Reflexivpronomen im Dativ. Die
Reflexivpronomen im Akkusativ haben die KT bereits
in *Pluspunkt Deutsch A2*, Lektion 6, Block C kennengelernt. Wiederholen Sie diese mit AB-Übung 14 und
evtl. auch, indem Sie die KT noch einmal das Gedicht
im A2-Band in Aufgabe C3 *Ich fühle mich gu*t variieren lassen. Außerdem können Sie mit den KT alle
bereits bekannten reflexiven Verben sammeln.
Anschließend hören und lesen die KT das Gespräch
und ergänzen die Sätze.

Erläutern Sie dann den Unterschied zwischen den
Reflexivpronomen im Dativ und Akkusativ, der nicht
wenigen KT in der 1. und 2. Person Singular Probleme
bereitet. Ziehen Sie dafür die Informationen im Grammatikkasten heran und schreiben Sie die Sätze z. B.
wie folgt an die Tafel:

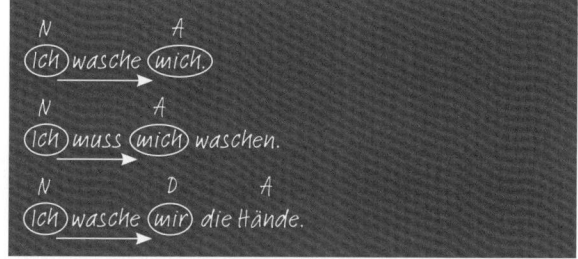

Die KT versuchen selbst, die Regel zu formulieren,
warum einmal *mir* und einmal *mich* im Satz steht.
Erklären Sie, dass dieser Unterschied nur in der 1. und
2. Person Singular relevant ist. Bei allen anderen Personen gibt es keinen Unterschied zwischen Dativ und
Akkusativ.

Da dieser Unterschied oft Anlass für Verwirrung und eine häufige Fehlerquelle ist, empfiehlt es sich, die Reflexivpronomen in der 1. und 2. Person Singular gründlich zu üben, z. B.:

sich anziehen: Ich ziehe _____ an.

Ich ziehe _____ die Hose an.

sich sehen: Ich sehe _____ im Spiegel.

sich ansehen: Ich sehe _____ den Film an.

Nennen Sie weitere Beispiele für Verben mit Reflexivpronomen im Dativ: *sich etwas merken, sich Sorgen machen, ich kann mir (gut, nicht) vorstellen, dass…* (lerngeübte KT) usw.

Anschließend ergänzen die KT die Sätze in 1c.

2

Diese Übung zunächst in Partnerarbeit, anschließend im Plenum. Dabei können sich die KT einen Ball zuwerfen und fragen und antworten.

Sammeln Sie gemeinsam mit den KT evtl. Dinge / Konsumgegenstände, die sich die KT wünschen, bevor die Übung gemacht wird. Mit dieser Sammlung wiederholen und festigen die KT Wortschatz, den sie schon früher gelernt haben oder sie lernen auch neuen Wortschatz kennen.

Varianten:

- Die KT berichten nach der Partnerarbeit, was sich die Lernpartner wünschen.
- Machen Sie eine Kursstatistik über die beliebtesten oder begehrtesten Konsumgegenstände.

Arbeitsbuch: Ü 12–16

C Verbraucherschutz

Lernziele und Lerninhalte:

Sprechen: über Verbraucherzentralen und Verbraucherschutz sprechen, Umtauschdialoge

Hören: Gespräche mit der Verbraucherzentrale

Lesen: Infotext über Verbraucherzentralen

1a

Die KT lesen den Text und markieren unbekannten Wortschatz, der danach an der Tafel gesammelt wird. Auch hier sollten die unbekannten Wörter wenn möglich wieder von (lerngeübten) KT, die sie kennen, erläutert werden.

Beantwortung der Fragen in Partnerarbeit, anschließend Besprechung im Plenum.

1b–1c

Dieses Leseverstehen und das anschließende Gespräch sollen die KT anregen, sich intensiver mit den Angeboten der Verbraucherzentralen auseinanderzusetzen. Partnerarbeit, Auswertung im Plenum.

Varianten:

- Der Text enthält sehr viele Komposita. Lassen Sie diese von den KT in die Worte zerlegen, aus denen sie bestehen. So haben die KT Gelegenheit, die Regeln, die sie in *Pluspunkt Deutsch A1*, Lektion 12 sowie in Lektion 13 des A2-Bandes (Block B) über Komposita gelernt haben, zu wiederholen.
- Projektvorschlag: Lassen Sie die KT recherchieren, wo die nächste Verbraucherzentrale ihren Sitz hat und welche Angebote sie für die Verbraucher hat.

Abschließend können Sie die Frage stellen, ob es in den Heimatländern der KT ähnliche Organisationen wie die Verbraucherzentralen in Deutschland gibt. Dies dient dem interkulturellen Vergleich und bietet Gelegenheit, Redemittel für den Vergleich zu üben, die Sie für lernungeübte KT evtl. vorgeben sollten:

> *In meinem Heimat-/Herkunftsland …*
> *In dem Land, aus dem meine Eltern kommen …*
> *Bei uns gibt es …*

Bei dieser Gelegenheit sollten Sie darauf hinweisen, dass Redemittel dieser Art für den Teil 2 der mündlichen Prüfung im DTZ wichtig sein können, wo ein Vergleich der Situation in Deutschland mit der Situation im Heimatland oft angebracht ist. Weitere Redemittel finden sich in AB-Station 4 des A2-Bandes zum zweiten Teil der mündlichen DTZ-Prüfung.

Informationen zur Landeskunde:
Verbraucherzentralen sind gemeinnützige Vereine. Es gibt die 16 Verbraucherzentralen der Bundesländer, deren Dachorganisation Der Verbraucherzentrale Bundesverband e.V. ihren Sitz in Berlin hat. Weitere Informationen findet man unter http://www.verbraucherzentrale.de/ sowie u.a. auch unter http://de.wikipedia.org/wiki/Verbraucherzentrale

2

Diskutieren Sie zunächst mit den KT, auf welche Themen die Fotos verweisen: Haustürgeschäfte, Mietrecht, Umtausch. Anschließend lösen die KT 2a (Globalverstehen).
(Lösung 2a: Dialog 1: Foto 3, Dialog 2: Foto 1; Lösung 2b: 1A, 2A, 3B, 4B)

Varianten:
– Nachdem die KT die Telefongespräche gehört haben, können sie sie im Anhang nachlesen und weitere Fragen schreiben, die die Lernpartner oder benachbarte Gruppen beantworten oder die im Plenum die Runde machen.
– Die KT variieren die Dialoge leicht und lesen sie mit verteilten Rollen, z.B. will jemand zwei Bücher zurückgeben, die Weihnachtsgeschenke waren, jemand hat einen Vertrag für ein Zeitungsabonnement unterschrieben, zu Hause eine Versicherung abgeschlossen, die man nicht mehr haben möchte, oder zu Hause einen Staubsauger gekauft.

Abschließend berichten die KT, ob ihnen die auf den Fotos bzw. in den Dialogen dargestellten oder ähnliche Situationen bekannt sind.

3a

Die KT lesen den Dialog mit verteilten Rollen, nachdem sie ihn geordnet haben, er soll als Vorbereitung für 3b dienen.

Lerngeübte KT können die Dialogübung in 3b (s. Rollenkarten auf den Partnerseiten im Anhang im Buch) ohne weitere Vorbereitung machen, lernungeübte KT sollten mit der Dialoggrafik 3 in KV 15 arbeiten, bevor sie 3b freier üben.

Kopiervorlage 15 enthält Dialoggrafiken zu den Themen aus Lektion 6 und bietet so weitere Variationsmöglichkeiten für die Dialogarbeit im Kurs. Je zwei KT bekommen eine Kopie und wählen zwei Situationen aus, zu denen sie dann gemeinsam einen Dialog schreiben.

Situationen:
a) Geschenke und Einkauf: Geburtstagsgeschenk, Computerkauf
b) Umtausch: Kleidung, Buch als Geburtstagsgeschenk

Varianten:
– Auch der Dialog in 3b kann variiert werden, z.B. wird ein Mantel, eine Jacke umgetauscht, die Farbe des gekauften Kleidungsstücks gefällt nicht u.Ä.
– Ebenso können Elektrogeräte umgetauscht werden oder es werden Reklamationsdialoge, die die KT aus *Pluspunkt Deutsch A2*, Lektion 13, Block C kennen, wiederholt.

Arbeitsbuch: Ü 17–18
Schreibtraining Ü 19: einen Beschwerdebrief schreiben
Arbeitsbuch – Deutsch plus Ü 20–21: Geschenktipps
Arbeitsbuch – Wichtige Wörter: Ü 1–4
Arbeitsbuch Bildlexikon Ü 5–6: Situationen im öffentlichen Raum – Vergleich mit dem Heimatland

Sprechen aktiv

1

Wörter sprechen: Diese Übung greift Wortschatz aus der Lektion in Form von Minidialogen auf. Im Anschluss an 1c sollten die KT die Fragen noch einmal wechselseitig stellen und frei antworten.

2–3

Grammatik sprechen: In Übung 2 werden ähnlich wie in Übung 7 in Block A Ratschläge mit *sollte* und *könnte* wiederholt, in Übung 3 in Anlehnung an Übung 5 desselben Blocks Konditionalsätze und der Konjunktiv II.

4

In den *Flüssig-Sprechen*-Sätzen wird der Konjunktiv II geübt. Öffnen Sie diese Übung, indem Sie auf die Nebensätze mit *wenn* näher eingehen. Die KT können selbst Sätze wie den folgenden schreiben und sprechen (ohne abzulesen):

Wenn ich besser verdienen würde, müsste ich keine neue Arbeit suchen.

Damit haben die KT Gelegenheit, nicht nur den Konjunktiv II zu üben, sondern auch die weiterweisende Satzmelodie, die ein Satzgefüge bei vorangestelltem Nebensatz hat:

Wenn ich ein neues Fahrrad hätte, → *könnte ich viele Radtouren machen.* ↘

Lassen Sie die KT die Sätze zunächst einzeln, dann das gesamte Satzgefüge als Einheit sprechen.

5

Dialogtraining: Diese Übung baut auf der Videosequenz 7 zu Lektion 6 auf. Man sollte sie dann machen, wenn keine Möglichkeit besteht, die Videoclips zu zeigen und die zum Video gehörenden Übungen nicht gemacht wurden.

Eine Variationsmöglichkeit für den Dialog besteht darin, dass Friederike und Francesco etwas anderes als einen Fernseher suchen, z.B. ein Tablet oder auch ein Küchengerät oder ein Haushaltsgerät. Als Vorentlastung werden an der Tafel mögliche Aspekte über diese Dinge gesammelt, über die die KT dann in dem Paralleldialog diskutieren können, für einen Staubsauger z.B.: *ein neuer Staubsauger saugt besser – er ist nicht billig, aber verbraucht weniger Energie – er ist leichter und kleiner als der bisherige Staubsauger – der Staubbeutel ist sehr groß.*

Die KT sollten bei diesen Diskussionen wie im abgedruckten Dialog möglichst oft den Konjunktiv II benutzen.

Spiel und Spaß

1

Mit diesem Spiel kann das Präteritum, das die KT in Lektion 4 gelernt haben, noch einmal geübt werden. Die KT arbeiten in Kleingruppen und wählen zunächst ein geeignetes Foto aus und sammeln dann geeignete Verben, wobei die Verben im Schüttelkasten lediglich Vorschläge sein sollen. Regen Sie die KT an, weitere Verben zu benutzen. Die Geschichten sollten jeweils ca. 100, maximal 150 Wörter lang sein. Nachdem alle KT die Geschichten gelesen haben, kann darüber abgestimmt werden, welche ihnen am besten gefällt, oder die KT vergeben Punkte: 3 Punkte für die beste Geschichte, 2 Punkte für die zweitbeste und einen Punkt für die Geschichte, die ihnen am drittbesten gefällt. Die Punkte werden dann zusammengezählt, um die beliebteste Geschichte zu ermitteln.

2

Diese Übung dient der spielerischen Wiederholung des Wortschatzes und ist auch als Wettstreit möglich. Bilden Sie zwei Gruppen, die eine sitzt rechts im Raum, die andere links. Ein/e KT aus jeder Gruppe setzt sich mit dem Rücken zur Tafel den anderen Gruppenmitgliedern gegenüber, je ein/e KT einer jeden Gruppe schreibt abwechselnd ein Nomen aus der Liste (2a) oder den Lektionen 1 bis 6 (2b) an die Tafel. Die Gruppenmitglieder erklären das Wort. Wenn eine/r der KT mit dem Rücken zur Tafel das Wort zuerst nennt, bekommt die Gruppe einen Punkt. Oder die KT spielen in Dreiergruppen. Ein/e KT erklärt ein Wort, wer von den beiden anderen KT das Wort zuerst nennt, bekommt einen Punkt.

Zur Erleichterung können Sie die Nomen evtl. auch nach Wortfeldern einteilen, z. B. Familie, Medien oder Arbeit. Die KT dürfen in dem Wettstreit dann nur Nomen aus den jeweiligen Wortfeldern nennen.

Akademische Berufe

Die KT erhalten Informationen über das deutsche Bildungs- bzw. Hochschulsystem, was insbesondere für KT interessant ist, die ein Hochschulstudium absolviert haben oder planen, zwei akademische Berufe werden vorgestellt.

1

Die KT diskutieren kurz im Plenum darüber, für welche Berufe man ein Hochschulstudium braucht oder nicht. Erweitern Sie evtl. diese Liste, sodass die KT weiteren neuen Wortschatz zu Berufen kennenlernen. Darüber hinaus dient diese Übung als Vorentlastung des längeren Interviews in Aufgabe 2.

2

Nachdem die KT die Aufgabe zum Globalverstehen in 2a gelöst haben, erhalten Sie in 2b wichtige Informationen über das Hochschulsystem und Wege zum Studium, indem sie das Interview hören und die Satzteile verbinden. Die Satzanfänge 1 bis 10 entsprechen der Reihenfolge der Informationen im Interview.

(Lösung: 2a: Ingenieur, Psychologe, Handwerker, Arzt, 2b: 1D, 2A, 3B, 4F, 5E, 6I, 7J, 8C, 9G, 10H)
Weisen Sie auch auf den Infokasten über das Bildungssystem und die dort abgedruckte Internetadresse www.bildungsserver.de hin.

3

Lassen Sie KT berichten, die im Heimatland ein Studium absolviert haben. Sprechen Sie auch die Frage an, ob die Abschlüsse aus dem Heimatland in Deutschland anerkannt sind, bzw., sofern das einzelnen KT bekannt ist, was man machen muss, damit ein ausländischer Hochschulabschluss in Deutschland anerkannt wird.

4

Lassen Sie die KT einleitend die Überschriften lesen und die Fotos anschauen und Vermutungen darüber anstellen, welche Informationen sie in den Lesetexten bekommen. Sammeln Sie die Vermutungen an der Tafel. Bei der ersten Lektüre überprüfen die KT dann ihre Vermutungen, nach der zweiten beantworten sie die Fragen.

(Lösungsbeispiel: 1. Internationale Fachkommunikation in Flensburg, Übersetzungswissenschaften, 2. einen breiten Wortschatz in Deutsch und Englisch, technische Fachsprache, Grammatikkenntnisse, 3. Er hat von den Kollegen viel über den Umgang mit Kunden, Zeitmanagement und sinnvolle technische Hilfsmittel gelernt. 4. Pharmazie, acht Semester und ein praktisches Jahr. 5. Spaß an den Naturwissenschaften. 6. Sie schätzt den Kundenkontakt.)

Abschließend bietet sich ein interkultureller Vergleich an. Die KT berichten, wie die Berufsaussichten im Heimatland sind, wenn man ein abgeschlossenes Studium hat. Fordern Sie die KT auch auf, akademische Berufe mit guten bis sehr guten Berufsaussichten und solche mit eher schlechten Berufsaussichten und ggf. auch mit den Verdienstmöglichkeiten zu nennen.

Prüfungsvorbereitung DTZ: Hören

Hier wird eine etwas verkürzte Version aller DTZ-Prüfungsteile zum Hörverstehen präsentiert (Im DTZ umfasst Teil 2 fünf Ansagen und Teil 3 vier Gespräche). Bereits in *Pluspunkt Deutsch A2*, Station 1 AB wurden die Teile 1 bis 3 des Hörverstehens geübt, Teil 4, der der schwierigste aller HV-Teile ist, kommt hier zum ersten Mal vor.

In *Pluspunkt Deutsch A2*, Station 1 wurden Tipps zum Hörverstehen gegeben, die Sie hier ebenfalls hervorheben sollten: Die KT sollen vor dem Hören genau die Aufgaben lesen und wichtige Informationen unterstreichen. Während des Hörens sollen sie darauf achten, welche Wörter aus den Aufgaben vorkommen. Sie sollten sich nicht irritieren lassen, wenn sie ein einzelnes Wort nicht verstehen. Wichtig ist, dass sie den Zusammenhang bzw. genug verstehen, um die Aufgabe zu lösen. Auch hier gilt: Die KT sollen immer eine Lösung ankreuzen, also auch dann, wenn sie sich nicht sicher sind.

Machen Sie den KT bewusst, dass die Aufgabenstellung bereits etwas darüber aussagt, was die KT in den Hörtexten erwartet. Im Falle lernungeübter KT sollten Sie dies auch anhand einiger Aufgaben besprechen. Wenn sich die KT vor dem Hören bewusst machen, ob z. B. eine Verkehrsmeldung oder ein Wetterbericht oder eine Durchsage am Bahnhof oder im Supermarkt zu erwarten ist, bedeutet dies eine Erleichterung, um die Texte zu verstehen.

Lassen Sie die KT die Texte im Anhang nachlesen, nachdem sie die Aufgaben gelöst haben und mit verschiedenen Farben markieren, welche Wörter und Sätze für die Lösung der Aufgaben wichtig waren und welche nicht.

Lösungen:
Teil 1: 1/C, 2/A, 3/C, 4/B
Teil 2: 5/B, 6/C, 7/B, 8/C
Teil 3: 9: falsch, 10/B, 11: falsch, 12/A
Teil 4: 13/F, 14/C, 15/A)

Regionen und Landschaften

1–2

Die KT erhalten einige Informationen über die Lüneburger Heide. Vielleicht kennen einige KT diese Region. Lassen Sie sie berichten, nachdem 1 gelöst wurde, und evtl. weitere Tipps geben. Aufgabe 2 ist als kurzes Gespräch im Plenum gedacht.

Die Lüneburger Heide liegt in zwischen den Städten Hamburg, Bremen und Hannover in Niedersachsen. Sie ist eine Heide- Geest- und Waldlandschaft und ist nach der Stadt Lüneburg benannt. Sie ist eine wichtige norddeutsche Tourismusregion mit mehreren Naturparks:
- Naturpark Lüneburger Heide mit dem Naturschutzgebiet Lüneburger Heide. In dem Naturschutzgebiet darf man nicht mit Kraftfahrzeugen fahren.
- Ferner gibt es die Naturparks Südheide, Elbufer-Drawehn und Harburger Berge.

(Weitere Informationen zu den Freizeitmöglichkeiten, Geschichte etc. findet man z. B. unter http://www.lueneburger-heide.de/ oder unter https://de.wikipedia.org/wiki/Lüneburger_Heide.de)

3

Diese Übung kann den KT Gelegenheit geben, einen längeren zusammenhängenden Vortrag auf Deutsch zu halten. Die Aufgabe sollte jedoch freiwillig sein und lerngeübten KT vorbehalten bleiben.

Auftaktseite
Lernziele und Lerninhalte:

Sprechen: Fotos beschreiben,
raten, was andere gern
im Urlaub machen

Schreiben: was man gerne im Urlaub macht

Arbeitsbuch: Ü 1–3
Portfolioübung Ü 3: wie man gerne / nicht gerne
Urlaub machen würde

A Urlaubsplanung
Lernziele und Lerninhalte:

Sprechen: über Urlaub und Urlaubsziele sprechen

Hören: ein Gespräch über die Urlaubsplanung

Grammatik: *derselbe, dieselbe, dasselbe*
und *dieselben*

Arbeitsbuch: Ü 4–5

B Meldungen und Durchsagen
Lernziele und Lerninhalte:

Sprechen: diskutieren, was man in bestimmten
Verkehrssituationen machen sollte

Hören: Meldungen und Durchsagen zum Thema
Verkehr

Wortschatz: Verkehrsdurchsagen

Kannbeschreibungen GER / Rahmencurriculum:
Kann Verkehrsmeldungen im Radio relevante Informationen entnehmen.
Kann einfache Lautsprecherdurchsagen verstehen.

Arbeitsbuch: Ü 6–7

C Rund ums Auto
Lernziele und Lerninhalte:

Sprechen: über Autos sprechen,
über einen Autocheck sprechen,
darüber reden, was man vor dem Urlaub
am Auto kontrollieren sollte,
berichten, was mit einem Auto passiert

Wortschatz: Auto

Grammatik: Passiv Präsens

Arbeitsbuch: Ü 8–13

D Zeitungsmeldungen
Lernziele und Lerninhalte:

Lesen: Zeitungsmeldungen

Grammatik: Passiv Perfekt und Präteritum

Arbeitsbuch: Ü 14–17

E Versicherungen und Steuern für Autos
Lernziele und Lerninhalte:

Sprechen: Autofahren im Heimatland

Hören: Informationsgespräch über die
Kfz-Versicherung

Lesen: Text über Steuern und Versicherungen
für Kraftfahrzeuge

Kannbeschreibungen GER / Rahmencurriculum:
Kann schriftlichem Informationsmaterial zu gesuchten Versicherungen die wesentlichen Informationen entnehmen.

Arbeitsbuch: Ü 18–19
Schreibtraining Ü 20: Satzschlange
Arbeitsbuch – Deutsch plus Ü 21–22: Verkehrsclubs
in Deutschland
Arbeitsbuch – Wichtige Wörter: Ü 1–3
Arbeitsbuch – Bildlexikon Ü 4–7:
Das Fahrrad – Situationen im Verkehr

Kopiervorlagen in den Handreichungen:
KV 16: Rollenspiel Urlaubsplanung
KV 17: Wortschatz-Domino: *Rund ums Auto*

In dieser Lektion geht es um Urlaub, Verkehrsmeldungen und Durchsagen, die auch für den DTZ wichtig sind, Wortschatz für das Auto sowie Verkehrsregeln. Die Grammatik behandelt die Pronomen *derselbe, dieselbe, dasselbe, dieselben* und das Passiv mit *werden* im Präsens, Perfekt und Präteritum.

Auftaktseite
Lernziele und Lerninhalte:

Sprechen: Fotos beschreiben,
raten, was andere gern im Urlaub
machen

Schreiben: was man gerne im Urlaub macht

1

Das Thema Urlaub und Reise ist den KT u. a. bereits aus *Pluspunkt Deutsch A2*, Lektion 11 bekannt. Hier werden das Thema und der zugehörige Wortschatz erweitert.

Die Fotos beschreiben verschiedene Urlaubsarten bzw. Urlaubsaktivitäten. Mit Rücksicht darauf, dass vielleicht nicht alle KT genug Geld für einen Urlaub haben, stellt Foto 2 einen Urlaub zu Hause auf dem Balkon dar.

Machen Sie evtl. eine Kopie der sechs Fotos und schneiden Sie diese auseinander. Die KT beschreiben die Fotos in Gruppen (je ein Foto pro Gruppe) und präsentieren sie dann im Kurs. Die KT sollten auch beschreiben, wie die Menschen sich in den verschiedenen Situationen fühlen und warum sie sich für die eine oder andere Art, Urlaub zu machen, entschieden haben.

Unterstützen Sie die Gruppen, indem Sie z. B. Wortschatzlisten für die Fotos vorbereiten, die für Foto 1 so aussehen kann:
– *Wanderurlaub*
– *steile, schmale Pfade*
– *die Berge*
– *der Gipfel*
– *die Wanderer / die Bergsteiger*
– *mühevoll, aber gut für die Gesundheit*

oder für Foto 3:
– *Badeurlaub*
– *der Massentourismus*
– *die Hotelburgen*
– *der Sonnenschirm*

für Foto 5:
– *der Freizeitpark / der Vergnügungspark*
– *die Achterbahn*
– *der Nervenkitzel*
– *der Ausflug*
– *Spaß haben*
– *lachen*
– *kreischen*

Dabei sollten diese Wortschatzlisten neben bereits bekanntem Wortschatz auch neuen enthalten. Sammeln Sie darüber den relevanten Wortschatz an der Tafel, während die Gruppen die Fotos präsentieren. Damit haben die KT auch eine Vorbereitung für das Hörverstehen in Aufgabe 2 bzw. eine Vorentlastung für AB-Übung 3, in der sie schriftlich festhalten sollen, wie sie gern oder nicht gern Urlaub machen würden.

2

(Lösung: 2a: Foto 3, Foto 6, 2b: 1. Henning: Italien, Samira: Verwandtenbesuche: in Berlin, beim Bruder ihres Mannes, in Halle, bei der Schwester, in Köln, wo die Kinder studieren, in München, wo die Eltern wohnen; 2. Henning: toll, Samira: nicht so toll, es hat oft geregnet; 3: Henning: Es war überall sehr voll, Samira: Es war schön, Zeit für die Familie zu haben, sie waren zu oft bei den Verwandten und haben nur wenig angeschaut.)

Lassen Sie die KT das Gespräch nach einem weiteren Hören oder nachdem sie es im Anhang nachgelesen haben, in eigenen Worten wiedergeben.

3

Geben Sie den KT einige Minuten Zeit, um die Fragen zu beantworten. Sammeln Sie dann die Karten ein und verteilen Sie sie neu. Es folgt das Ratespiel, das Sie mit einer Kursstatistik verbinden können: *Wer fährt mit dem Auto / dem Zug? Wer fährt gerne ans Meer / in die Berge? Wer bleibt am liebsten zu Hause?* usw.

Arbeitsbuch: Ü 1–3
Portfolioübung Ü 3: wie man gerne / nicht gerne Urlaub machen würde

A Urlaubsplanung
Lernziele und Lerninhalte:

Sprechen: über Urlaub und Urlaubsziele sprechen
Hören: ein Gespräch über die Urlaubsplanung
Grammatik: *derselbe, dieselbe, dasselbe*
            und *dieselben*

1

(Lösung 1a: Foto 1, Foto 4,

1b: 1. Sie waren schon so oft auf Amrum, dort haben sie immer dieselbe Ferienwohnung und sind immer am selben Strand, Herr Becker möchte mal was anderes machen.

2: Er würde gerne einen Campingurlaub machen.

3: Er findet eine Städtetour zu anstrengend.

4: Zuerst machen sie zehn Tage eine Städtetour und dann einen Wellnessurlaub.)

Lassen Sie die KT den Dialog im Anhang mit unterschiedlichen Stimmungen nachlesen: gelangweilt, wenn es um „immer denselben" Urlaub geht, etwas genervt, wenn der Mann sagt, dass eine Städtetour zu viel Stress ist, o. Ä.

2

Lassen Sie die KT in dem Hörtext im Anhang die Pronomen *dieselbe, denselben* und *demselben* markieren und erläutern Sie die Bedeutung dieser Pronomen und ihrer Formen anhand des Grammatikkastens. Machen Sie die KT darauf aufmerksam, dass es im Hörtext folgende Kontrastierung gibt: *Ich habe keine Lust, schon wieder **dieselbe** Ferienwohnung zu buchen und jeden Tag **denselben** Strand zu sehen. Ich möchte gerne mal **was anderes** machen.*

Geben Sie weitere Beispiele mit Situationen im Kurs:
– *Wir arbeiten jeden Tag mit demselben Buch / KL benutzt immer dieselbe CD und denselben CD-Player / In meiner Tasche sind dieselben Hefte wie gestern.*

3

Die abschließende Diskussion bietet Gelegenheit, den auf der Auftaktseite und in diesem Block neu gelernten Wortschatz zu festigen und zu üben. Auf den Seiten 173 bzw. 175 finden die KT zwei vorgegebene Rollen für die Diskussion über ein Urlaubsziel. Geben Sie den KT 10–15 Minuten Zeit, um einen Dialog zunächst zu schreiben und anschließend zu spielen. Dabei sollten die KT als Vorgabe ca. drei bis vier der im Anhang angegebenen Redemittel benutzen.

In **Kopiervorlage 16** finden Sie ein Rollenspiel zum Thema Urlaubsplanung. Immer drei KT spielen zusammen, die unterschiedliche Wünsche für den Urlaub haben. Es ist ihre Aufgabe, sich auf ein gemeinsames Urlaubsziel zu einigen.

Arbeitsbuch: Ü 4–5

B Meldungen und Durchsagen
Lernziele und Lerninhalte:

Sprechen: diskutieren, was man in bestimmten
            Verkehrssituationen machen sollte
Hören: Meldungen und Durchsagen zum Thema
            Verkehr
Wortschatz: Verkehrsdurchsagen

Die Meldungen und Durchsagen dieses Blocks sind auch eine Vorbereitung auf den DTZ, wo sie zum festen Bestandteil des Prüfungsteils Hören gehören.

1

Beim ersten Hören lösen die KT Aufgaben zum globalen HV, beim zweiten zum detaillierten.
(Lösung 1a: Durchsage 1: Bilder B und D, Durchsage 2: Bilder A und C, Lösung 1b: 1E, 2D, 3B, 4A, 5C)

Besprechen Sie mit den KT die Sätze, nachdem sie Aufgabe 1b gelöst haben, denn sie enthalten wichtigen DTZ-Wortschatz. Machen Sie im Anschluss auch die AB-Übungen 6 und 7 zur Festigung des Wortschatzes.

Außerdem sollten die KT die Verkehrsmeldungen im Anhang nachlesen. Fordern Sie die KT außerdem auf, im Radio weitere Verkehrsmeldungen zu hören oder auch im Internet nachzulesen. Sie sollten auch regelmäßig Wetterberichte hören und lesen, die ebenfalls fester Bestandteil des Prüfungsteils Hören im DTZ sind.

2

Auch diese Übung dient der Festigung des Wortschatzes und die KT lernen weiteren für den Verkehr wichtigen Wortschatz kennen. Geben Sie geeignete Redemittel vor, z. B.:

> *Wenn die Innenstadt gesperrt ist, sollte man …*
> *In dieser Situation ist es besser, wenn man …*
> *Ich würde …*

Für lerngeübte KT lässt sich der Redemittelkatalog noch erweitern, z. B.:

> Es empfiehlt sich ...
> In einem solchen Fall sollte man / würde ich ...
> Falls mir so etwas passiert ...

Die Übung gibt auch Gelegenheit, den Konjunktiv II, der in Lektion 6 eingeführt wurde, zu wiederholen. Geben Sie den KT die Aufgabe jeweils mindestens zwei Sätze im Konjunktiv II zu sprechen und zu schreiben.

Arbeitsbuch: Ü 6–7

C Rund ums Auto
Lernziele und Lerninhalte:

Sprechen: über Autos sprechen,
über einen Autocheck sprechen,
darüber reden, was man vor dem Urlaub am Auto kontrollieren sollte,
berichten, was mit einem Auto passiert
Wortschatz: Auto
Grammatik: Passiv Präsens

1

Fragen Sie die KT, ob sie oder ihre Familie ein Auto haben oder ob sie gerne eins hätten. Wie wichtig finden sie das Auto für das alltägliche Leben? Kann man darauf verzichten? In welchen Situationen ist ein Auto von großem Vorteil?

Anschließend beschreiben die KT die Situation im Plenum. Stellen Sie dafür einige Leitfragen:
– *Was ist passiert?*
– *Wo sind die Leute?*
– *Was denken die Leute?*
– *Welchen Gesichtsausdruck haben sie?*

Die Zuordnung des Wortschatzes sollte im Plenum erfolgen, da er zum großen Teil unbekannt sein dürfte.

Variante:
– Häufig gibt es in Tageszeitungen Beilagen von Reparaturwerkstätten oder Geschäften für Autozubehör. Fordern Sie die KT auf, solches Material mitzubringen, um den Wortschatz zu erweitern bzw. zu vertiefen.
– Zur weiteren Wortschatzfestigung können Sie auch mit dem Komposita-Domino für den Autowortschatz in **Kopiervorlage 17** arbeiten.

– Wenn Sie in Ihrem Kurs viele Fahrradbegeisterte haben, können Sie auch ein Memory mit Fahrradteilen anfertigen. Als Komposita zum Auseinanderschneiden eignen sich hierfür: *Rücklicht – Gepäckträger – Gangschaltung – Fahrradhelm – Vorderlicht – Fahrradtasche – Luftpumpe.* Diesen Wortschatz finden Sie auf der AB-Bildseite S. 94.

2

Diese Dialogübung soll die KT verstärkt zum Sprechen anregen, um die ansonsten reinen Wortschatz- und Grammatikübungen dieses und des nachfolgenden Blocks etwas aufzulockern. Erarbeiten Sie gemeinsam mit den KT evtl. Dialoggrafiken als Basis für die Dialogarbeit. Eine Dialoggrafik für Situation B könnte wie folgt aussehen:

Bruder meldet sich

Anrufer grüßt

Reaktion / Was gibt's?

Autopanne / kommen später

Bedauern / Wann?

noch nicht klar, sie warten noch auf den Pannendienst

Wunsch, dass es schnell geht / Verabschiedung

gibt Bescheid, wenn die Sache klarer ist / Verabschiedung

3

Mit Hilfe der Vorgaben im Schüttelkasten machen die KT Vorschläge mit *sollte* wie in der Sprechblase vorgeschlagen oder variieren, indem sie bereits bekannte Strukturen wiederholen, z. B. den Infinitiv mit *zu*: *Man sollte nicht vergessen, die Bremsen zu prüfen. – Es ist wichtig, zu ... .*

4–5

Übergang zur Grammatikarbeit. Lassen Sie die KT die Verben im Text unterstreichen, nachdem sie ihre Ergebnisse aus 3 mit den Informationen im Text verglichen haben. Schreiben Sie die Passivsätze aus dem Text an die Tafel und markieren Sie die Verben ähnlich wie im Grammatikasten bei 4b.

> *Die Bremsen und der Ölstand* **werden geprüft.**
>
> *Die Lichtanlage* **wird kontrolliert.**

Erläutern Sie dann die Bildung des Passivs und heben Sie mit Hilfe der Bilder bei 4b den Unterschied zwischen Aktiv und Passiv hervor: In Satz 1 bzw. auf Bild 1 ist wichtig, was der Mechaniker macht: *Wer macht etwas?* Es geht also um die handelnde Person, in Satz 2 bzw. Bild 2 um die Aktion: *Was wird gemacht? Was passiert mit dem Motor?* Die Person ist weniger wichtig, weshalb lediglich die Hände des Mechanikers abgebildet sind.

Anschließend berichten die KT mit Hilfe des Redemittelkastens bei 4b, was mit dem Auto passiert, um das Passiv weiter zu üben. Lassen Sie die KT auch Sätze mit *von* plus Dativ bilden, damit sie auch die Erwähnung der handelnden Person im Passivsatz üben.

Die schriftliche Übung 5 dient als Ergänzung zu der mündlichen Übung 4b.

6
In dieser Übung wird das Passiv weiter geübt. Lassen Sie die KT zunächst die Sätze schreiben, bevor sie sprechen.

Gehen Sie evtl. auch auf die Ersatzform mit *man* ein, indem Sie zwei Sätze beispielhaft umformen: *Hier werden Zeugen befragt. – Hier befragt man Zeugen.* Die übrigen Sätze formen die KT entsprechend um.

Manchmal bereiten unpersönliche Passivsätze den KT große Schwierigkeiten, stellen Sie zur Erläuterung deshalb weitere Fragen wie die folgenden:
– *Was macht man an Silvester? An Silvester feiert man Partys / werden Partys gefeiert.*
– *Was macht man im Supermarkt? Im Supermarkt kauft man Milch und Brot ein. / Im Supermarkt werden Milch und Brot eingekauft.*

Geben Sie auch Beispiele für Passivsätze, die Imperativcharakter haben: *Jetzt wird geschlafen! Jetzt nicht mehr gearbeitet! Jetzt wird gefeiert!*

Machen Sie lerngeübte KT ggf. auch die Struktur von Passivsätzen mit Dativergänzung bewusst, z. B.: *Die Leute helfen der Frau. – Der Frau wird geholfen.*

Es ist eine typische Fehlerquelle, wenn die KT die Dativergänzung aus einem Aktivsatz im Passivsatz in einen Nominativ umformen, weil sie hier eine falsche Analogie zur Umformung der Akkusativergänzung bilden.

Arbeitsbuch: Ü 8–13

D Zeitungsmeldungen
Lernziele und Lerninhalte:
Lesen: Zeitungsmeldungen
Grammatik: Passiv Perfekt und Präteritum

1a
Einleitend lesen die KT lediglich die Überschriften und überlegen, worüber die Zeitungen berichten können bzw. was passiert ist, z. B.:
– *Welchen Grund hatten die Flugausfälle?*
– *Ist dem Zweijährigen etwas passiert?*
– *Hat es zu Ferienbeginn viele Unfälle gegeben?*

Anschließend lesen die KT die Texte, um ihre Vermutungen zu überprüfen. Dann schreiben sie entsprechend der Arbeitsanweisung Fragen zu den Texten, die im Kurs beantwortet werden. Geben Sie evtl. geeignete Fragepronomen vor: *Wie lange (hat man nach dem Jungen gesucht?) Wie viele (Flüge sind ausgefallen? / Passagiere haben auf dem Flughafen übernachtet?)* usw.

Varianten:
– Für lerngeübte KT. Die KT formulieren in Gruppenarbeit eine typische Zeitungsüberschrift, z. B. *Verspätungen bei Bussen und Bahnen / Regen und Schnee behindern den Verkehr*, zu denen eine andere Gruppe eine kurze Zeitungsmeldung schreibt.
– Sammeln Sie Kurzmeldungen aus der Zeitung und kopieren Sie sie. Schneiden Sie die Überschriften ab. Die KT überlegen sich in Gruppen eine passende Überschrift, danach Vergleich mit der Originalüberschrift.
– Bringen Sie Kurzmeldungen aus der Zeitung mit oder fordern Sie die KT auf, Zeitungsmeldungen mitzubringen, die ähnlich bearbeitet werden wie die Meldungen in 1a.

– Für lerngeübte KT: Sinnzusammenhänge erkennen. Vergrößern Sie die Zeitungsartikel. Nehmen Sie, wenn möglich, eine ausreichende Zahl Scheren in den Unterricht mit. Bilden Sie Gruppen und verteilen Sie jeweils eine Kopie eines Artikels an die Gruppen. Jede Gruppe schneidet „ihren" Artikel in drei bis vier Teile, die die Nachbargruppe dann zusammensetzt. Verfahren Sie ebenso mit Kurzmeldungen, die Sie oder die KT in den Unterricht mitbringen.

1b

Einführung des Passivs Perfekt und Präteritum. Erläutern Sie die Formen, nachdem die KT die Aufgabe gelöst haben. Schreiben Sie einen Satz in allen drei Zeiten im Passiv nach dem Muster des Grammatikkastens an die Tafel und markieren Sie wie dort.

In der Regel bereitet das Passiv Präteritum keine größeren Probleme, während es bei den KT oft Verwirrung hinsichtlich der Partizipformen *worden/ geworden* gibt. Erläutern Sie diesen Unterschied anhand mehrerer Beispiele:

*Morgen mache ich eine Prüfung. Die Prüfung wird gut. / Gestern habe ich eine Prüfung gemacht. Die Prüfung ist gut geworden.
Das Essen wird gemacht. – Das Essen ist gemacht worden u. ä.*

Ziehen Sie auch AB-Übung 17 heran.

2

Während in Aufgabe 6 im vorangegangenen Block die Situationen nach dem Autounfall im Passiv Präsens geübt werden, werden sie hier im Passiv Perfekt und Präteritum geübt. Auch hier sollten die KT die Sätze zusätzlich schreiben.

Arbeitsbuch: Ü 14–17

E Versicherungen und Steuern für Autos

Sprechen: Autofahren im Heimatland
Hören: Informationsgespräch über die
                 Kfz-Versicherung
Lesen: Text über Steuern und Versicherungen
                 für Kraftfahrzeuge

Im abschließenden Block bekommen die KT landeskundliche Informationen zum Thema Steuern und Versicherungen für Autos und sollen die entsprechenden Informationen über ihr Heimatland geben.

1

Die KT lesen den Text und beantworten die Fragen zunächst einzeln, Besprechung der Lösungen im Plenum. Fragen Sie die KT anschließend, ob sie ein Auto haben und falls ja, wie viel sie für Steuern und Versicherungen bezahlen.

Variante:

KL oder ein/e lerngeübte/r KT liest den Text zweimal langsam vor, die KT machen sich Notizen und geben dann den Inhalt des Textes auf Basis ihrer Notizen wieder.

2

Es folgt ein Informationsgespräch über die Kfz-Versicherung, das weitere Informationen zum Thema vermittelt. (Lösung 2a: A, 2b: A, B, D, F)
KT, die in Deutschland ein eigenes Auto besitzen, sollten anschließend über ihre Erfahrungen mit der Kfz-Versicherung und die Tarife berichten.
Weiter Informationen zum Thema finden sich u. a. bei wikipedia unter: https://de.wikipedia.org/wiki/ Kfz-Haftpflichtversicherung

3

Die KT fragen sich mit Hilfe des Fragebogens auf S. 174 gegenseitig und berichten dann über ihre Lernpartner im Kurs.

Arbeitsbuch: Ü 18–19
Schreibtraining Ü 20: Satzschlange
Arbeitsbuch – Deutsch plus Ü 21–22: Verkehrsclubs in Deutschland
Arbeitsbuch – Wichtige Wörter: Ü 1–3
Arbeitsbuch – Bildlexikon Ü 4–7:
Das Fahrrad – Situationen im Verkehr

Sprechen aktiv

1

Wörter sprechen: In dieser Übung wird der Wortschatz rund um das Auto wiederholt. Geübt werden neben der Aussprache dieser Wörter auch Sätze, in denen die Funktion der diversen Teile eines Autos erläutert werden.

Zusätzlich können die KT die Funktion weiterer Autoteile, die aus S. 84 abgebildet sind, nennen. Sammeln Sie dafür gemeinsam mit den KT zunächst geeigneten Wortschatz, für *Gaspedal* z. B.:
schneller fahren – Wenn man schneller fahren will, benutzt man das Gaspedal.

Oder für Motor / Motorhaube:
den Motor untersuchen – öffnen: Um den Motor zu untersuchen, muss man die Motorhaube öffnen.

2

Grammatik sprechen: Die KT beschreiben eine Straßenszene im Passiv. Da das Grammatikthema Passiv nicht für dialogische Übungen geeignet ist, empfiehlt sich diese Übung als Plenumsübung, in der die KT nacheinander mit den Vorgaben Sätze im Passiv sprechen. Oder die KT sagen sich die Sätze in Partnerarbeit vor und korrigieren sich gegenseitig.

3

Flüssig sprechen: Es wird ein kleiner Bericht über einen Urlaub gegeben, früher und heute. Die KT können auch selbst einen ähnlichen Bericht schreiben und sprechen, ohne ihn abzulesen. Dabei sollte es vor allem um die korrekte Intonation und Pausen an den passenden Stellen gehen, sodass der Bericht möglichst interessant klingt.
Auch den Text der Übung können die KT variieren, indem sie ihn im Anhang nachlesen und schneller oder langsamer sprechen und unterschiedlich betonen, z. B.:
Wir waren immer an demselben Ort, auf demselben Campingplatz.
Eigentlich haben wir auch immer dasselbe gemacht: baden, lesen, Spaziergänge am Strand und kleine Radtouren.
In diesem Jahr war alles ganz anders.

4

Dialogtraining: Diese Übung baut auf der Videosequenz 4 zu Lektion 4 auf. Man sollte sie dann machen, wenn keine Möglichkeit besteht, die Videoclips zu zeigen und die zum Video gehörenden Übungen nicht gemacht wurden.
(Lösung: Philip – Friederike – Philipp – Friederike – Philipp – Francesco – Philipp – Friederike – Philipp – Francesco – Philipp). Regen Sie die KT bei 4b an, den Dialog mit unterschiedlicher Intonation zu lesen, z. B. verärgert (Philipp) und interessiert / überrascht die beiden anderen.

Auftaktseite
Lernziele und Lerninhalte:

Sprechen: über Chancen und Risiken von Selbstständigkeit sprechen

Hören: Selbstständige berichten

Arbeitsbuch: Ü 1–2

A Existenzgründer
Lernziele und Lerninhalte:

Sprechen: über Probleme auf dem Weg ins Berufsleben sprechen

Lesen: zwei Existenzgründer berichten

Grammatik: Relativsätze mit was und wo

Arbeitsbuch: Ü 3–8

Portfolioübung Ü 8: einen Text über ein Unternehmen, das die KT gut finden, schreiben

B Der Senfsalon
Lernziele und Lerninhalte:

Sprechen: berichten, was man in Deutschland gemacht hat

Abläufe in der Vergangenheit beschreiben

Hören: Interview mit einem Existenzgründer

Grammatik: Plusquamperfekt

Arbeitsbuch: Ü 9–15

C Der Weg in die Selbstständigkeit
Lernziele und Lerninhalte:

Sprechen: sagen, woran man bei einer Existenzgründung denken muss

Hören: Gespräch über einen Kreditantrag, Gespräche bei der Bank

Lesen: Tipps für die Existenzgründung

Schreiben: einen Text über Selbstständigkeit schreiben

Grammatik: *n*-Deklination

Kannbeschreibungen GER / Rahmencurriculum:
Kann sich über Bankdienstleistungen informieren, z. B. Kredite.

Arbeitsbuch: Ü 16-21
Schreibtraining Ü 22: eine formelle E-Mail schreiben
Arbeitsbuch – Deutsch plus Ü 23–24: Freiberufler
Arbeitsbuch – Wichtige Wörter: Ü 1–3
Arbeitsbuch – Bildlexikon Ü 4–5: Unternehmenstypen, Ü 6–8: Der Weg in die Selbstständigkeit.

Kopiervorlagen in den Handreichungen:
KV 18 Relativsatz-Domino: *wo, was*
KV 19 *Was war zuerst? Was war danach?* Domino zu den *nachdem*-Sätzen
KV 20 Wechselspiel Dialogpuzzle

In dieser Lektion wird das Thema Arbeit wieder aufgegriffen, das in *Pluspunkt Deutsch* schon mehrfach behandelt wurde, zuletzt in Lektion 5 des vorliegenden Bandes. Hier geht es nun um Existenzgründung und Selbstständigkeit. Die Grammatikthemen sind Relativsätze mit *wo* und *was*, das Plusquamperfekt sowie die *n*-Deklination.

Auftaktseite
Lernziele und Lerninhalte:

Sprechen: über Chancen und Risiken von Selbstständigkeit sprechen

Hören: Selbstständige berichten

1

Bevor die KT das Interview hören, beschreiben sie
kurz, was sie auf den Bildern sehen: *Was für ein
Geschäft / Unternehmen haben die Leute? Was machen
sie?* Darüber hinaus können die KT auch Vermutungen äußern, ob die Unternehmen erfolgreich sind
oder nicht, ob oder wie viele Mitarbeiter sie haben
usw. Anschließend lösen sie die Aufgaben zum Hörverstehen.
(Lösung 1a: Dill: Elektro-Firma, Vitello: Pizzeria,
Karelina: Pflegedienst; 1b: 1. Karelina, 2. Karelina,
3. Dill, 4. Vitello, 5. Vitello, 6. Dill)

Varianten:

– Die KT lesen den Text im Anhang nach oder hören
ihn ein weiteres Mal und machen Notizen, um
anschließend in eigenen Worten zu berichten.
– Sofern die KT dazu bereit sind und Zeit genug
haben, können sie außerhalb des Unterrichts
Inhaber von Geschäften, in denen sie häufiger
einkaufen oder ihnen bekannte Personen, die
Geschäftsinhaber sind, über die Arbeitsbedingun-
gen als Selbstständige interviewen und dann im
Kurs darüber berichten. Erarbeiten Sie dafür mit
den KT einen Katalog mit vier oder fünf gezielten
Fragen, z. B.:
  – *Wie viele Stunden arbeiten Sie pro Woche?*
  – *Haben Sie Mitarbeiter? Wenn ja, wie viele?*
  – *Müssen Sie auch an Sonn- und Feiertagen
    arbeiten?*
  – *Wie viele Tage Urlaub machen Sie pro Jahr?*
  – *Wer kümmert sich um Ihr Unternehmen, wenn
    Sie Urlaub machen?*

2

Machen Sie eine Tabelle an der Tafel, in der die Vor-
und Nachteile bzw. Chancen und Risiken der Selbstständigkeit gesammelt werden. Machen Sie außerdem
eine kleine Kursstatistik, wer von den KT am liebsten
selbstständig arbeiten möchte, bzw. wer eine feste
Anstellung vorzieht.

Arbeitsbuch: Ü 1–2

A   Existenzgründer
Lernziele und Lerninhalte:

Sprechen: über Probleme auf dem Weg ins Berufsleben sprechen

Lesen: zwei Existenzgründer berichten

Grammatik: Relativsätze mit was und *wo*

Schwerpunkt dieses Blocks ist das Training der Lese-
fertigkeit. Das Grammatikthema sind Relativsätze mit
was und *wo*.

1

Das einleitende Gespräch knüpft an die Themen
Arbeitssuche und *Weiterbildung* an (vgl. *Pluspunkt
Deutsch A2*, Lektionen 8 und 10, sowie Lektion 2 und
5 im B1-Band). Dieses Mal geht es vor allem um mögliche Hindernisse, eine qualifizierte Tätigkeit zu finden. Lassen Sie insbesondere KT zu Wort kommen,
die in dieser Sache vielleicht schon (negative oder
positive) Erfahrungen gesammelt haben.

2a

Einleitend bzw. zur Vorentlastung der Lektüre können
die KT wieder Vermutungen anstellen: *Wie erfolgreich
sind die Personen? Wie zufrieden sind sie? Welche
Hindernisse gab es auf dem Weg zur Selbstständigkeit? …*

Dabei können sie die bereits bekannte Palette von
Redemitteln erweitern und die KT z. B. Formulierun-
gen wie die folgenden üben lassen:
– *Ich könnte mir vorstellen, dass …*
– *Denkbar ist, dass …*
– *Das Foto / Die Überschrift lässt vermuten, …*
– *Ich schließe nicht aus, dass …*
– *Nicht auszuschließen ist, dass …*

Bei der ersten Lektüre überprüfen die KT ihre Vermutungen. Notieren Sie unbekannten Wortschatz an
der Tafel, der soweit möglich nach der ersten Lektüre
von KT, die die Wörter kennen, erklärt wird. Nach der
zweiten Lektüre werden die Fragen im Plenum
beantwortet.
(Lösungsbeispiel:
1. Sie arbeitete zuerst als Verkäuferin, später als
   Reinigungskraft.
2. Sie war sehr unzufrieden, weil ihre Arbeit sehr
   schlecht bezahlt wurde.
3. Sie hat Kurse besucht und auch ein Existenzgründerseminar.
4. Es hat sechs, sieben Jahre gedauert.
5. Er bietet einen Frühstücksservice an,

6. Er war arbeitslos und hatte kaum noch Chancen auf dem Arbeitsmarkt.
7. Sein Geschäft läuft sehr gut.
8. Er findet, dass seine Entscheidung richtig war.)

Varianten:

– Sinnzusammenhänge erkennen (für lernungeübte KT). Kopieren Sie die Lehrbuchseite und vergrößern Sie die Texte. Schneiden Sie jeden Text in vier Teile, die KT fügen sie dann wieder zusammen. Es erhöht den Schwierigkeitsgrad, wenn Sie die Texte mischen, sodass die KT die Textteile erst sortieren und anschließend zusammensetzen müssen.

– Schreiben Sie Stichwörter auf Zettel, zu denen die KT die passenden Informationen suchen, z. B.:
Aynur Boldaz-Özdemir
Deutschkenntnisse:
Krankenhaus:
Das Unternehmen am Anfang:
Das Unternehmen heute:
Engagement:

Dieter Ebert
Arbeitslosigkeit:
Wochenende:
Mitarbeiter:
Arbeitszeiten:

2b–3

Relativsätze kennen die KT bereits aus *Pluspunkt Deutsch A2*, Lektion 11 und 13. Hier geht es um die Relativpronomen was und wo, die sich auf einen ganzen Satz oder auf Ortsangaben beziehen. Erläutern Sie diese Relativsätze, nachdem die KT 2b gelöst haben. Geben Sie bei *wo* Beispiele für Städte- und Ländernamen sowie für Ortsadverbien usw., z. B.:

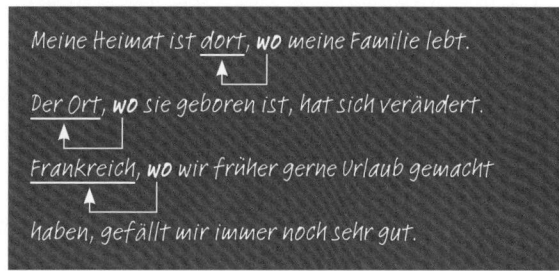

Weisen Sie außerdem darauf hin, dass das Relativpronomen *was* oft auch nach Indefinitpronomen vorkommt:

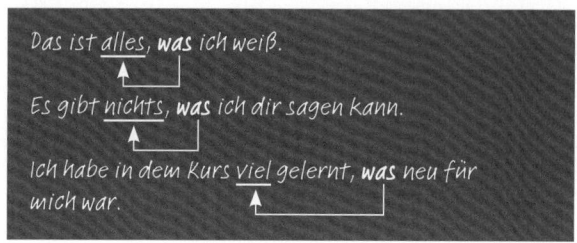

Nutzen Sie außerdem die Gelegenheit, die bereits bekannten Relativsätze zu wiederholen, z. B. in Form eines Ratespiels: *Wie heißen die Leute, die… Wie nennt man das Tier, das…* usw.

Eine weitere Übungsmöglichkeit bietet **Kopiervorlage 18**. Sie finden hier ein Domino mit Relativsätzen mit den Pronomen *was* und *wo*, das die KT in Kleingruppen spielen können. Jede Gruppe bekommt einen Satz Karten und versucht, die Sätze sinnvoll aneinanderzulegen. Alle Sätze ergeben einen kleinen zusammenhängenden Text, der dann auch als Leseübung benutzt werden kann. Auf der Vorlage sind die Karten so angeordnet, dass sie zueinander passen. Die erste und letzte Karte sind die Anfangs- bzw. Schlusskarte und haben deswegen nur ein beschriebenes Feld.

In den **Kopiervorlagen 23 und 24** in den *Handreichungen* zu *Pluspunkt Deutsch A2* finden Sie weitere Kopiervorlagen zur Wiederholung der Relativsätze.

4

Die letzte Übung soll die KT anregen, über ihre eigenen Stärken und Geschäftsideen nachzudenken. Lassen Sie die KT zunächst in Gruppen Geschäftsmöglichkeiten sammeln und auch über ihre Kompetenzen sprechen, die für die Umsetzung von Geschäftsideen geeignet sind, anschließend berichten sie im Kurs über ihre Lernpartner.

Geben Sie geeignete Redemittel vor, die das sprachliche Spektrum der KT erweitern, z. B.:

> … kann ich besonders gut.
> Ich habe Talent für …
> Meine besondere Fähigkeit / Begabung ist …

Arbeitsbuch: Ü 3–8
Portfolioübung Ü 8: einen Text über ein Unternehmen, das die KT gut finden, schreiben

B   Der Senfsalon

Lernziele und Lerninhalte:

Sprechen: berichten, was man in Deutschland gemacht hat, Abläufe in der Vergangenheit beschreiben

Hören: Interview mit einem Existenzgründer

Grammatik: Plusquamperfekt

Schwerpunkt dieses Blocks ist neben einem Hörtext zur Existenzgründung das Plusquamperfekt.

Einleitend beschäftigen sich die KT mit der Überschrift: *Was ist ein Senfsalon? Welches besondere Senfangebot hat das Geschäft? Kann man mit einem derartigen Geschäft Erfolg haben?*

1

Bevor die KT das Interview zum ersten Mal hören, beschreiben sie kurz die Bilder, damit der Inhalt des Gesprächs vorentlastet wird.

(Lösung 1a: Bürgeramt, Laden (Gewerbeflächen zu vermieten), IHK Seminar, Bank, Finanzamt, Herr und Frau Schambach vor dem Senfsalon;

Lösung 1b: 1. Aus einer Kindersendung. 2. Es ist nicht einfach, in den Berufen, die sie gelernt haben, Arbeit zu finden. 3. Es war kompliziert, den Kredit zu bekommen. 4. Das war nicht nötig. Sie haben einen Brief vom Finanzamt bekommen. 5. Am Anfang war es schwierig, heute läuft es besser.)

Varianten:

– Der längere Hörtext kann noch weiter bearbeitet werden. Die KT hören ihn ein weiteres Mal oder lesen ihn im Anhang nach, um weitere Fragen zu schreiben, z. B.:

Was hat Herr Schambach gemacht, nachdem er die Kindersendung gesehen hatte?

Welche Berufe haben Herr und Frau Schambach?

Wo haben sie den ersten Senf verkauft?

– Verteilen Sie Zettel mit Stichwörtern, zu denen die KT Informationen notieren, z. B.: *Wochenmärkte – Bank – Vorschriften – Senfsorten.*

1c vermittelt eine Lerntechnik für das Erlernen von Wortschatz. Es geht um die Verbindung von Nomen und Verben Geben Sie den Tipp, Nomen und Verben zusammen zu lernen und lassen Sie die KT Beispielsätze schreiben, die Sie dann individuell korrigieren sollten. Anschließend lesen die KT einige ihrer Sätze im Plenum vor.

2

Hier lernen die KT das Plusquamperfekt kennen. Erläutern Sie es anhand des Grammatikkastens, nachdem die KT die Verben in den Sätzen markiert haben. Heben Sie den Zeitenwechsel bei Nebensätzen mit *nachdem* hervor und erläutern Sie ihn durch Beispiele mit Situationen im Kurs: *Nachdem ich in der Schule angekommen war, …, Nachdem ich mich auf meinen Platz gesetzt hatte, … , Nachdem der Unterricht begonnen hatte …* usw. Heben Sie hervor, dass für die Verwendung von *hatte* und *war* dieselben Regeln wie beim Perfekt gelten und wiederholen Sie die Regeln für das Perfekt mit *haben* bzw. mit *sein*.

Die zeitlichen Relationen lassen sich auch wie folgt verdeutlichen:
Als sie zum Bahnhof kam, war der Zug schon abgefahren.

gestern, 14.50 Uhr: Der Zug fährt ab.
gestern, 15.00 Uhr: Sie kommt am Bahnhof an.

Lassen Sie die KT die zeitlichen Relationen nach diesem Muster in den Sätzen von 3 beschreiben, nachdem sie die Sätze ergänzt haben.

3–5

Diese Übungen dienen der Festigung der neu gelernten Zeitform. Übung 3 und 4a als schriftliche Übungen, Übungen 4b und 5 als mündliche Übungen.

Geben Sie zu Aufgabe 5 den KT einige Minuten Zeit, um Stichwörter zu notieren oder ganze Sätze zu schreiben. Anschließend berichten sie im Kurs. Jede/r KT sollte etwa zwei bis drei Sätze sagen, wobei mindestens einer mit *nachdem* sein sollte. Wichtig ist aber auch, dass die KT das Plusquamperfekt ohne *nachdem*-Satz üben.

Varianten:

– 4a und 4b sind auch als Frage- und Antwortspiel in Partnerarbeit möglich:

Was hat Herr John gemacht, nachdem er im Büro angekommen war? Er hat eine Tasse Kaffee getrunken.

Was hat er gemacht, nachdem er eine Tasse Kaffee getrunken hatte? – Er hat … usw.

– Für lerngeübte KT: Die KT machen selbst Übungen. Sie schreiben z. B. ein Satzgefüge mit einem *nachdem*-Satz im Präsens und Perfekt, der Lernpartner / die Lernpartnerin formt das Satzgefüge mit Perfekt / Präteritum und Plusquamperfekt um. Der *nachdem*-Satz Präsens / Perfekt wurde in Lektion 5 Block B des B1-Bandes eingeführt.

Kopiervorlage 19 ist ein Domino, mit dem *nachdem*-Sätze geübt werden können. Dazu müssen die KT zuerst inhaltlich erkennen, was vorher und was nachher geschehen ist.
Die KT spielen in Kleingruppen. Jede/r KT bekommt ein Kärtchen. Die KT suchen zuerst die Kartenpaare, die zueinander passen. Danach sollen sie die zwei jeweils zusammenpassenden Karten miteinander mit einem *nachdem*-Satz in der Vergangenheit verbinden. Geben Sie ein Beispiel:
Nachdem Tom Sonntagabend lang gefeiert hatte, hat er heute Morgen den Wecker nicht gehört.

Arbeitsbuch: Ü 9–15

C Der Weg in die Selbstständigkeit
Lernziele und Lerninhalte:

Sprechen: sagen, woran man bei der Existenzgründung denken muss
Hören: Gespräch über einen Kreditantrag – Gespräche bei der Bank
Lesen: Tipps für die Existenzgründung
Schreiben: einen Text über Selbstständigkeit schreiben
Grammatik: *n*-Deklination

Thema dieses Blocks sind weitere Tipps und Informationen zur Existenzgründung sowie ein damit zusammenhängendes Gespräch bei der Bank.

1a–b
Die KT lesen den Text ohne Zuhilfenahme des Wörterbuches. KL notiert unbekannten Wortschatz an der Tafel, der nach der Lektüre geklärt wird. Anschließend werden die Fragen in Aufgabe 1a und nach einer weiteren Lektüre 1b gelöst.

Variante:
Lesen Sie den Informationstext vor und lassen Sie die KT Notizen machen, auf deren Basis sie ihn dann in eigenen Worten wiedergeben, nachdem sie die Aufgaben gelöst haben. Oder lassen Sie jeden Abschnitt des Textes von jeweils einem / einer KT vorlesen, die anderen fassen die Abschnitte dann zusammen.

1c
Aufgabe der KT ist es hier auch zu begründen, warum die im Kasten genannten oder evtl. weitere Aspekte bei der Existenzgründung von Bedeutung sind: *Welche Auswirkungen hat die Selbstständigkeit auf das Privatleben? Welche Standorte sind eher günstig / ungünstig? Wo ist das Geschäft für mögliche Kunden deutlich sichtbar?* usw.

Geben Sie für das Gespräch geeignete Redemittel vor, die die Ausdrucksmöglichkeiten der KT erweitern, z. B.:

> Man sollte berücksichtigen …
> Es ist wichtig, dass man … nicht vernachlässigt.
> Ein wichtiger Aspekt ist …
> Auch sollte man nicht vergessen, …

Sehr ausführliche Tipps und Informationen zur Existenzgründung stellt die Bundesagentur für Arbeit in einer Broschüre zur Verfügung. Geben Sie als Suchbegriff in Ihre Suchmaschine ein: *Bundesagentur für Arbeit, Themenheft 2015/2016 Existenzgründung*. Weisen Sie interessierte KT auf diese Broschüre hin.

2
Die KT lernen die *n*-Deklination kennen. Nomen der *n*-Deklination sind bereits lexikalisch in den vorangegangenen Lektionen bzw. im A1- und A2-Band aufgetaucht (z. B. Nachbar, Kollege, Neffe).

Erläutern Sie die Regeln für die *n*-Deklination anhand des Grammatikkastens, nachdem die KT die Nomen im Text markiert haben.

Sammeln Sie gemeinsam mit den KT weitere häufige Nomen der *n*-Deklination (z. B. auch *der Affe, der Löwe, der Hase,* Nationalitäten wie *der Franzose*) und heben Sie besonders hervor, dass es von einigen wenigen Nomen abgesehen (z. B. *der Gedanke, der Friede*) bei den Nomen der *n*-Deklination kein Genitiv-*s* gibt. Machen Sie evtl. eine Tabelle:

Personen	der Nachbar, …
Nationalitäten	der Franzose, …
Tiere	der Löwe, …
Nomen auf	
-ant:	der Praktikant, …
-at:	der Automat, der Diplomat, …
-ent:	der Student, …
-ist:	der Tourist …

Weisen Sie auf die Besonderheiten der Deklination von das Herz hin. AB-Übung 18 bietet sich zur weiteren Festigung an.

3

Abschließend stehen das Training des Hörverstehens sowie der Sprech- und der Schreibfertigkeit im Zentrum. Dialoge bei der Bank wurden bereits in *Pluspunkt Deutsch A2*, Lektion 13 behandelt. Dort ging es um eine Kontoeröffnung.
(Lösung 3a: 1. In der Bank. 2. Sie wollen einen Friseursalon übernehmen. 3b: richtig: 1, 4, 6, 7. Korrekturen: 2. Sie haben 30 000 Euro Eigenkapital. 3. Sie wollen den Kredit innerhalb von fünf Jahren zurückzahlen. 5. Die Schufa-Auskunft haben sie nicht dabei.)

Die KT lesen den Dialog im Anhang in Partnerarbeit, nachdem sie die Aufgaben 3a und 3b gelöst haben, und markieren wichtige Wörter. Sammeln Sie wichtigen Wortschatz, den die KT markiert haben, an der Tafel und machen Sie ein Wörternetz zum Thema Bank und Geld oder fordern Sie die KT auf, in Partner- oder Gruppenarbeit selbst Wörternetze zu erstellen, die anschließend an der Tafel zu einem Wörternetz zusammengefasst werden. Damit haben die KT zum einen Gelegenheit, bereits bekannten Wortschatz zum Thema zu wiederholen und auch, ihren Wortschatz zu erweitern.

Für Aufgabe 3c sind auf Seite 173 die Vorgaben und Redemittel für den Bankkunden / die Bankkundin und auf Seite 175 die Vorgaben für den Bankmitarbeiter / die Bankmitarbeiterin abgedruckt. Besprechen Sie mit den KT die Redemittelkästen ausführlich, bevor die KT Dialoge schreiben und spielen. Jedes Lernpaar sollte jeweils mindestens zwei der vorgegebenen Redemittel benutzen.

4

KL sollte die Texte, die die KT geschrieben haben einsammeln und außerhalb des Unterrichts korrigieren. Es empfiehlt sich, häufige bzw. typische Fehler zu sammeln und allgemein zu erklären, nachdem die KT die Texte korrigiert zurückerhalten haben.

Kopiervorlage 20 enthält ein Wechselspiel mit zwei Dialogen. Jeder Dialog hat acht Teile, jede/r KT hat von jedem Dialog vier Teile. Schneiden Sie die Kopien in der Mitte durch, je ein/e KT erhält eine Kopie A bzw. B. (Lösung: Dialog 1: B-K-F-O-D-I-H-N, Dialog 2: J-C-M-A-P-E-L-G)

Arbeitsbuch: Ü 16-21

Schreibtraining Ü 22: eine formelle E-Mail schreiben
Arbeitsbuch – Deutsch plus: Ü 23–34: Freiberufler
Arbeitsbuch – Wichtige Wörter: Ü 1–3
Arbeitsbuch – Bildlexikon Ü 4–5: Unternehmenstypen, Ü 6–8: Der Weg in die Selbstständigkeit

Sprechen aktiv

1

Wörter sprechen: Geübt werden hier analog zu Übung 1c in Block B Verbindungen von Nomen und Verben. Lassen Sie die KT auch Minidialoge vorbereiten, die dann gesprochen werden, z. B.:
+ Willst du ein Unternehmen gründen?
– Ja, vielleicht.

2–3

Grammatik sprechen: In Übung 2 geht es um das Plusquamperfekt und temporale Nebensätze mit *nachdem*. Zusätzlich zur mündlichen Übung können die KT in den Gruppen auch gemeinsam eine kleine Geschichte auf Basis des Schüttelkastens schreiben.
Aufgabe 3 übt die *n*-Deklination. Regen Sie die KT an die Dialoge mit unterschiedlicher Intonation zu sprechen: freundlich, neugierig, ungeduldig, verärgert usw. Besonders gut sind dafür die Dialoge 2, 3 und 4 geeignet.

4

Flüssig sprechen: Die Sätze geben einen kurzen Text über eine Existenzgründung wieder, in dem viele lange Wörter vorkommen (Übersetzungsbüro, Existenzgründerseminar usw.) Diese Wörter eignen sich auch, um den Wortakzent zu üben. Schreiben Sie sie an die Tafel, die KT schreiben sie ins Heft. Lassen Sie die KT den Wortakzent (an der Tafel und im Heft) markieren und die Worte einzeln sprechen.

Die KT können den Text oder einzelne Sätze ein wenig umschreiben, nachdem sie ihn gehört und nachgesprochen haben, indem sie einige Wörter anders formulieren, z. B.:
– *Elena wollte ein Übersetzungsbüro eröffnen.*
– *Deshalb hat sie ein Seminar für Existenzgründer gemacht.*
– *Sie brauchte auch einen kleinen Kredit und musste einen Büroraum suchen.*

Sammeln Sie vorab hierfür mit den KT geeigneten Wortschatz. Anschließend lernen die KT die selbstgemachten Sätze auswendig und tragen sie laut vor, wie immer, ohne sie vorzulesen.

5

Dialogtraining: Diese Übung baut auf der Videosequenz 9 zu Lektion 8 auf. Man sollte sie dann machen, wenn keine Möglichkeit besteht, die Videoclips zu zeigen und die zum Video gehörenden Übungen nicht gemacht wurden.
(Lösung 5a: 1R, 2R, 3F, 4F)

Eine Variationsmöglichkeit bietet sich insbesondere für lerngeübte KT an, indem sie die Reaktionen von Francesco verändern: Dieser ist z.B. nicht positiv überrascht, sondern sehr skeptisch, er stellt die Frage, welche Gerichte Philipp anbieten will, wie er sich sozial absichern will, ob er Mitarbeiter braucht, oder Francesco äußert Interesse, bei Philipp zu arbeiten.

Auftaktseite
Lernziele und Lerninhalte:

Sprechen: eine Landschaft beschreiben
Wortschatz: Landschaft

Arbeitsbuch: Ü 1–3
Portfolioübung Ü 2: einen Text über die Landschaft im Heimat- / Geburtsort schreiben

A Umweltschutz
Lernziele und Lerninhalte:

Sprechen: über Umweltprobleme sprechen, diskutieren, was man für den Umweltschutz tun kann
Hören: vier Personen berichten, was man für den Umweltschutz tun kann
Lesen: Texte über Umweltprobleme
Wortschatz: Natur und Umwelt
Grammatik: Nebensätze mit *seit / seitdem*

Kannbeschreibungen GER / Rahmencurriculum:
Kann eine kurze Stellungnahme zu Maßnahmen für den Umweltschutz schreiben und diese kommunizieren.

Arbeitsbuch: Ü 4–11

B Erneuerbare Energien
Lernziele und Lerninhalte:

Sprechen: sagen, was man am liebsten macht
Lesen: Text über die verschiedenen Energieträger
Wortschatz: Energieformen
Grammatik: Superlativ

Arbeitsbuch: Ü 12–17
Portfolioübung Ü 17: vier Fragen mit dem Superlativ beantworten

C Mülltrennung
Lernziele und Lerninhalte:

Sprechen: über Mülltrennung sprechen
Hören: Gespräch über Mülltrennung
Projekt: Mülltrennung und -entsorgung im Wohnort

Kannbeschreibungen GER / Rahmencurriculum:
Kennt die Regelungen zur Abfallentsorgung und Mülltrennung.

Arbeitsbuch: Ü 18–21

D Tiere
Lernziele und Lerninhalte:

Sprechen: über Eigenschaften von Tieren sprechen
Hören: Gespräche mit einem Mitarbeiter und Besuchern eines Zoos
Wortschatz: Tiere
Grammatik: Diminutiv

Arbeitsbuch: Ü 22–24
Portfolioübung Ü 24: Meinung zu Haustieren in Deutschland
Schreibtraining Ü 25: Fehlerkorrektur
Arbeitsbuch – Deutsch plus Ü 26–27: Redensarten mit Tieren
Arbeitsbuch – Wichtige Wörter: Ü 1–3
Arbeitsbuch – Bildlexikon Ü 4–8: Tiere

Kopiervorlagen in den Handreichungen:
KV 21 A/B Spiel zu Nebensatzkonnektoren
KV 22 A/B Vergleiche – Wechselspiel zum Komparativ und Superlativ
KV 23 A/B Tiere-Memory.

In Lektion 9 geht es um Landschaftsbeschreibungen, Tiere, Umweltschutz, Energie und Mülltrennung. Die Grammatik behandelt den Superlativ, Nebensätze mit *seit / seitdem* und den Diminutiv.

Auftaktseite
Lernziele und Lerninhalte:

Sprechen: eine Landschaft beschreiben
Wortschatz: Landschaft

1

Sie können das Bild auf eine OHP-Folie kopieren oder mit einem Beamer (falls vorhanden) projizieren. Die KT decken die Wortliste in 1a ab und erhalten einige Minuten Zeit, das Bild zu betrachten. Dann wird Wortschatz, der zu dem Bild passt und den KT bereits bekannt ist, an der Tafel gesammelt. So aktivieren die KT ihr Vorwissen und erhalten eine Vorentlastung für den Hörtext in 1a. Als Vorbereitung für Aufgabe 2 sollte außerdem Landschaftswortschatz gesammelt werden, der über das Bild hinausgeht.
(Lösung 1a: Bauernhof, Kühe, Ferienwohnungen, Solaranlage, Stall, Biogasanlage, Wiese, Bach, Tal)

Nachdem die KT die Wörter zugeordnet haben (1b), und den Text nach dem zweiten Hören nacherzählt haben (1c) kann noch eine genauere Bildbeschreibung folgen. Dabei sollten sie auch beschreiben, was die Personen auf dem Bild machen (Badminton spielen, lesen in der Sonne liegen, arbeiten.) Geben Sie die erforderlichen Redemittel vor:

> *Rechts auf dem Bild...*
> *Links auf dem Bild ...*
> *Im Vordergrund ...*
> *Im Hintergrund ...*
> *Ganz hinten ...*
> *In der Ferne ...*

Variante:

Fragen Sie die KT, ob sie hier gerne Urlaub machen würden.
Nutzen Sie die Gelegenheit, Redemittel für Wünsche und den Konjunktiv II zu wiederholen und zu erweitern. Schreiben Sie einige Redemittel und Einleitungssätze an die Tafel, z. B.:

> *Es würde mir gefallen, zu ...*
> *Ich könnte mir vorstellen, ...*
> *Ich würde es nicht schlecht finden, ...*

2

Sofern bereits bei 1a Landschaftswortschatz gesammelt wurde, haben die KT nun Gelegenheit, diesen anzuwenden. Jede/r KT sollte möglichst 2–3 Sätze im Plenum formulieren.

Arbeitsbuch: Ü 1–3
Portfolioübung Ü2: einen Text über die Landschaft im Heimat- / Geburtsort schreiben

A Umweltschutz
Lernziele und Lerninhalte:

Sprechen: über Umweltprobleme sprechen, diskutieren, was man für den Umweltschutz tun kann
Hören: vier Personen berichten, was man für den Umweltschutz tun kann
Lesen: Texte über Umweltprobleme
Wortschatz: Natur und Umwelt
Grammatik: Nebensätze mit *seit / seitdem*

Die KT lernen Wortschatz zum Thema Umweltschutz und lernen, Umweltprobleme zu beschreiben. Als Nebensatzkonnektoren werden *seit* und *seitdem* eingeführt.

1a

Erstellen Sie als Vorentlastung des Themas ein Wörternetz zum Thema Umwelt(schutz) oder lassen Sie die KT in Gruppen Wörternetze erstellen mit der Vorgabe, fünf bis acht Wörter zu notieren, die dann gemeinsam besprochen werden. Danach lesen die KT die Texte und lösen die Aufgaben 1a und 1b. Auch bei diesen Texten bietet es sich an, dass die KT sie nacherzählen. Rufen Sie dafür die erforderlichen Redemittel, die den KT bereits bekannt sind, in Erinnerung.

2

Nun berichten die KT, welche Umweltthemen sie besonders wichtig finden. Dabei sollten die KT möglichst zusammenhängende Sätze schreiben und sie danach präsentieren. Insbesondere lerngeübte KT haben so Gelegenheit, das freie Sprechen zu üben. Bei lernungeübten KT empfehlen sich Vorgaben, z. B.:

> *Ich finde ... ein großes Problem.*
> *Man verwendet / benutzt zu viel ...*
> *Das schadet / Diese Stoffe schaden der Natur / dem Menschen.*
> *Das ist schlecht für die Gesundheit / die Pflanzen / die Tiere ...*

Darüber hinaus können Sie die Themenpalette für lerngeübte KT erweitern: Atomkraft, Verkehr, Lärm usw. Auch können Sie aktuelle Umfrageergebnisse zu den Umweltproblemen heranziehen. Nach einer aktuellen Umfrage zu den Umweltproblemen in Deutschland gibt ungefähr die Hälfte der Befragten als Hauptproblem die Luftverschmutzung und den Klimawandel an, gefolgt von Problemen durch zu viel Verpackungsmüll.
(Quelle: https://de.statista.com,
Suchbegriff Umweltprobleme Deutschland)

3

Nachdem es in 1 und 2 um Umweltprobleme ging, geht es nun um Lösungsvorschläge für die Probleme.
(Lösung: 3a: Richtig: 2, 4, 6, 7)
3b: Einführung von *seit / seitdem*. (Lösung: 1C, 2D, 3C, 4A)

Variante:
Die KT hören die Interviews ein weiteres Mal und beantworten weitere Fragen:
An welchem Tag wird die Umfrage gemacht?
Wann benutzt Herr Heim ein Auto?
Was hat der Sohn von Frau Heim gemacht?
Wo kauft Herr Sund Obst und Gemüse?
Warum ist Frau Fichte pessimistisch?

4

Erläutern Sie *seit / seitdem* mit Hilfe des Grammatikkastens, nachdem die KT 3b gelöst haben und heben Sie hervor, dass es *seit* wie *während* sowohl als Nebensatzkonnektor als auch als Präposition gibt, die in *Pluspunkt Deutsch A1*, Lektion 10 eingeführt wurde.
Aufgabe 4 können die KT in zwei Varianten machen: Die Sätze 1–3 werden geschrieben, die Sätze 4–6 werden gesprochen.

Varianten:
– Machen Sie lerngeübte KT darauf aufmerksam, dass *seitdem* nicht nur als Einleitungswort für Nebensätze, sondern auch als Adverb in Hauptsätzen benutzt wird:
  Ich fahre mehr Fahrrad. Seitdem geht es mir besser.
– Abgesehen vom Nebensatz mit *je* in der Doppelkonjunktion *je … desto*, die in Lektion 11 eingeführt wird, ist die Einführung der Nebensatzkonnektoren, die man bis zum Ende der Niveaustufe B1 lernen sollte, nun komplett. Deshalb bietet sich hier eine zusammenfassende Wiederholung und Übersicht aller bekannten Nebensatzkonnektoren an. Gehen Sie diese

anhand der Grammatikübersicht im Anhang des AB ab S. 185 durch.
Sammeln Sie die wichtigsten gelernten Konnektoren noch einmal an der Tafel.

und	trotzdem	weil
denn	deshalb	dass
aber	dann	wenn
oder		ob
		damit
		obwohl
		als
		bevor
		nachdem
		während
		seit

– Lerngeübte KT können mit den temporalen Nebensatzkonnektoren *bevor*, *während*, *nachdem* und *seit / seitdem* und den zugehörigen Präpositionen den Nominal- und den Verbalstil üben. AB-Übung 8 ist dafür ein geeigneter Ausgangspunkt.
– Eine weitere Wiederholungs- und Übungsmöglichkeit für Nebensätze bietet das Spiel in Kopiervorlage 21.

In **Kopiervorlage 21 A/B** sind die Nebensatzkonnektoren noch einmal zusammengefasst. Die Regeln für das Spiel sind dort abgedruckt. Aufgabe der KT ist es, Satzanfänge (Nebensätze oder Hauptsätze in Satzgefügen mit Haupt- und Nebensatz) frei zu ergänzen. Je nach Lernstärke können Sie das Spiel variieren: Lerngeübte KT / Gruppen erhalten ein Zeitlimit, um die Sätze zu ergänzen, lernungeübte KT / Gruppen erhalten mehr Zeit zum Überlegen und evtl. weniger Spielkärtchen.

5

Zum Abschluss dieses Blocks diskutieren die KT über Maßnahmen für den Umweltschutz, zunächst in Gruppen, anschließend im Plenum. Machen Sie die KT auf den Redemittelkasten aufmerksam und geben Sie ihnen die Aufgabe, während der Diskussion mindestens zwei der vorgeschlagenen Redemittel zu verwenden. Als Hausaufgabe sollte diese Übung auch schriftlich gemacht werden.

Arbeitsbuch: Ü 4–11

B   Erneuerbare Energien
Lernziele und Lerninhalte:

Sprechen: sagen, was man am liebsten macht
Lesen: Text über die verschiedenen
            Energieträger
Wortschatz: Energieformen
Grammatik: Superlativ

Die KT lesen einen Informationstext über verschiedene Energieformen. Nachdem sie in *Pluspunkt Deutsch A1*, Lektion 13 den Komparativ kennengelernt haben, lernen sie nun den Superlativ kennen.

1

Die KT lesen den Text in Einzelarbeit und ergänzen die Bildunterschriften. Parallel dazu notieren sie unbekannten Wortschatz, der geklärt wird, nachdem die KT 1a gelöst haben. Nach einer zweiten Lektüre lösen die KT Aufgabe 1b.

2–3

Einführung des Superlativs. Wiederholen Sie zunächst den Komparativ, indem Sie einige Übungen, die die KT vielleicht schon aus dem A1-Band kennen, noch einmal machen, z. B.: Die KT vergleichen wer größer / kleiner ist, wer lieber Tee als Kaffee trinkt, wer eine bestimmte Seite im B1-Band schneller findet, z. B. *Wo üben wir den Infinitiv mit zu?*

Anschließend markieren die KT die Superlative im Text: *am meisten* (Z. 3), *am größten* (Z. 20), *am geringsten* (Z. 21), *am besten* (Z. 32). Erläutern Sie dann die Regeln für die Bildung des Superlativs.

Danach beantworten die KT die Fragen in 2b, in denen der Superlativ zur Anwendung kommt. In Aufgabe 3 trainieren die KT, Komparativ und Superlativ genauer zu unterscheiden.

4

In dieser Übung, in der der Superlativ mündlich geübt wird, können die KT ihren Lernpartnern Fragen stellen und anschließend über sie berichten. Geben Sie den KT vorab einige Minuten Zeit, vier bis fünf Fragen zu notieren.

In dieser Lektion wird lediglich der Superlativ mit *am* eingeführt, Adjektive mit Superlativ, also die deklinierte Form des Superlativs folgt dann in Lektion 11.

Varianten:

– Nutzen Sie die Übung, um das Wortfeld Hobbys / Freizeitaktivitäten zu wiederholen und zu erweitern, indem die KT zum Beispiel sagen, was sie am liebsten / häufigsten in ihrer Freizeit machen. Schreiben Sie evtl. einige Freizeitaktivitäten an die Tafel.
  Geben Sie ein Beispiel und erzählen Sie von sich: *Ich habe viele Hobbys. Am liebsten fahre ich Rad. Und was machen Sie in Ihrer Freizeit am liebsten?*

– In ähnlicher Weise lassen sich mit der Frage *Was essen / trinken Sie am liebsten?* Lebensmittel wiederholen.

– Eine andere Möglichkeit, den Komparativ und Superlativ zu üben, ist insbesondere für lernungeübte KT eine Kettenübung. KT A nennt ein Adjektiv in der Grundform, KT B den Komparativ und KT den Superlativ.

– Das Wechselspiel in **Kopiervorlage 22** bietet eine Möglichkeit zur Übung von Komparativ und Superlativ zusammen. Jede/r KT hat sieben Fragen und sieben Antworten auf die Fragen des/der Lernpartner(in) (+ 2 Beispiele). Die KT fragen und antworten wie in den Sprechblasen vorgegeben und ergänzen die Informationen. Zum Schluss vergleichen die KT, ob sie die Informationen richtig verstanden haben.

Arbeitsbuch: Ü 12–17
Portfolioübung Ü 17: vier Fragen mit dem Superlativ beantworten

C   Mülltrennung
Lernziele und Lerninhalte:

Sprechen: über Mülltrennung sprechen
Hören: Gespräch über Mülltrennung
Projekt: Mülltrennung und -entsorgung im
            Wohnort

1

Diese Übung als Plenumsarbeit. Zunächst ordnen die KT die Wörter dem abgebildeten Müll zu, anschließend sagen sie, was wohin kommt. Lerngeübte KT erläutern die Begriffe Restmüll, Biomüll usw.
Danach nennen die KT weiteren Müll (z. B. Glühbirnen, Kartoffelschalen, Milchverpackungen) und sortieren ihn entsprechend den Tonnen.

2

Themen des Gesprächs sind die Abfalltrennung sowie die Tatsache, dass die Regelungen in Deutschland unterschiedlich sind.
(Lösung 1a: Biomüll, Restmüll, Verpackungen, Papier, Glas, Sperrmüll, Schadstoffe; 1b: 1F, 2R, 3F, 4R, 5F)

3

Da die Kommunen bzw. Landkreise für die Müllentsorgung zuständig sind, ist diese in Deutschland sehr unterschiedlich geregelt. Das Projekt dient dazu, die eher allgemeinen Informationen in diesem Block auf die vor Ort geltenden Regeln abzustimmen. Fordern Sie die KT auf, einen Abfallkalender in den Unterricht mitzubringen und im Internet nach Informationen zum Thema zu suchen, über die am nächsten oder übernächsten Unterrichtstag berichtet wird. Verteilen Sie evtl. verschiedene Aufgaben: Eine Gruppe sammelt Informationen über Recyclinghöfe (Adressen, Öffnungszeiten usw.), eine andere sammelt Informationen über die Müllgebühren, eine dritte zu den Regelungen für Sperrmüll usw.
Außerdem ist hier ein interkultureller Vergleich möglich: Wie funktioniert die Müllentsorgung im Heimatland, welche Unterschiede gibt es zu Deutschland?

Variante:

Die KT machen ein Lernplakat zum Thema, das im Kursraum aufgehängt wird. Sie schneiden Fotos von Müllbehältern und Abfällen z. B. aus Zeitungen oder Zeitschriften aus. Die Müllbehälter stehen wie bei einem Wörternetz auf dem Plakat jeweils in der Mitte, darum herum wird der passende Müll gruppiert und beschriftet.

Arbeitsbuch: Ü 18–21

D Tiere

Lernziele und Lerninhalte:

Sprechen: über Eigenschaften von Tieren sprechen
Hören: Gespräche mit einem Mitarbeiter und
            Besuchern eines Zoos
Wortschatz: Tiere
Grammatik: Diminutiv

1

Einige der abgebildeten Tiere (Hund, Katze) sind im Lehrwerk bereits vorgekommen, andere (Huhn, Hase, Schwein) sind neu. Die KT hören die Interviews und markieren, welche Tiere genannt werden (1a).
(Lösung 1a: Kuh, Ziege, Schaf, Hase, Schwein, Huhn, Pferd, Vogel, Papagei (Kakadu), Hund;
Lösung 1b: Richtig: 2, 5,

Korrektur: 1. Am Wochenende kommen viele Eltern mit den Kindern.
3. Ziegen, Schafe und Hasen darf man streicheln, nur die Schweine, Hühner und Kühe nicht.
4. Heute gibt es keine Pferde mehr auf dem Hof.

Im Anschluss an die Aufgabe sollten die KT den Text noch einmal hören und dann ausführlicher über die Tiere berichten. Stellen Sie dazu einige Leitfragen:
– *Warum sind Kühe nützlich?*
– *Was gefällt den Kindern bei den Hühnern und Schweinen?*
– *Warum hat der Birkenhof keine Pferde mehr?*
– *Was begeistert die Besucher bei den Papageien?*

Varianten:

In Anlehnung an den Hörtext kann ein Gespräch darüber erfolgen, wofür man die Tiere braucht bzw., was sie für den Menschen bedeuten. Die Diskussion über die Bedeutung der Tiere lässt sich in mehrere Richtungen erweitern: Man kann z. B. über Tierliebe und übertriebene Tierliebe sprechen. Da es vorkommt, dass Migranten den hohen Stellenwert, den insbesondere Hunde, aber auch Katzen in Deutschland haben, befremdlich finden, kann sich evtl. eine interessante Diskussion ergeben.

Zusätzlich empfiehlt es sich, die Aufgaben 4 bis 8 auf den Seiten 118 und 119 im AB im Anschluss an Aufgabe 1 bearbeiten. Dort wird weiterer Wortschatz zum Thema eingeführt und es sind Anlässe geboten, über Tiere zu sprechen.

Erstellen Sie ein Wörternetz, das wie folgt aussehen kann:

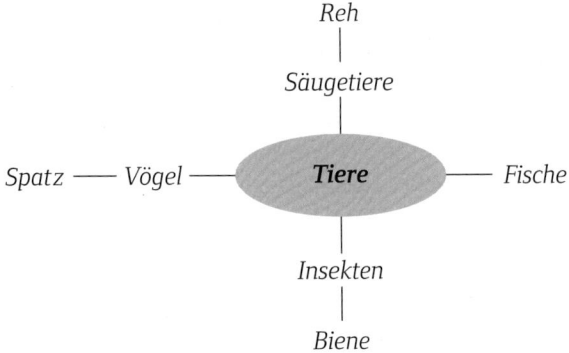

Eine weitere Übungsmöglichkeit bietet das Tiere-Memory in **Kopiervorlage 23**.
Dort finden Sie ein Memory mit Tieren. Es enthält auch Tiere, die im Lehrwerk und im Bildlexikon AB nicht vorkommen (*Chamäleon, Känguru, Schlange*). Schneiden Sie die Wortkarten und Bildkarten aus, sodass die KT sie einander zuordnen können (die Wortkarten auf weiße Kärtchen, die Bildkarten auf

Kärtchen in einer anderen Farbe geklebt.) Danach werden die Kärtchen verdeckt auf den Tisch gelegt. Jede(r) KT deckt zuerst ein weißes und dann ein andersfarbiges Kärtchen auf. Wenn man zusammengehörende Kärtchen gefunden hat, darf man beide Kärtchen behalten. Sieger ist, wer die meisten Kärtchenpaare hat.

Lerngeübte KT spielen ohne Wortkarten. Kopieren Sie die Bildkarten, sodass jedes Kärtchen zweimal im Spiel ist. (Set 1 auf weiße Kärtchen, Set 2 auf Kärtchen in einer anderen Farbe kleben.) Dann spielen die KT nur mit den Bildkarten Memory. Um gleiche Kärtchen zu behalten, müssen sie die Tiere mit Artikel und ggf. mit Plural auf Deutsch nennen.

2

Erläutern Sie danach den Diminutiv mit Hilfe des Grammatikkastens sowie den Informationen auf der Gewusst wie-Seite und geben Sie weitere Beispiele.

Variante:

Außer in der AB-Übung 23 können die KT den Diminutiv auch wie folgt in Partnerarbeit üben: Jede/r KT enthält eine Liste mit drei bis vier geeigneten Nomen. Er oder sie liest die Nomen (mit Artikel) laut vor, der Lernpartner / die Lernpartnerin wiederholt das Nomen im Diminutiv, z.B.: *der Hase – das Häschen, das Haus – das Häuschen.*

Die KT lernen an dieser Stelle nur den Diminutiv mit *-chen* kennen. Weisen Sie darauf hin, dass es auch die Variante mit *-lein* gibt und geben Sie Beispiele.

3

Diskutieren Sie mit den KT, welche Adjektive welchem Tier zuzuschreiben sind und gehen Sie auf kulturelle Besonderheiten ein. In Deutschland z.B. wird insbesondere der Hase als ein ängstliches Tier betrachtet oder der Hund gilt als treu, ein Huhn als dumm. Ist das in anderen Ländern ebenso, gibt es Unterschiede? Welchen Tieren kommt eine besondere symbolische Bedeutung zu?

Als Ergänzung zu dieser Übung bietet sich die *Deutsch-Plus*-Seite im AB an, auf der Redensarten mit Tieren (z.B. Angsthase, Bücherwurm) präsentiert werden.

Weitere geeignete Redensarten für die Besprechung im Kurs:
- *Wolf im Schafspelz*
- *Eulen nach Athen tragen*
- *Keine Krähe hackt der anderen ein Auge aus*
- *die Katze im Sack kaufen*
- *aus einer Mücke einen Elefanten machen*
- *Die Spatzen pfeifen es von den Dächern.*
- *fleißig wie eine Biene*
- *Da lachen ja die Hühner.*
- *stumm wie ein Fisch*
- *einen Frosch im Hals haben*

Für die abschließende Übung 3b bietet sich folgende Variante an: Die KT machen eine Rangliste, welche drei oder vier Haustiere sie am liebsten hätten, aus der dann eine Kursstatistik über die beliebtesten Haustiere gemacht wird.

Arbeitsbuch: Ü 22–24
Portfolioübung Ü 24: Meinung zu Haustieren in Deutschland
Schreibtraining Ü 25: Fehlerkorrektur
Arbeitsbuch – Deutsch plus Ü 26–27: Redensarten mit Tieren
Arbeitsbuch – Wichtige Wörter: Ü 1–3
Arbeitsbuch – Bildlexikon Ü 4–8: Tiere

Sprechen aktiv

1

Wörter sprechen: Geübt werden wieder Verbindungen von Nomen und Verben. Lassen Sie die KT weitere geeignete Verben finden, mit denen die Nomen verbunden werden können und entsprechend Aufgabe 1b Sätze bilden, z.B.: *Müll beseitigen – Rohstoffe sparen – Umweltprobleme diskutieren – Strom erzeugen.*

2–3

Grammatik sprechen: In Übung 2 geht es um temporale Nebensätze mit *seit*. Lassen Sie die KT weitere Sätze schreiben und Dialoge sprechen, nachdem sie die Aufgabe gelöst haben.
In Übung 3 werden Komparativ und Superlativ geübt. Die KT fragen und antworten wie in den Sprechblasen vorgegeben und ergänzen die Informationen. Zum Schluss vergleichen die KT, ob sie die Informationen richtig verstanden haben. Eine Erweiterung dieser Aktivität finden Sie in der KV 22 A/B.

4

Flüssig sprechen: Die Sätze befassen sich mit Umweltproblemen. Als Variation können die KT weitere passende Sätze schreiben, z. B.:

Manche Leute haben kein eigenes Auto, sondern benutzen Carsharing.

Es gibt Recyclinghöfe, wo man den Müll angeben kann.

Wenn man Energie spart, kann man auch Geld sparen.

Lerngeübte KT schreiben die Sätze selbstständig in Einzelarbeit, lernungeübte gemeinsam mit KL. Dann lernen die KT die Sätze auswendig und tragen sie im Kurs vor.

5

Dialogtraining: Diese Übung baut auf der Videosequenz 10 zu Lektion 9 auf. Man sollte sie dann machen, wenn keine Möglichkeit besteht, die Videoclips zu zeigen und die zum Video gehörenden Übungen nicht gemacht wurden. Geben Sie zur Beantwortung der Frage in Aufgabe 5a Redemittel vor: *Lea kritisiert … / Sie findet es nicht gut, dass … / Sie ist dagegen, dass …*

Bei 5b sollten Sie vorab geeignete Schlusssätze / Ausreden gemeinsam mit den KT sammeln.

Spiel und Spaß

1

In dem Spiel werden Wortschatz, Dialogsituationen und Grammatik von Lektion 1–9 wiederholt. Am Tag, bevor die KT das Spiel im Kurs spielen, sollten sie sich zu Hause die Lektionen noch einmal anschauen.

Variante:

Die KT gehen im Kurs noch einmal die Lektionen 1–9 durch und schreiben für ein eigenes Spiel in Gruppen selbst eine oder zwei Aufgaben pro Lektion.

Kommunikation im Beruf

1

Einige im Beruf häufige Dialogsituationen (u. a. Krankmeldung, Gespräch in der Kantine) kennen die KT bereits aus *Pluspunkt Deutsch A2*, Lektion 5 Block D. Hier lernen sie weitere kennen.
(Lösung 1a: Dialog 1: Vorstellung eines Praktikanten, Dialog 2: Planung der Urlaubszeiten, Dialog 3: Gespräch mit einer Messebesucherin.
Lösung 1b: 1. Er macht ein Praktikum. 2. Er bleibt drei Monate. 3. Er ist für die Kundenanfragen zuständig. 4. Wenn er Fragen hat, kann er zu ihm kommen.
Lösung 1c: 1B, 2A, 3B, 4C.
Lösung 1d: gegründet: 1975, weiteres Werk in: Polen, Mitarbeiter: 520, Umsatz: 284 Mio. € im Jahr 2015, Exportanteil: 40 %, Exportländer: Dänemark, Schweden, China, Südkorea)

2a

Geben Sie geeignete Redemittel so vor, dass die KT die Präsentation variieren können, z. B.:

> Die Firma heißt ... / Der Name der Firma ist ...
> Sie wurde ... gegründet.
> Der Hauptsitz liegt / befindet sich in ...
> Außerdem gibt es ein Werk in ...
> Der Umsatz liegt bei / beträgt ...
> Im letzten Jahr haben wir einen Umsatz von ... erreicht.
> Wir exportieren nach ...
> ... % der Produktion sind für den Export.

Im Anschluss an die mündliche Präsentation können die KT einen kurzen Text über die Firma schreiben.

2b

Geben Sie KT, die über eine Firma, in der sie schon gearbeitet haben, berichten möchten evtl. Zeit, um Informationen zu sammeln und die Präsentation zu Hause vorzubereiten.

Variante:

Die KT sammeln selbst Informationen über eine Firma, die sie interessiert und stellen sie im Kurs vor. Im Internet findet man zahlreiche Unternehmenspräsentationen.

3

Beachten Sie, dass Situation 1 ein Gespräch zwischen drei Personen ist und Situation 2 ein Dialog. Die KT sollten die Situationen zwei- bzw. dreimal spielen, wobei sie die Rollen tauschen. Beim letzten Durchgang sollten sie dann das Buch schließen und den Dialog ohne Unterstützung durch den Redemittelkasten üben.

Variante:

Sammeln Sie abschließend weitere häufige Dialogsituationen am Arbeitsplatz (z. B. Aufgabenverteilung – Nachfragen, was schon oder noch nicht erledigt wurde – Vorbereitungen für eine Konferenz (Getränke holen, Medienausstattung organisieren, Unterlagen zusammenstellen o. Ä.), für die lerngeübte KT dann zur Vorbereitung selbst Dialoggrafiken erarbeiten.

Prüfungsvorbereitung DTZ: Sprechen

Bereits im *Pluspunkt Deutsch A2* Band wurde der Prüfungsteil Sprechen des DTZ (Station 4, Kursbuch und Arbeitsbuch) geübt. In Teil 1 des Prüfungsteils Sprechen stellt sich der Kandidat anhand von Stichwörtern über sich selbst vor, der/die Prüfende stellt ergänzend Fragen. In Teil 2 sprechen die Kandidaten etwa drei Minuten über die (Alltags-)Situation auf einem Foto mit anschließenden Fragen des Prüfers, die je nach Qualität des Vortrags der Kandidaten dem Niveau A2 oder B1 angepasst sind. In Teil 3 sprechen jeweils zwei Prüfungsteilnehmer miteinander, d. h. sie planen etwas miteinander oder handeln etwas aus.

Für die mündliche Prüfung gibt es keine Vorbereitungszeit.

Auch wenn die KT den Prüfungsablauf bereits kennen, sollten Sie ihn noch einmal erläutern und die Aufgaben sollten entsprechend den Vorschlägen auf den S. 166 und 167 des Kursbuches vom A2-Band bearbeitet werden. Machen Sie für Teil 2 zunächst ein Wörternetz zum Thema *Senioren / Pflege / älter werden* bzw. sammeln Sie Wortschatz zu den beiden Fotos, z. B.:

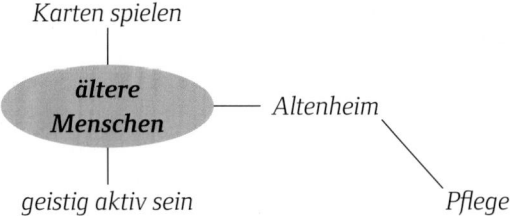

Erarbeiten Sie mit den KT darüber hinaus geeignete Redemittel zur Bildbeschreibung und zum Vergleich der Situation in Deutschland mit dem Heimatland. Schreiben Sie diese an die Tafel oder bereiten Sie ein geeignetes Arbeitsblatt vor, z. B.:

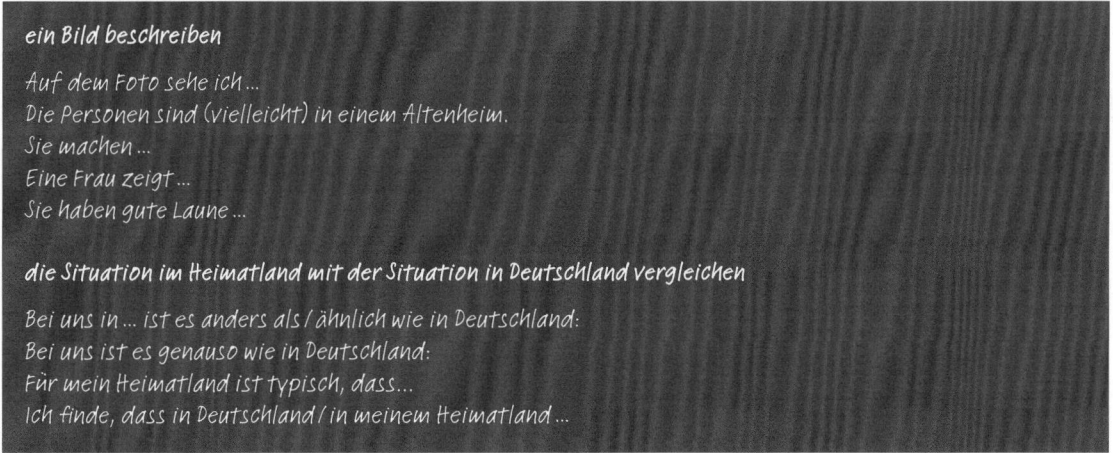

Anschließend sprechen die KT über die Fotos.

Auch für Prüfungsteil 3 Gemeinsam etwas planen sollten die KT zunächst geeignete Redemittel sammeln (einen Vorschlag machen, zustimmen, ablehnen usw.), bevor sie die Aufgabe lösen.

Zu den DTZ-Aufgaben im Arbeitsbuch

In AB-Station 3 wird der Prüfungsteil Schreiben des DTZ geübt. Während dieser Prüfungsteil im A2-Band (KB-Station 3, AB-Station 3) etwas vereinfacht war (nur drei Inhaltspunkte für die Mitteilung), sollen die KT jetzt wie im DTZ vier Inhaltpunkte bearbeiten.

Besprechen Sie mit den KT die Seite mit den Redemitteln für die Mitteilung und erarbeiten Sie für lernungeübte KT evtl. passende Sätze für einen oder zwei Inhaltspunkte in einer der vorgeschlagenen Aufgaben auf Basis dieser Redemittel.

Regionen und Landschaften

Die KT bekommen Informationen über Weimar.

1

1a in Partnerarbeit, Besprechung der Lösungen im Plenum. Lassen Sie die KT berichten, was sie aus den Tagebuchnotizen über die Sehenswürdigkeiten erfahren und geben Sie evtl. weitere Informationen zu Weimar, die u.a. bei wikipedia zu finden sind: https://de.wikipedia.org/wiki/Weimar
Auch auf der Homepage der Stadt finden sich Informationen zu den Sehenswürdigkeiten und der Stadtgeschichte: https://www.weimar.de/homepage/.
Anschließend berichten die KT, was sie interessant finden.

2–3

Übung 2 soll als Modell dienen, damit es für die KT leichter wird, eine Stadt aus ihrem Heimatland vorzustellen. Wie bei Aufgabe 3 in Station 2 (Präsentation einer Region aus dem Heimatland) haben die KT so Gelegenheit, einen längeren zusammenhängenden Vortrag auf Deutsch zu halten.

Auftaktseite
Lernziele und Lerninhalte:

Sprechen: über Gesundheit sprechen
Hören: vier Personen sprechen über
Gesundheit
Wortschatz: Gesundheitswesen

Arbeitsbuch: Ü 1–2

A Unfälle und ihre Folgen
Lernziele und Lerninhalte:

Sprechen: einen Unfall beschreiben,
diskutieren, wann man ins
Krankenhaus geht
Hören: Bericht über einen Krankenhaus-
aufenthalt
Lesen: Zeitungsmeldung über Unfälle
Grammatik: Partizip I

Kannbeschreibungen GER / Rahmencurriculum:
Kann über das Thema Gesundheit sprechen und dabei
auch über Gefühle und Ängste reden.
Kann sich mit einfachen Mitteln über das Thema
Gesundheit austauschen und Vergleiche ziehen.
Kann einen Unfallhergang grob schildern.

Arbeitsbuch: Ü 3–12
Portfolioübung Ü 12: einen Erfahrungsbericht über
einen Krankenhausaufenthalt schreiben

B Die Krankenkasse informiert
Lernziele und Lerninhalte:

Sprechen: über Erfahrungen mit dem deutschen
Gesundheitssystem sprechen,
das Gesundheitssystem im Heimatland
Lesen: Informationstexte der Krankenkasse
Wortschatz: Gesundheit / Gesundheitsvorsorge

Kannbeschreibungen GER / Rahmencurriculum:
Kann Broschüren und Ratgebern von Krankenkassen,
Apotheken o. Ä. relevante Informationen zum Thema
Gesundheit entnehmen.

Arbeitsbuch: Ü 13–14

C Tipps für ein langes Leben
Lernziele und Lerninhalte:

Sprechen: sagen, was man mag/nicht mag,
sagen, was man für die Gesundheit tut
Hören: Interview mit einer Hundertjährigen
Lesen: Tipps, um alt zu werden
Wortschatz: Krankheit / Gesundheit
Grammatik: Doppelkonjunktionen

Arbeitsbuch: Ü 15–20
Portfolioübung Ü 20: Sätze mit Doppelkonjunk-
tionen
Schreibtraining Ü 21: Unfallbeschreibung Sätze
verbinden
Arbeitsbuch – Deutsch plus Ü 22: Lesetext über
Drogen
Arbeitsbuch – Wichtige Wörter: Ü 1–3
Arbeitsbuch – Bildlexikon Ü 4–6: Körperteile,
Ü 7–8: Fitness/über Fotos sprechen

Kopiervorlagen in den Handreichungen:
KV 24 A/B Würfelspiel: Partizip I / Relativsätze
KV 25 Domino Doppelkonjunktionen

Nachdem das Thema Gesundheit bereits in *Pluspunkt
Deutsch A1*, Lektion 8 und in *Pluspunkt Deutsch A2*,
Lektion 9 behandelt wurde, wird es hier mit neuen
Schwerpunkten (Unfälle, Krankenhaus) wieder auf-
gegriffen. Die Grammatik behandelt das Partizip I und
die Doppelkonjunktionen.

Auftaktseite
Lernziele und Lerninhalte:

Sprechen: über Gesundheit sprechen
Hören: vier Personen sprechen über
  Gesundheit
Wortschatz: Gesundheitswesen

1

Leiten Sie das Thema mit Wiederholung von bereits bekanntem Wortschatz aus den vorangegangen Bänden ein: Körperteile, Fachärzte, Wortschatz zu Medikamenten usw. und lassen Sie die KT berichten: Was wissen die KT über das deutsche Gesundheitssystem, was haben sie im Laufe des Kurses darüber gelernt?

Lassen Sie die KT auch berichten, welche Kliniken bzw. Krankenhäuser sie im Wohn- oder Kursort kennen bzw. welche es gibt. Im Rahmen eines kleinen Projekts können sie sich auch darüber informieren, wie groß sie sind, d.h. wie viele Betten sie haben, welche Abteilungen bzw. Kliniken es gibt.

Notieren Sie den Wortschatz an der Tafel oder ggf. auf einem extra Papier, das Sie kopieren, damit die KT den Wortschatz für Aufgabe 3, bei der sie Dialoge schreiben sollen, benutzen können.

Varianten:

– Teilen Sie den Kurs in Gruppen, denen Sie die Aufgabe geben, zu Oberbegriffen in Form eines Wörternetzes Wortschatz zu sammeln, z.B. zu *Krankenhaus – Arztpraxis – Apotheke – Fitness*.
– Bilden Sie vier Gruppen. Jede Gruppe beschreibt eines der Bilder und präsentiert es dann im Kurs. Vergrößern Sie die Bilder für eine OHP-Folie, die für die Bildbeschreibung als gemeinsame Referenz dient.

2

Es folgt ein Hörverstehen mit vier Dialogen.
(Lösung 1a: 1B, 2D, 3A, 4C; 1b: 1. Er hat Probleme mit dem Rücken. 2. Herr Klausner hat zugenommen. Walken trainiert alle Muskeln und verbessert das Immunsystem. 3. Sie hatte einen Unfall beim Joggen. 4. Sie sollten bis zur Geburt aktiv bleiben.)

Die Hörtexte bieten die Möglichkeit für weitere Übungen. So können die KT sie im Anhang in Dreier- oder Vierergruppen nachlesen und weitere Fragen schreiben, für Dialog 1 z.B.:
– *Wie oft geht Max ins Fitnessstudio?*
– *Wie fühlt er sich nach dem Training?*

3

Für die Bearbeitung bieten sich zwei Möglichkeiten an: Die KT arbeiten getrennt nach Lerngeübtheit bzw. Lernstärke, damit Sie die lerngeübteren KT besser unterstützen können, oder die Paare sind gemischt, sodass lerngeübte KT lernungeübten helfen können.

Arbeitsbuch: Ü 1–2

A Unfälle und ihre Folgen
Lernziele und Lerninhalte:

Sprechen: einen Unfall beschreiben,
  diskutieren, wann man ins
  Krankenhaus geht
Hören: Bericht über einen Krankenhaus-
  aufenthalt
Lesen: Zeitungsmeldung über Unfälle
Grammatik: Partizip I

In diesem Block lernen die KT, einen Unfallhergang zu beschreiben und über Krankenhauserfahrungen zu sprechen. Die Grammatik behandelt Partizip I.

1

Das einleitende Hörverstehen dient als Vorentlastung des Themas.
(Lösung 3a: Bild B; 3b:1F, 2R, 3R, 4,F)
1c in Gruppenarbeit. Bei der Beschreibung von Bild A sollten lerngeübte und lernungeübte KT getrennt arbeiten sollten, damit Sie den lernungeübten KT mehr Aufmerksamkeit widmen können.

2a

In diesen Zeitungsartikeln werden weitere Unfallsituationen geschildert, wobei nun das Partizip I eingeführt wird. Beantwortung der Fragen im Plenum.

2b

Durch die Markierung der Partizipien in den Texten erkennen die KT, dass das Partizip I wie ein Adjektiv dekliniert wird. Lassen Sie, wenn möglich, eine/n lerngeübte/n KT die Regeln für das Partizip I mit Hilfe des Grammatikkastens erklären, 2c dient der Festigung dieser Regeln.

Erläutern Sie, dass man das Partizip I sehr oft wie ein Adjektiv benutzt, zeigen Sie aber auch andere Möglichkeiten, z.B. die Verwendung als Adverb:
– *Lachend gingen sie auf die Straße.*
– *Das Kind kam weinend zur Tür herein.*

Oder als Substantiv:
- *Die Reisenden werden gebeten, zum Schalter 8 zu gehen.*

Das Wort *Reisende* kennen die KT bereits von der Auftaktseite von *Pluspunkt Deutsch A2*, Lektion 11 und Nomen, die man wie Adjektive dekliniert aus Lektion 5 (Block A) des B1-Bandes.

Weisen Sie lerngeübte KT auch darauf hin, dass sich das Partizip I in seiner Eigenschaft als Adjektiv immer in einen Relativsatz umformen lässt: *ein lachendes Kind = ein Kind, das lacht – ein parkendes Auto = ein Auto, das parkt.* (s. dazu auch AB-Übung 9)

Wie wichtig das Partizip I ist, lässt sich auch mit den Redensarten in AB-Übung 8 verdeutlichen.

Variante:
Das Partizip II als Adjektiv gehört zwar nicht zur Niveaustufe B1 und ist auch nicht für den Deutsch-Test für Zuwanderer relevant, im Falle lerngeübter KT/Gruppen aber und sofern ausreichend Zeit zur Verfügung steht, sollte man auf den Unterschied der beiden Formen eingehen. Erläutern Sie, dass das Partizip I eine aktive Bedeutung hat, während das Partizip II meistens eine passive Bedeutung hat, z. B. *die kochenden Kartoffeln = die Kartoffeln, die (jetzt) kochen – die gekochten Kartoffeln = die Kartoffeln, die gekocht wurden.*

Kopiervorlage 24 A/B enthält ein Würfelspiel, in dem die KT Nomen mit Partizip I als Adjektiv in Relativsätze umformen. Die Regeln sind dort erklärt. Je nach Lernstärke können Sie das Spiel variieren: Lerngeübte KT/Gruppen erhalten ein Zeitlimit, um die Sätze zu bilden, lernungeübte KT/Gruppen erhalten mehr Zeit zum Überlegen und evtl. weniger Spielkärtchen.

3
Beim ersten Hören wird den KT für das Thema relevanter Wortschatz vermittelt.
(Lösung 2a: 1. der Unfall, 2. in der Notaufnahme, 3. beim Röntgen, 4. im Operationssaal, 5. im Krankenhauszimmer, 6. bei der Physiotherapie.
Lösungen 2b: 1. Seit letzter Woche. 2. Am der Ecke Goethestraße/Müllerstraße. Oliver wollte über die Straße gehen und wurde von einem Auto angefahren. 3. Am nächsten Morgen. 4. Ca. fünf Wochen. 5. Die Physiotherapie. 6. Er war in einem Dreibettzimmer. Morgens war es meistens ruhig, aber nachmittags hatten seine Bettnachbarn Besuch, es war oft laut und hektisch.)

Variante:
Die KT berichten über eigene Krankenhauserfahrungen (als Besucher oder als Patient) oder über Krankenhauserfahrungen von Bekannten. Eine Vorentlastung dafür bietet neben dem Hörtext im Kursbuch auch der Bericht in AB-Übung 10.

4
Diese Übung dient zur Erweiterung des bisher bekannten Wortschatzes zum Thema Krankheiten. Notieren Sie die Anlässe für Krankenhausaufenthalte, die im Kurs gesammelt werden, an der Tafel und machen Sie evtl. eine Liste mit häufigen Krankheiten.

Arbeitsbuch: Ü 3–12
Portfolioübung Ü 12: einen Erfahrungsbericht über einen Krankenhausaufenthalt schreiben

B Die Krankenkasse informiert
Lernziele und Lerninhalte:
Sprechen: über Erfahrungen mit dem deutschen Gesundheitssystem sprechen, das Gesundheitssystem im Heimatland
Lesen: Informationstexte der Krankenkasse
Wortschatz: Gesundheit / Gesundheitsvorsorge

1
Bevor die KT den Text lesen, empfiehlt sich eine einleitende Diskussion über die Überschriften: *Was für eine Art von Texten erwarten Sie? Was ist das Ziel der Texte? Für wen sind sie geschrieben?*

Anschließend lesen die KT die Texte und ordnen die Überschriften zu. Danach lesen sie die Texte ein zweites Mal und lösen Aufgabe 1b. (Lösung: 1. A, C; 2. B, C; 3. B, C; 4. A, B; 5. B, C; 6. B, C). Nutzen Sie den Lesetext, um mit den KT das detaillierte Leseverstehen zu üben, indem Sie die Textstellen für die Lösungen von 1b nennen lassen.

Besprechung von unbekanntem Wortschatz während der ersten Lektüre. Klären Sie neuen Wortschatz zur Gesundheitsvorsorge vorab, z. B. *Check-up, Vorsorgeuntersuchung, Impfschutz, Symptome, Therapie.* Hier hilft auch die Wortliste im Anhang der AB-Lektion.

Variante:
Sammeln Sie die Schlüsselwörter in den Texten an der Tafel, die KT schreiben sie in ihr Heft. Es werden Dreiergruppen gebildet, in denen je ein/e KT auf Basis der Schlüsselwörter einen der Texte wiedergibt, die anderen KT haben den Text vor Augen und kontrollieren, ob die Textwiedergabe korrekt ist. Die KT

sollten getrennt nach Lerngeübtheit arbeiten, damit Sie lernungeübten KT besondere Aufmerksamkeit widmen können. Abschließend tragen KT, die dazu bereit sind, ihre Zusammenfassungen im Plenum vor.

___**1c**___

In dieser Übung geht es – wie auch bei vielen Übungen auf den Seiten *Sprechen aktiv* – um die Verbindung von Nomen und Verben.

___**2**___

In der abschließenden Übung geht es neben einem Erfahrungsaustausch darum, die Situation im Heimatland und in Deutschland miteinander zu vergleichen. Verweisen Sie auf den Redemittelkasten und fordern Sie die KT auf, daraus mindestens zwei Redemittel zu nutzen, um Sätze zu formulieren. Geben Sie für den Vergleich Fragen vor, z. B.:
– *Gibt es eine Krankenversicherung für alle?*
– *Wie viel kostet eine Krankenversicherung?*
– *Wie lange muss man auf einen Arzttermin warten?*
– *Wie viel kosten die Medikamente?*

Arbeitsbuch: Ü 13–14

C Tipps für ein langes Leben
Lernziele und Lerninhalte:

Sprechen:	sagen, was man mag/nicht mag,
	sagen, was man für die Gesundheit tut
Hören:	Interview mit einer Hundertjährigen
Lesen:	Tipps, um alt zu werden
Wortschatz:	Krankheit / Gesundheit
Grammatik:	Doppelkonjunktionen

___**1**___

In dem Text wird weiterer Wortschatz zum Thema Gesundheit bzw. Krankheit eingeführt. Aufgabe 1a ist eine Aufgabe zum Globalverstehen, 1b zum Detailverstehen. Die KT lösen die Aufgaben in Einzelarbeit, Auswertung im Plenum. Die Wortschatzarbeit kann ähnlich wie beim Lesetext des vorangegangenen Blocks erfolgen: Unbekannter Wortschatz wird nach der ersten Lektüre geklärt oder vor dem Lesen anhand der Wortschatzliste im Arbeitsbuch. Schreiben Sie z. B. die Wörter *Bluthochdruck, Diabetes, Depression* an die Tafel und lassen Sie sie von KT, die sie kennen, erklären.
(Lösung: 2 und 6 stehen nicht im Text)

Variante:
Die Textwiedergabe kann ähnlich wie im vorangegangen Block erfolgen, indem die einzelnen Abschnitte in Gruppen bearbeitet werden.

___**2**___

Übergang zur Grammatikarbeit. Erläutern Sie einleitend die Bedeutung der Doppelkonjunktionen, wofür auch die Doppelkonjunktionen im Text geeignet sind. Von den im Grammatikkasten genannten Doppelkonjunktionen kommen dort folgende vor:
– *Aber **nicht nur** regelmäßiges Laufen, **sondern auch** Gymnastik, Gartenarbeit, Radfahren, Schwimmen, Tanzen oder Tennis sind gut geeignet.*
– *Man sollte **weder** viel Fleisch **noch** viel Wurst essen.*
– *Man sollte täglich **sowohl** Gemüse und Salat **als auch** Obst essen.*
– *Es ist jedoch **nicht nur** wichtig, sich körperlich zu bewegen, **sondern auch**, geistig aktiv zu bleiben.*

Lassen Sie die KT diese im Text suchen und markieren, bevor Sie sie näher erläutern. Für *weder … noch* können der Beispielsatz und die zugehörige Illu im Grammatikkasten herangezogen werden.

Erklären Sie die Doppelkonjunktionen mit weiteren Beispielen. Schreiben Sie Sätze aus dem Grammatikkasten an die Tafel und lassen Sie die KT die Doppelkonjunktionen markieren. Fordern Sie die KT auf, die Sätze mit anderen Worten zu umschreiben, damit ihnen die Bedeutung der Konjunktionen bewusst wird, z. B.:
– *Ich trinke zum Frühstück immer zwei Getränke: Saft und Kaffee.*
➜ *Ich trinke zum Frühstück sowohl Saft als auch Kaffee. / Ich trinke nicht nur Saft, sondern auch Kaffee.*

– *Ich trinke zum Frühstück keinen Saft und keine Kaffee.*
➜ *Ich trinke zum Frühstück weder Saft noch Kaffee.*

– *Man hat zwei Möglichkeiten: Es gibt Tee und Kakao zum Frühstück. Ich trinke nur ein Getränk, aber nicht beide.*
➜ *Ich will entweder Tee oder Kakao zum Frühstück trinken.*

Heben Sie hervor, dass *weder … noch* eine Negation ist und geben Sie weitere Beispiele:
– *Ich war **noch nie** in Paris und London*
➜ *Ich war weder in Paris noch London.*

– *Er kann **nicht** schwimmen. Er kann **nicht** Rad fahren.*
➜ *Er kann weder schwimmen noch Rad fahren.*

Anschließend fragen und antworten die KT wie in den Sprechblasen in 2b vorgegeben, um sich mit der Bedeutung und der Struktur der Doppelkonjunktionen weiter vertraut zu machen.

Varianten:

– Beachten Sie, dass die Doppelkonjunktionen hier nur für die Verbindung von Satzteilen, nicht aber von ganzen Sätzen eingeführt werden. Sofern Zeit genug ist bzw. für lerngeübte KT sollten Sie dieses Grammatikthema entsprechend erweitern; z. B. mit Sätzen wie folgenden:

Sie hat eine große Karriere gemacht. Sie ist sehr beliebt.
(nicht nur ... sondern auch)
Erste Möglichkeit: Wie gehen ins Schwimmbad.
Zweite Möglichkeit: Wir machen eine Radtour.
(entweder ... oder)
Sie trinkt keinen Alkohol. Sie raucht keine Zigaretten.
(weder ... noch)

– Kettenspiel. KT A beginnt einen Teilsatz mit dem ersten Teil einer Doppelkonjunktion, KT B beendet den Teilsatz. Diese Übung ist sowohl im Plenum als auch in Gruppen möglich. Die Gruppen können nach Lerngeübtheit aufgeteilt werden: Lerngeübte KT verbinden ganze Sätze, lernungeübte KT nur Satzteile. Gruppenarbeit in dieser Form hat zudem den Vorteil, dass Sie lernungeübten KT größere Aufmerksamkeit widmen können.

In **Kopiervorlage 25** finden Sie ein Domino zu den Doppelkonjunktionen.

3

(Lösung 3a:
Eine Reporterin spricht mit der hundertjährigen Heideline Weber; sie sprechen u. a. über die Geburtstagsfeier und darüber, was Frau Weber gemacht hat, um fit zu bleiben.
Lösung 3b:
100-Jährige in Deutschland: mehr als 13 000 Personen
Wohnsituation von Frau Weber: Seniorenheim
Rezept für die Gesundheit: viel Fisch und Gemüse essen, bis ins hohe Alter sportlich aktiv sein, Bewegung und gute Ernährung, sie hat einen großen Freundeskreis, hat regelmäßigen Besuch von den Kindern.)

Auf Basis ihrer Notizen berichten die KT dann über Frau Weber.

4

Abschließend geht es um gute Vorsätze. Fordern Sie die KT auf, zwei Formulierungen auszuwählen, um zuerst einen Satz oder zwei Sätze zu schreiben, die dann gesprochen werden. Danach formulieren die KT weitere Sätze frei.

Arbeitsbuch: Ü 15–20
Portfolioübung Ü 20: Sätze mit Doppelkonjunktionen
Schreibtraining Ü 21: Unfallbeschreibung Sätze verbinden
Arbeitsbuch – Deutsch plus Ü 22: Lesetext über Drogen
Arbeitsbuch – Wichtige Wörter: Ü 1–3
Arbeitsbuch – Bildlexikon Ü 4–6: Körperteile,
Ü 7–8: Fitness/über Fotos sprechen

Sprechen aktiv

1

Wörter sprechen: In dieser Übung werden Verbindungen von Nomen und Verben geübt. Regen Sie die KT an, auch ganze Sätze zu bilden und weitere Verbkombinationen für die vorgegebenen Nomen zu finden.

2

Grammatik sprechen: Hier werden die Doppelkonjunktionen mündlich geübt. Geben Sie den KT bei 2a Zeit, zwei bis drei Satzanfänge für die ersten Runden zu formulieren, danach sprechen die KT frei. Mit Satz 3 wird Wortschatz wiederholt, den die KT in Lektion 4 des A2-Bandes (Schulfächer) kennengelernt haben. Es bietet sich an, andere Schulfächer im Rahmen dieser Übung zu wiederholen bzw. mit weiteren möglichen Studienfächern Minidialoge zu schreiben: *Paul will entweder Musik oder Mathematik / Kunst oder Musik / Informatik oder Maschinenbau* usw. studieren.

3

Flüssig sprechen: In dieser Nachsprechübung werden mit Sätzen über Ernährung die Doppelkonjunktionen noch einmal geübt. Erweitern Sie die Übung, indem die KT weitere Sätze zum Thema Ernährung und Gesundheit schreiben, sprechen und nachsprechen und dabei die gelernten Doppelkonjunktionen benutzen.

4

Dialogtraining: Diese Übung baut auf der Video-sequenz 12 zu Lektion 10 auf. Man sollte sie dann machen, wenn keine Möglichkeit besteht, die Video-clips zu zeigen und die zum Video gehörenden Übungen nicht gemacht wurden. (Lösung 4a: 1. Patienten, 2. Autounfall, 3. Bein, 4. Reha, 5. Physiotherapie, 6. Kontakt)

Variante:

Die KT hören den Text zunächst bei geschlossenen Büchern und beantworten Fragen:

1. *Was ist dem Mann passiert?*
2. *Welche Lösung kann es für ihn geben?*
3. *Warum können ihm seine Freunde und seine Familie nicht helfen?*

Auftaktseite

Lernziele und Lerninhalte:

Sprechen: über gesellschaftliches Engagement sprechen

Hören: vier Personen berichten über ihr Engagement

Wortschatz: Möglichkeiten für gesellschaftliches Engagement

Arbeitsbuch: Ü 1–2

A Das politische System Deutschlands

Lernziele und Lerninhalte:

Sprechen: das politische System in Deutschland und im Heimatland beschreiben, sagen, für welche politischen Themen man sich interessiert

Hören: Bericht über einen Krankenhausaufenthalt

Lesen: das politische System in Deutschland

Grammatik: Politik

Kannbeschreibungen GER / Rahmencurriculum:

Kann Freunden in einfachen Worten die politische Situation im Heimatland schildern und seine Meinung darüber äußern.

Arbeitsbuch: Ü 3–8
Portfolioübungen Ü 5: einen Text über das politische System im Herkunftsland schreiben, Ü 8: schreiben, ob man sich für Politik interessiert

B Kommunale Aufgaben

Lernziele und Lerninhalte:

Sprechen: über Aufgaben von Städten und Gemeinden sprechen, Themen in der KommunalpolitikHören: pro und contra über ein kommunales Projekt

Lesen: Lokalnachrichten einer Zeitung

Grammatik: *je … desto*

Arbeitsbuch: Ü 9–14

C Kommunalpolitik

Lernziele und Lerninhalte:

Sprechen: sagen, was man am Wohnort am besten, am schönsten usw. findet, Präsentation eines Bürgermeisterkandidaten, Diskussion mit dem Bürgermeisterkandidaten

Hören: Nachrichten über Kommunalwahlergebnisse, Reden von Bürgermeisterkandidaten

Lesen: Informationstext über Kommunalwahlen

Wortschatz: Politik

Grammatik: Adjektive im Superlativ, Superlativ vor dem Nomen

Kannbeschreibungen GER / Rahmencurriculum:

Kann in Radionachrichten nach einer Wahl, die ihn/ sie interessiert, verstehen, welche Partei gewonnen und welche verloren hat.
Kann bei Konflikten mit einfachen Worten zustimmend oder ablehnend auf Lösungsvorschläge reagieren.

Arbeitsbuch: Ü 15–20
Schreibtraining Ü 21: Umlaute
Arbeitsbuch – Deutsch plus Ü 22: Meinungen pro und contra EU
Arbeitsbuch – Wichtige Wörter: Ü 1–2
Arbeitsbuch – Bildlexikon Ü 3: Infografik zum politischen System in Deutschland,
Ü 4: Geschichte Deutschlands 1949–1990

Kopiervorlagen in den Handreichungen:
KV 26 Fragebogen zum Thema Politik

In Lektion 11 geht es um Engagement und Mitbestimmung sowie um das politische System Deutschlands. Diese Themen sind auch Gegenstand des Orientierungskurses. Diese Lektion kann also auch als Vorentlastung dieses Kurses, der sich an die Sprachkurse anschließt, genutzt werden. Ausführlichere Informationen zu diesen Themen finden Sie u. a. im *Orientierungskurs* des Cornelsen-Verlags.

Die Grammatik behandelt *je … desto* als letzte in diesem Lehrwerk eingeführte Doppelkonjunktion sowie Adjektive im Superlativ.

Lektion 11
Politik und Gesellschaft

Auftaktseite
Lernziele und Lerninhalte:

Sprechen: über gesellschaftliches Engagement sprechen

Hören: vier Personen berichten über ihr Engagement

Wortschatz: Möglichkeiten für gesellschaftliches Engagement

Auf der Auftaktseite dieser Lektion wird das Thema ehrenamtliches Engagement, das in *Pluspunkt Deutsch A2*, Lektion 12 bereits behandelt wurde, erweitert, wobei auch die Frage der Mitbestimmung im Rahmen eines gesellschaftlichen Engagements angesprochen wird.

1

Einleitend beschreiben die KT die Fotos und diskutieren, welches Möglichkeiten und Aufgaben Personen, die sich in den genannten Bereichen engagieren, haben.

Sammeln Sie dafür geeigneten Wortschatz. Teilen Sie die KT in sechs Gruppen auf, jede Gruppe hat die Aufgabe, ein Foto zu bearbeiten, die Ergebnisse werden dann an der Tafel gesammelt. Anschießend hören die KT die Interviews zweimal und lösen Aufgabe 1a und 1b. Führen Sie vorher den Begriff *Mitbestimmung* ein, ein Schlüsselbegriff für den Hörtext, und erklären Sie ihn.
(Lösung: 1a: Herr Franke: Foto 3, Frau Schmidt: Foto 1, Frau Luschkowa: Foto 5, Herr Nasri: Foto 6; Lösung 1b: Richtig sind 1, 2, 4. Aussage 3 ist falsch. Frau Luschkowa engagiert sich für Ausländer, die in Deutschland leben, sie berät die Stadtverwaltung. Sie berät nicht Menschen, die nach Deutschland kommen wollen.)

2

In *Pluspunkt Deutsch A2*, Lektion 12 wurde im Block A abschließend die Frage gestellt, welche Möglichkeiten es für ehrenamtliches Engagement im Heimatland gibt, hier wird die Frage wieder aufgegriffen, wobei der Schwerpunkt auf Engagement bzw. auf Möglichkeiten des Engagements in Deutschland liegt. Die Aufgabe ist vor allem als allgemeines Plenumsgespräch geeignet.

Arbeitsbuch: Ü 1–2

A Das politische System Deutschlands
Lernziele und Lerninhalte:

Sprechen: das politische System in Deutschland und im Heimatland beschreiben, sagen, für welche politischen Themen man sich interessiert

Lesen: das politische System in Deutschland

Wortschatz: Politik

1

Die kurzen Texte präsentieren die politische Struktur (Bund, Bundesländer, Parteien) und die Verfassungsorgane der Bundesrepublik. Nach dem ersten Lesen werden die Fotos den Abschnitten zugeordnet, Aufgabe 1a, globales LV. (Lösung: 1D, 2E, 3C, 4A, 5B). Mit den Aussagen in 1b schließt sich eine Übung zum detaillierten LV an.
(Lösung: Korrektur: 3. Der Bundeskanzler/die Bundeskanzlerin wird nicht direkt gewählt. Er/Sie wird vom Bundestag gewählt. 4. Der Bundeskanzler/die Bundeskanzlerin bestimmt die politische Richtung. 5. 2013 wurden vier Parteien in den Bundestag gewählt.)

Die Texte enthalten viel neuen Wortschatz aus dem Bereich Politik. Es empfiehlt sich, den neuen Lernwortschatz an der Tafel zu notieren und vor der Lektüre zu klären (vgl. hierzu die Wortschatzliste im AB). Weiterer evtl. unbekannter Wortschatz wird während der Lektüre an der Tafel notiert und nach der ersten Lektüre im Plenum geklärt. Erläutern Sie insbesondere auch, was die Abkürzungen der Parteinamen bedeuten. Es ist an dieser Stelle allerdings nicht nötig, das Thema ausführlicher zu behandeln, denn es kommt auch im Orientierungskurs vor.

Variante:

Sie können hier die Grafik auf S. 146 im Arbeitsbuch zum politischen System Deutschlands heranziehen. Zu dieser Grafik gibt es Aufgaben und einen Hörtext, die den KT eine Hilfestellung geben, das System in eigenen Worten zu beschreiben.

2

Das kurze Gespräch über das politische System Dänemarks dient als Vorentlastung für die KT um über das politische System ihres Heimatlandes zu sprechen.
(Lösung 2a: 1. Die Königin hat vor allem repräsentative Aufgaben. 2. Die Königin ernennt den Ministerpräsidenten. 3. Es gibt neun Parteien. 4. Das Parlament wird normalerweise alle vier Jahre gewählt.)

Machen Sie die KT auf den Redemittelkasten aufmerksam und lassen Sie sie zunächst einige Sätze schreiben. Geben Sie Hilfestellung, bevor die KT das politische System im Heimatland mündlich beschreiben.

Da Politik zu den komplizierteren Themen gehört und man oft auch erlebt, dass nicht alle KT daran interessiert sind, sollte die Beschreibung des politische Systems im Heimatland evtl. eher knapp ausfallen; insbesondere auch, wenn die KT sowohl sprachlich als auch hinsichtlich der Kenntnisse Probleme haben, darüber zu reden oder wenn die politischen Verhältnisse im Heimatland ungeordnet sind, z.B. durch Krieg.

Es sollte zudem keine umfassende Darstellung aller Einzelheiten erfolgen, sondern lediglich allgemeine Aussagen zu Wahlen (*Ab wann darf man wählen?/Wer darf wählen?*) oder zur Staatsform (Präsident – Republik/König – Monarchie) gemacht werden.

3
Vor dem Gespräch wird der Wortschatz im Schüttelkasten und im Redemittelkasten geklärt. Jede/r KT sollte mindestens zwei Sätze unter Anwendung der abgedruckten Redemittel sagen und – wie in einer der beiden Sprechblasen – auch eine Begründung geben, warum er/sie das Thema wichtig findet.

Kopiervorlage 26 ist ein Fragebogen zur Politik. Da sich erfahrungsgemäß nicht alle KT für das Thema Politik interessieren und die Diskussionen im Plenum oft schleppend mit Beteiligung nur weniger KT verlaufen kann, hilft die KV dabei, dass alle zum Thema etwas sagen, zumindest bestimmten Politikwortschatz in den Mund nehmen. Vor allem zu den letzten Fragen: *Was würden Sie machen, wenn ...?* können alle etwas sagen und das ernste Thema Politik wird in die Phantasiewelt verlegt.
Die KT arbeiten zu zweit. Geben Sie ein Zeitlimit vor und sagen Sie, dass nicht alle Fragen beantworten müssen.

Arbeitsbuch: Ü 3–8
Portfolioübungen Ü 5: einen Text über das politische System im Herkunftsland schreiben, Ü 8: schreiben, ob man sich für Politik interessiert.

B Kommunale Aufgaben
Lernziele und Lerninhalte:
Sprechen: über Aufgaben von Städten und
        Gemeinden sprechen,
        Themen in der Kommunalpolitik
Hören: pro und contra über ein kommunales
        Projekt
Lesen: Lokalnachrichten einer Zeitung
Grammatik: *je ... desto*

Nach der Politik im Großen richtet sich der Blick nun mit dem Thema *Kommunalpolitik* auf das unmittelbare Umfeld der KT. Außerdem lernen sie die Doppelkonjunktion *je ... desto* kennen.

1a
Nach der Zuordnung diskutieren die KT die Bedeutung der kommunalen Leistungen für die Lebensqualität eines Ortes. Stellen Sie Gedankenexperimente an: *Wie wäre es, wenn der Ort kein Schwimmbad hätte? Was würden die Leute machen, wenn es keine öffentlichen Bibliotheken geben würde? Wie würde eine Stadt ohne Parks und Grünanlagen aussehen?* u.Ä. Damit haben die KT auch Gelegenheit, den Konjunktiv II zu wiederholen.

Varianten:
– Bilden Sie Gruppen. Jede Gruppe erhält eine
  der oben genannten oder andere Fragen zu dem
  Thema und notiert zwei bis drei Vermutungen,
  die dann im Plenum präsentiert werden.
– Lerngeübte KT können einen etwas längeren Text
  zu dem Thema schreiben.

1b
Sammeln Sie für diese Übungen weitere typische Themen aus der Kommunalpolitik an der Tafel und fragen Sie die KT, was sie über Kommunalpolitik ihres Wohn- bzw. Kursortes wissen. Fragen Sie auch, ob die KT den Namen des Bürgermeisters/der Bürgermeisterin kennen und ob sie wissen, welche Parteien im Wohn- oder Kursort eher stark oder eher schwach sind, wann die letzten Kommunalwahlen waren, wie viele Mitglieder der Stadt- oder Gemeinderat hat u.Ä.

Variante:
Sofern das Interesse groß genug ist und die KT bereit sind, sich auf die evtl. schwierige Lektüre von Zeitungsartikeln einzulassen, sollten Sie einen Artikel über ein aktuelles Thema in ihrem Kurs- oder Wohnort kopieren und mit den KT gemeinsam lesen.

2

Die nachfolgenden Zeitungsartikel befassen sich mit kommunalen Themen. Teilen Sie den Kurs für Aufgabe 2b in Gruppen auf, jede Gruppe schreibt drei bis vier Fragen zu einem der Texte, eine andere Gruppe, die den anderen Text bearbeitet hat, antwortet.

Variante:

Lassen Sie die KT auch den Inhalt der Texte in eigenen Worten wiedergeben. Das ist auch in Partnerarbeit möglich. Die KT lesen sich die Texte gegenseitig vor und machen Notizen. Anschließend berichten sie sich gegenseitig.

Dafür kann auch der schon eingeführte Wortschatz zur Textwiedergabe erweitert werden, z. B.:

> Im Text heißt es, dass …
> Weiter wird gesagt, dass
> Wie es in dem Text heißt …
> Laut Bericht des Unterroder Boten …

3

Das HV greift die Thematik des ersten Artikels auf. (Lösung 3a: 1. – , 2. + , 3. +, 4. –, 3b: contra: AA, BU, CU, pro: DH, EZ, FH)

3c

Die beiden Rollenkarten greifen die Zeitungsartikel von Aufgabe 2a auf, wobei der Brief über das Kulturhaus durch das vorangegangen Hörverstehen schon stärker vorentlastet ist.

Geben Sie für die Leserbriefe, die auch in Partnerarbeit geschrieben werden könne, geeignete Redemittel vor, für den Brief über die Fahrplanänderung z. B.:

> Mich betrifft das Thema ganz persönlich, denn …
> Ich bin von der Fahrplanänderung direkt betroffen, weil …
> Ich bin sicher, auch andere Leute sind davon betroffen.
> Ich erwarte, dass …
> Die Stadt müsste …
> Ich fordere von der Stadt …

4

Einführung von *je … desto*. Erläutern Sie die Besonderheiten dieser Doppelkonjunktion, nachdem die KT 4a und b gelöst haben. Schreiben Sie dafür auch die Sätze aus dem Text an die Tafel und lassen Sie die KT *je* und *desto* sowie die Komparative und die Verben in drei unterschiedlichen Farben markieren. Da die Struktur von *je … desto* wegen des doppelten

Komparativs und der Kombination von Haupt- und Nebensatz eher kompliziert ist, sollten Sie unmittelbar in Abschluss an die Erläuterungen die Übung 2 auf der Seite *Sprechen aktiv* sowie die AB-Übungen 11–13 machen.

5

In dieser Aufgabe wird *je … desto* als neues Grammatikthema durch eine schriftliche Übung gefestigt, auf der Seite *Sprechen aktiv* durch eine mündliche.

Variante:

– Üben Sie diese Konstruktion in einer Reihenübung. KT A fängt einen Satz mit *je …* an, KT B setzt ihn fort. Dies ist gleichzeitig auch eine gute Übung zur Wiederholung des Komparativs.

– Wettstreit. Die KT erhalten einen Satz mit *je* oder einen Satz mit *desto*. Sie erhalten einigen Minuten Zeit, um die Sätze zu ergänzen. Wer die meisten (richtigen) Ergänzungen geschrieben hat, hat gewonnen.

Arbeitsbuch: Ü 9–14

C Kommunalpolitik
Lernziel und Lerninhalte:

Sprechen:	sagen, was man am Wohnort am besten, am schönsten usw. findet, Präsentation eines Bürgermeisterkandidaten, Diskussion mit dem Bürgermeisterkandidaten
Hören:	Nachrichten über Kommunalwahlergebnisse, Reden von Bürgermeisterkandidaten
Lesen:	Informationstext über Kommunalwahlen
Wortschatz:	Politik
Grammatik:	Adjektive im Superlativ, Superlativ vor dem Nomen

1

Die KT lesen den kurzen Text in Einzelarbeit, unbekannter Wortschatz wird während der Lektüre geklärt, Beantwortung der Fragen im Plenum. Lerngeübte KT können das Buch zuklappen und den Text in eigenen Worten wiedergeben.

2–3

Schwerpunkt des Hörtextes sind die Adjektive im Superlativ. Den Superlativ mit *am* kennen Sie aus Lektion 9 des B1-Bandes (Block B).
(Lösung 2a: CDU: 33 %, SPD: 27 %, Die Grünen: 22 %, FDP: 4 %)

Erläutern Sie den Unterschied zwischen den beiden Varianten (Adjektiv im Superlativ / am + Superlativ), nachdem die KT die Sätze in 2b ergänzt haben. Oft verwechseln die KT die beiden Varianten, weshalb Sie sie mit mehreren Beispielen erklären sollten. Ziehen Sie dafür auch die Aufgabe 17 im AB heran, wo dieser Unterschied thematisiert wird. 2c dient der Festigung der neu gelernten Grammatik in schriftlicher und mündlicher Form, in Aufgabe 3 werden die KT zugleich angeregt, sich näher mit dem Wohn- bzw. Kursort zu befassen. Machen Sie diese Aufgabe zunächst in Gruppenarbeit, danach berichten die KT über die Ergebnisse ihrer Gruppe im Plenum.

Varianten:

– Die KT fragen bei Aufgabe 3 in unterschiedlichen Formen, z. B.: *Wie heißt der schönste Park? Welchen Park findest du am schönsten?*
– Die KT stellen auf Basis der Antworten in Aufgabe 3 einen kleinen Tourismusführer für ihren Wohn- oder Kursort zusammen.
– Die Deklination des Komparativs wird im Lehrwerk *Pluspunkt Deutsch* nicht eigens thematisiert. Sofern im Kurs Zeit genug ist, können Sie an dieser Stelle darauf eingehen, z. B.:
Park A hat einen schöneren Spielplatz als Park B. Restaurant A hat besseres Essen als Restaurant B.

Schreiben Sie geeignete Beispiele an die Tafel und markieren Sie:

> *Das Restaurant ist besser. – das bessere Restaurant.*
> *Ich finde, dass Restaurant A schöner ist. – Restaurant A ist ein schöneres Restaurant.*

4

Mit den nachfolgenden Übungen wird weiterer Wortschatz zum Thema (Kommunal-)Politik eingeführt. Das Hörverstehen dient auch als Vorentlastung des nachfolgenden Projekts.

(Lösung 4a:
Ernesto Weber: Angebote für Jugendliche, Senioren, Sportanlagen, Müllabfuhr;

Anna Rau: öffentlicher Nahverkehr, Erwachsenenbildung;
beide: Autoverkehr

Lösung 4b:
Ernesto Weber: Autoverkehr: Autos sollen nicht mehr als 30 km im Stadtgebiet fahren, wir brauchen mehr Ampeln. Angebote für Jugendliche: mehr Geld für Sportanlagen und Jugendzentren / Senioren: ein weiteres Seniorenheim soll gebaut werden / Müllabfuhr: Müll soll jede Woche abgeholt werden
Anna Rau: öffentlicher Nahverkehr / Autoverkehr: wir brauchen neue Buslinien, dann gibt es weniger Unfälle. Erwachsenenbildung: wir brauchen mehr Geld für die Volkshochschule)

5

Die „Bürgermeisterwahl" knüpft zwar an das Thema *Kommunalpolitik* an, sie ist aber als Option zu verstehen, da sie sowohl eine gute mündliche Sprachfertigkeit als auch Einfallsreichtum voraussetzt. Sie ist vor allem für lerngeübte KT/Gruppen geeignet.

Die KT bereiten ihre Kampagne in Gruppenarbeit vor. Die Übungen enthalten teils bekannten, teils neuen Wortschatz zum Thema. Unterstützen Sie die Gruppen bei ihrer Vorbereitung durch Erklärungen von unbekanntem Wortschatz und helfen Sie, einschlägige, „werbewirksame" Sätze zu formulieren.

Nachdem sich die KT auf eine politische Richtung und ein politisches Programm geeinigt haben, bereiten sie mit Hilfe des Redemittelkastens pro Gruppe eine Rede vor, die ca. vier bis fünf Minuten dauern sollte. Eine Diskussion über die Rede schließt sich an.

Damit bieten sich vielfältige Gelegenheiten zur Wiederholung: Nebensätze, indirekte Fragen, Konjunktiv II usw.

Geben Sie den KT Zeit, die Redemittelkästen auf S. 176 zu lesen und machen Sie die Vorgabe aus jedem Redemittelkasten drei bis vier Formulierungen zu benutzen.

Abschließend kann dann eine „Bürgermeisterwahl" erfolgen. Dabei sollte es nicht darum gehen, dass die Gruppen „ihren" Kandidaten oder „ihre" Kandidatin durchsetzen. Sie sollten die Person wählen, deren Programm alle KT am meisten überzeugt hat.

Arbeitsbuch: Ü 15–20
Schreibtraining Ü 21: Umlaute
Arbeitsbuch – Deutsch plus Ü 22: Meinungen pro
und contra EU: Ü 22
Arbeitsbuch – Wichtige Wörter: Ü 1–2
Arbeitsbuch – Bildlexikon Ü 3: Infografik zum politi-
schen System in Deutschland,
Ü 4: Geschichte Deutschlands 1949–1990

Sprechen aktiv

1

Wörter sprechen: Geübt werden wieder Verbindungen
von Nomen und Verben, die oft zusammengehören
und die die KT auch zusammen lernen sollten. Lassen
Sie die KT über die Sprechblasen in 1b hinausgehend
auch ganze Sätze mit den Nomen und Verben bilden
und evtl. andere geeignete Verben für die Nomen
finden, z. B.: *Arbeitsplätze anbieten – um Stimmen
werben – mehr Personal brauchen*

2–3

Grammatik sprechen: In Übung 2 geht es um *je ... desto*
und sie sollte wie oben erwähnt, direkt im Anschluss
an die Einführung dieser Doppelkonjunktion gemacht
werden.
Anschließend wird der Komparativ geübt. Diese
Übung kann wie folgt erweitert und variiert werden:

Die KT notieren weitere Nomen plus Adjektive, z. B.
wie folgt:
Land / klein: Liechtenstein, Luxemburg, Monaco
Fluss / lang: Elbe, Rhein, Donau
Aufgabe der Nachbargruppe ist es dann, Sätze mit
den beiden Varianten des Superlativs zu schreiben
und zu sprechen:
Monaco ist am kleinsten. Monaco ist das kleinste Land.
*Die Donau ist am längsten. Die Donau ist von den drei
Flüssen der längste Fluss.*

4

Flüssig sprechen: Die KT hören und sprechen Sätze
über eine Bürgermeisterwahl. Die Wörter *Bürgermeister, Arbeitsplätze, Verkehrskontrollen und Finanz-
probleme* eignen sich gut, um zusätzlich den Wortakzent zu üben.

5

Dialogtraining: Diese Übung baut auf der Videosequenz 12 zu Lektion 11 auf. Man sollte sie dann
machen, wenn keine Möglichkeit besteht, die Videoclips zu zeigen und die zum Video gehörenden Übungen nicht gemacht wurden. Für die Dialogvariation
sollten Sie mit den KT zunächst geeigneten Wortschatz bzw. inhaltliche Aspekte erarbeiten, die dann
ausgebaut werden. Z. B. kann der Dialog in der Richtung verändert werden, dass Francesco Tierschutz
oder Umweltschutz nicht so wichtig findet.

Eine Variationsmöglichkeit ist, ein anderes Thema als
Tierschutz bei der Neufassung des Dialogs ins Zent-
rum zu stellen, z. B. soziale Gerechtigkeit oder bessere
Bildung für alle.

Auftaktseite
Lernziele und Lerninhalte:

Sprechen: über Veränderungen in Deutschland sprechen

Lesen: Texte über Veränderungen in Deutschland

Arbeitsbuch: Ü 1–3

A Ein Blick in die Zukunft
Lernziele und Lerninhalte:

Sprechen: über den Realitätsgehalt von Prognosen diskutieren

Lesen: Prognosen für Deutschland

Grammatik: Futur I

Arbeitsbuch: Ü 4–8

B Wahrscheinlich wird es regnen
Lernziele und Lerninhalte:

Sprechen: Vermutungen äußern

Schreiben: das Leben in 10 Jahren

Hören: Gespräch über Wochenendpläne

Grammatik: das Futur I für Vermutungen

Kannbeschreibungen GER / Rahmencurriculum:
Kann mit einfachen Worten Vermutungen äußern.

Arbeitsbuch Ü 9–11

C Ein Dozent berichtet
Lernziele und Lerninhalte:

Sprechen: über Zukunftspläne sprechen

Hören: Interview mit zwei Teilnehmern an einem Deutschkurs

Lesen: ein Deutschdozent berichtet über seine Erfahrungen

Arbeitsbuch: Ü 12–13

D Abschiede
Lernziele und Lerninhalte:

Sprechen: über Abschiedssituationen sprechen Abschiedsdialoge

Hören: Abschiedssituationen

Lesen: Abschiedssituationen

Wortschatz: Redemittel für Abschiedssituationen

Kannbeschreibungen GER / Rahmencurriculum:
Kann mit einfachen Worten Mitgefühl und Bedauern ausdrücken.
Kann mit einfachen Worten seine / ihre Hoffnung ausdrücken.

Arbeitsbuch: Ü 14–16
Schreibtraining Ü 17: Diktat
Arbeitsbuch – Deutsch plus Ü 18: Sprüche über die Zukunft
Arbeitsbuch – Wichtige Wörter: Ü 1–3
Arbeitsbuch – Bildlexikon Ü 4–5: Zukunftsvisionen, Ü 6–8: Prüfungssituationen

Kopiervorlagen in den Handreichungen:
KV 27 Satzpuzzle *werden*
KV 28 Wiederholung: 90 Wörter

In der Abschlusslektion sprechen die KT über die Zukunft, wobei das Futur I eingeführt wird. Außerdem geht es um eine Rückschau auf den Kurs und Abschiede.

Auftaktseite
Lernziele und Lerninhalte:

Sprechen: über Veränderungen in Deutschland sprechen

Lesen: Texte über Veränderungen in Deutschland.

1

Zunächst beschreiben die KT jeweils ein Foto in Gruppen. Unterstützen Sie die KT bei der Wortschatzsuche, z. B. indem Sie Wörterlisten an die Gruppen verteilen:

Foto 1: *ältere Leute – gute Stimmung – im Café*

Foto 2: *in der U-Bahn – Menschen aus vielen Nationen – zusammen sprechen*

Foto 3: *Winter – Skifahrer / Langläufer – wenig Schnee / Kunstschnee – zu warm*

Foto 4: *Besprechung / Konferenz*

Anschließend präsentieren die Gruppen die Fotos im Plenum, danach werden die Fotos den Texten zugeordnet. Es folgt das Hörverstehen in 1b.

(Lösungsbeispiel:

1. Wetter und Klima: in den letzten 20 bis 30 Jahren hat sich besonders das Wetter im Winter verändert / wir haben viele milde Winter / im Sommer gibt es mehr heiße Tage

2. Bevölkerung: Jeder Fünfte ist über 65 / Frauen bekommen heute weniger Kinder

3. Arbeit: Die Beschäftigung von Frauen hat zugenommen / viele Frauen haben aber nur Mini-Jobs / Frauen verdienen schlechter als Männer und sind seltener in Führungspositionen

4. Migration und Integration: 1965 lebten in Deutschland nur 350.000 Ausländer, von 1955 kamen viele Zuwanderer aus der Türkei, Italien und anderen Ländern nach Deutschland / bei 81 Millionen Einwohnern leben heute 7,2 Millionen Ausländer in Deutschland / 15,3 Millionen Menschen haben einen Migrationshintergrund / In Berlin und Frankfurt leben Menschen aus 184 Staaten.)

Da der Hörtext sehr lang ist und es eine Fülle von Informationen gibt, empfiehlt es sich, dass die KT im ersten Schritt eine Aufgabe zum Globalverstehen bekommen, z. B.:

Wer spricht über welches Thema?

Frau Meitner:

Herr Blohm:

Herr Darwisch:

Frau Müller:

Die Reihenfolge der Namen sollte nicht der Reihenfolge der Themen im Hörtext folgen.

Anschließend werden die Themenbereiche in Gruppen bearbeitet, nachdem der Hörtext im Anhang nachgelesen wurde. Jede Gruppe bearbeitet einen Themenbereich und berichtet anschließend im Kurs.

Variante:

Für die Bearbeitung des Hörtextes kann auch das Expertenverfahren eingesetzt werden, wobei der Kurs in zwei große Gruppen eingeteilt wird. Jede Gruppe bearbeitet jeweils zwei Themenbereiche. Das Verfahren wurde für Lektion 4, Block A Aufgabe 1c (Texte über Helene Fischer und Miroslav Nemec) ausführlich erklärt. Vgl. Seite 31 in den vorliegenden *Handreichungen*.

2

Es folgt ein allgemeines Gespräch über die Veränderungen, wobei auch andere Aspekte einbezogen werden sollten, z. B. die Frage, wie das Internet und die Globalisierung das Alltagsleben verändert haben, welche Veränderungen sich dadurch ergeben haben, dass z. B. Flüge immer billiger geworden sind usw. Fragen dieser Art sind besonders für lerngeübte KT geeignet, geben Sie evtl. Redemittel vor, für das Fliegen z. B.:

> *Durch die billigen Flugtickets …*
> *Der vermehrte Flugverkehr bedeutet, dass …*
> *Weil immer mehr Menschen das Flugzeug nehmen …*

Arbeitsbuch: Ü 1–3

A Ein Blick in die Zukunft
Lernziele und Lerninhalte:

Sprechen: über den Realitätsgehalt von Prognosen diskutieren

Lesen: Prognosen für Deutschland

Grammatik: Futur I

Mit dem Futur I wird das letzte Grammatikthema des Lehrwerks eingeführt. Die KT sprechen über Prognosen für das Jahr 2050 und schreiben Sätze im Futur I.

1

Zunächst lesen die KT den Text, unbekannter Wortschatz wird während der Lektüre geklärt. Es folgt eine Plenumsdiskussion über die wahrscheinlich richtigen Lösungen, wobei auch eine Kursstatistik mit den Ver-

mutungen der KT erstellt werden sollte, mit der dann die Aussagen im Hörtext (1b) verglichen werden.
(Lösung 1b: 1a, 2a, 3b, 4b, 5a, 6a, 7b, 8b, 9b, 10a, 11b, 12b)

Variante:
KL notiert den Lernwortschatz oder Teile davon aus der Liste im AB (S. 156) auf einem Zettel, die KT klären diesen Wortschatz in Gruppen, bevor sie den Text lesen.

In 1c wird das Futur eingeführt. Erklären Sie die Regeln für die Bildung des Futur I mit Hilfe des Grammatikkastens, nachdem die KT die Aufgabe gelöst haben.

Manchmal bereitet es KT Schwierigkeiten, dass *werden* sowohl beim Passiv als auch beim Futur I als Hilfsverb dient. Erklären Sie den Unterschied anhand mehrerer Beispielsätze und gehen Sie dabei auch auf *werden* als Vollverb ein. Wiederholen Sie evtl. auch die Konjugation von *werden*. Es empfiehlt sich, Übung 3 vorzuziehen. Hier sind einige Sätze mit *werden* als Hilfsverb für das Futur 1 und das Passiv abgedruckt.

Gehen Sie ausführlich auf den Unterschied zwischen dem grammatischen Futur und dem Zukunftspräsens ein, denn manchmal glauben KT, oft auch durch Analogie mit ihrer Muttersprache, dass ein grammatisches Futur für die Darstellung von Vorgängen in der Zukunft unbedingt erforderlich ist. Erläutern Sie, dass das im Deutschen nicht der Fall ist, sondern dass die Verwendung von Futur I oder Präsens oft frei ist, dass aber der Zukunftsbezug bei Sätzen im Präsens oft durch eine Zeitangabe verdeutlicht ist. Dass es für die Verwendung der Zeitformen im Deutschen oft sprachliche Freiheiten gibt, haben die KT auch schon bei der Frage Perfekt oder Präteritum erfahren.

In Übung 1d sollen die KT nicht nur das Futur I üben, sondern auch die bereits bekannten Redemittel für Vermutungen und Meinungsäußerungen anwenden und neue hinzulernen:
– *sich etwas vorstellen*,
– *halten für*

wie in den Sprechblasen vorgeschlagen, oder auch:
– *vorkommen: Mir kommt die Prognose realistisch / unrealistisch vor*,
– *erscheinen: Das erscheint mir …*,
– *es ist unwahrscheinlich …*
usw.

Schreiben Sie einige Redemittel an die Tafel. Die KT wählen zwei von ihnen aus und bilden damit Sätze, zunächst schriftlich und anschließend mündlich.

Variante:
Schreiben Sie die Redemittel jeweils auf ein größeres Blatt Papier und schreiben Sie einen Satz an die Tafel, z.B.: *In Deutschland werden 2050 weniger Menschen leben.*
Ein/e KT kommt nach vorne und hält jeweils ein Blatt Papier mit einem der Redemittel hoch, Aufgabe der übrigen KT ist es, den Satz an der Tafel mit dem Ausdruck, der auf dem Blatt Papier steht, zu verbinden.

2
Mit dieser Übung wird die neu gelernte Zeitform gefestigt. Die KT schreiben vier bis fünf Sätze, die dann im Plenum vorgelesen werden.

3
Wie bereits angemerkt, empfiehlt es sich, diese Übung vorzuziehen (nach Aufgabe 1c).

Das Satzpuzzle in **Kopiervorlage 27** dient dazu, die verschiedenen Funktionen von *werden* bewusst zu machen (inkl. Wiederholung von *würde*). Es ist besonders für lernungeübte KT geeignet. Schneiden Sie Satzteile aus und geben Sie den KT jeweils einen bis drei Sätze, die diese dann zusammensetzen.

Arbeitsbuch: Ü 4–8

B   Wahrscheinlich wird es regnen
Lernziele und Lerninhalte:

Sprechen: Vermutungen äußern
Schreiben: das Leben in 10 Jahren
Hören: Gespräch über Wochenendpläne
Grammatik: das Futur I für Vermutungen

1
Das Futur I für Vermutungen wird mittels einer Hörübung eingeführt.
(Lösung 1a: 1. zu ihren Eltern fahren, 2. mit Freunden zum Fußballspiel gehen, 3. eine Radtour machen.)

Weisen Sie insbesondere darauf hin, dass das Futur I in diesem Fall oft eine Gegenwartsbezug hart und machen Sie das anhand eines konkreten Beispiels deutlich; sollte ein Teilnehmer nicht anwesend sein ist folgender Minidialog möglich:
+ *Wo ist Olesia?*
– *Sie wird (jetzt) wohl zu Hause sein.*

Bei 1b und 1c kann zusätzlich die Inversion geübt werden, indem die KT die Sätze in zwei Varianten schreiben, bei Satz 1 z. B.:

*Er wird **vielleicht** ein neues Auto kaufen.*
***Vielleicht** wird er ein neues Auto kaufen.*

Gehen Sie außerdem auf die weitere Funktion des Futur I für Versprechen ein, z. B. mit Sätzen wie dem folgenden:
Du kannst sicher sein: Ich werde dir helfen.

2

Hier sollen die KT frei über ihre eigene Zukunft schreiben, wobei der abgedruckte Textanfang als Modell dient. Die KT schreiben vier bis fünf Sätze und variieren nach Möglichkeit, sie benutzen also nicht nur das Futur I, sondern auch das Präsens.

Variante:
Ratespiel. Die KT schreiben die Sätze auf einen separaten Zettel. Sammeln Sie die Zettel ein und verteilen Sie sie neu. Jede/r KT liest den Zettel, den er/sie bekommen hat, laut vor. Die anderen raten, wer ihn geschrieben hat.

Arbeitsbuch: Ü 9–11

C Ein Dozent berichtet
Lernziele und Lerninhalte:
Sprechen: über Zukunftspläne sprechen
Hören: Interview mit zwei Teilnehmern an einem Deutschkurs
Lesen: ein Deutschdozent berichtet über seine Erfahrungen

1

In dem Text sind die langjährigen Erfahrungen eines VHS-Dozenten zusammengefasst. Der Text soll den KT Mut machen, ihre eigenen Fähigkeiten nicht zu unterschätzen, er macht aber auch deutlich, dass der Deutschkurs allein nicht ausreicht, sondern dass man die Sprachen nur dann wirklich lernt, wenn man das im Kurs Gelernte im Alltag auch umsetzt.

Besprechen Sie gemeinsam mit den KT, wie sie ihr Deutsch auch ohne Kurs weiter verbessern und üben können. Sammeln Sie Stichwörter an der Tafel, z. B.:

> – Bücher und Zeitungen auf Deutsch lesen
> – Radio/Fernsehen
> – an Aktivitäten, z. B. in Vereinen teilnehmen
> – weitere Kurse machen (nicht nur Deutschkurse, sondern auch Kurse, in denen man mit Deutschen in Kontakt kommt)
> – möglichst viel Deutsch sprechen

Variante:
Indefinitpronomen wurden im Lehrwerk nicht eigens thematisiert. In dem Text von 1 kommen folgende vor: *manche, wenige, viele, einige, andere, alle*
Damit bietet sich Gelegenheit, auf dieses Thema ausführlicher einzugehen. Lassen Sie die KT diese Pronomen zunächst unterstreichen und ihre Bedeutung erklären. Geben Sie den KT evtl. eine systematische Übersicht über die Indefinitpronomen, die sie im Laufe des Sprachkurses kennengelernt haben, die wie folgt aussehen kann:

Indefinitpronomen nur für Personen	Indefinitpronomen nur für Sachen	Indefinitpronomen für Personen und Sachen
jemand *man* *niemand*	*alles* *etwas* *nichts* *viel* *welcher / welche / welches*	*alle* *andere* *einige* *jeder / jede / jedes* *keiner / keine / keins* *mancher / manche / manches* *mehrere* *viele* *welche (im Plural)*

Indefinitpronomen mit Singular	Indefinitpronomen mit Plural	Indefinitpronomen mit Singular und Plural
alles *etwas* *jeder / jede / jedes* *jemand* *man* *nichts* *niemand*	*alle* *einige* *mehrere*	*andere …* *der / die / das andere – die anderen* *ein anderer / eine andere / ein anderes – andere* *keiner / keine / keins – keine* *mancher / manche / manches – manche* *viel – viele* *welcher / welche / welches – welche*

Geben Sie den KT Beispielsätze für die Indefinitpronomen:

Jemand hat angerufen, aber ich weiß nicht, wer es war.

Ich weiß nicht viel über das Thema.

Ich brauche Eier für den Kuchen. Haben wir noch welche?

Ich möchte Kaffee trinken. Ist noch welcher da? usw.

Anschließend können die KT selbst weitere Beispielsätze schreiben.

2

Zwei Personen (aus der Ukraine und Tschechien) sprechen über ihren Deutschkurs, den sie soeben beendet haben. Es geht um die Fortschritte, die sie gemacht haben, darum, was sie interessant und langweilig fanden, über die Gelegenheiten, auch außerhalb des Kurses Deutsch zu sprechen, und über ihre Pläne für die Zeit nach dem Kurs. Damit bietet das Interview Anregungen für die KT, auch für den eigenen Kurs, an dessen Ende sie jetzt stehen, Bilanz zu ziehen. Weitere Unterstützung bieten die Übungen 12 und 13 im AB.

(Lösung 2b: 1F, 2R, 3R, 4F, 5F, 6R, 7F, 8R)

Nachdem die Aufgaben gelöst sind, sollten die KT den Text im Anhang lesen und die wichtigsten Aussagen an der Tafel notieren:

– *Vladimir hat wenig Gelegenheiten, Deutsch zu sprechen, Jana spricht außerhalb des Kurses nur Deutsch.*
– *Jana fand es gut, dass Mitteilungen geübt wurden.*
– *Jana fand Politik interessant und Vladimir fand Politik langweilig.*
– *Die Grammatik fanden beide wichtig.*
– *Beim Telefonieren haben beide noch Probleme.*
– *In den meisten Alltagssituationen sind Jana und Vladimir nicht mehr unsicher.*

Lassen Sie die KT zu diesen Aussagen Stellung nehmen: Geht oder ging es ihnen auch so? Gibt es Unterschiede zu Jana und Vladimir? Was war für sie interessant, was weniger? Wie sicher fühlen sie sich, wenn sie einkaufen gehen oder etwas in der Bank oder bei Behörden erledigen müssen?

3

Ein kurzes Plenumsgespräch über die Absichten und Pläne der KT schließt diesen Block ab.

Arbeitsbuch: Ü 12–13

C Abschiede

Lernziele und Lerninhalte:

Sprechen:	über Abschiedssituationen sprechen, Abschiedsdialog
Hören:	Abschiedssituationen
Lesen:	Abschiedssituationen
Wortschatz:	Redemittel für Abschiedssituationen

1a

Geben Sie den KT einige Minuten Zeit, damit sie in Gruppen Assoziogramme erstellen können, von denen dann die wichtigsten Ergebnisse an der Tafel gesammelt werden. Erstellen Sie evtl. eine Tabelle. Welche Aspekte sind bei bestimmten Abschieden positiv, welche sind negativ?

1b–c

Die KT beschreiben die Fotos zunächst in Gruppen, jede Gruppe beschreibt ein Foto und präsentiert das Ergebnis im Kurs. Anschließend decken sie die Texte ab und hören sie, um sie den Fotos zuzuordnen. Es folgt das Gespräch darüber, wie sich die Leute fühlen oder auch darüber, welche Hoffnungen und Erwartungen sie für die Zukunft haben. Außerdem wird geklärt, welche Situationen privater und welche beruflicher Natur sind. Dabei sollte bei den beruflichen Situationen weiter differenziert werden: Die Verabschiedung in den Ruhestand in Text 1 und die Verabschiedung der Mitarbeiterin, die die Stelle wechselt, in Text 5 sind weniger formell als die Situation in Text 3, wo – entsprechend Foto C – Geschäftspartner miteinander reden.

1d

In den Texten kommen zahlreiche formelle und informelle Redewendungen für Abschiedssituationen vor, die im Redemittelkasten noch erweitert werden. Indem die KT die Redemittel suchen, die in den Texten vorkommen, werden sie angeregt, sich mit ihnen intensiver zu befassen, was dann die Basis bildet, um eigene Dialoge zu schreiben und zu sprechen. Es empfiehlt sich, dass die KT verschiedene Abschiedsdialoge (formell und informell) mit wechselnden Partnern schreiben. Die KT schreiben und sprechen die Dialoge zunächst mit individueller Kontrolle durch KL, besonders gelungene Dialoge werden im Kurs vorgelesen.

Zusätzlich schreiben die KT Abschiedsdialoge für den Kurs, die ebenfalls im Plenum vorgelesen werden.

Arbeitsbuch: Ü 14–16
Schreibtraining Ü 17: Diktat
Arbeitsbuch – Deutsch plus Ü 18: Sprüche über die Zukunft
Arbeitsbuch – Wichtige Wörter: Ü 1–3
Arbeitsbuch – Bildlexikon Ü 4–5: Zukunftsvisionen, Ü 6–8: Prüfungssituationen

Kopiervorlage 28 ist eine Aktivität, die zur Wiederholung, Reaktivierung und Erweiterung wichtiger Bereiche des B1-Wortschatzes dient. Sie können Sie am Ende des Kurses, aber auch zu anderen Zeitpunkten einsetzen.

Sprechen aktiv

1

Wörter sprechen: Geübt werden Verbindungen von Adjektiven und Nomen, nachdem in den Wortschatzübungen von *Sprechen aktiv* zuvor sehr häufig Verbindungen von Verben und Nomen geübt wurden. Regen Sie die KT an, in der Lektion weitere Verbindungen von Adjektiven und Nomen zu suchen, z. B.: *öffentlicher Nahverkehr, ländlicher Raum und evtl. auch in den vorangegangen Lektionen, wie z. B. freiwillige Feuerwehr, politisches System, soziale Sicherheit* in Lektion 11.

Geben Sie im Falle lernungeübter KT für die Fragen und Antworten in 1b Unterstützung, indem sie beispielhaft verschiedene Fragemöglichkeiten an die Tafel schreiben, für erneuerbare Energien z. B.:

> *Glauben Sie, dass die Rolle erneuerbarer Energien wichtiger wird?*
> *Denken Sie, dass man in Zukunft mehr erneuerbare Energien benutzt?*

oder für ein neuer Lebensabschnitt:

> *Was denken Sie, welche Chancen bietet ein neuer Lebensabschnitt?*

2

In dieser Übung werden Verben aus der Lektion geübt. Erweitern Sie diese Übung evtl. mit Hilfe der Verben auf der AB-Seite mit dem Lernwortschatz der Lektion (S. 156): *erwarten, sich verändern, halten für, eine Rolle spielen, an Bedeutung verlieren, zurückgehen, einen Test ablegen, verschwinden, sich melden, aufpassen auf, lieb haben, zusammenziehen, wiedersehen, Ruhe bewahren, weggehen.*
Lassen Sie die KT auch mit diesen Verben Sätze bilden.

3–4

Grammatik sprechen: In diesen beiden Übungen wird das Futur I in Form von Minidialogen mündlich geübt. In 3 geht es um persönliche Prognosen, in 4 um allgemeine Prognosen.

5

Flüssig sprechen: Der Text enthält Sätze im Futur. Die Sätze lassen sich gut mit unterschiedlicher Intonation und Betonung lesen, z. B.:
<u>Nach</u> dem Deutschkurs werde ich eine Woche Urlaub machen.
Nach dem Deutschkurs werde ich <u>eine Woche</u> Urlaub machen.
Nach dem Deutschkurs werde ich eine Woche <u>Urlaub</u> machen.

<u>Wahrscheinlich</u> werde ich mit Freunden in den Bergen wandern.
Wahrscheinlich werde ich mit Freunden <u>in den Bergen</u> wandern.
Wahrscheinlich werde ich mit Freunden in den Bergen <u>wandern</u>.

Vielleicht werden wir danach auch noch nach München fahren.

Vielleicht werden wir danach auch noch nach München fahren.

Vielleicht werden wir danach auch noch nach München fahren.

Eine weitere Variationsmöglichkeit besteht darin, dass die KT die Sätze auch im Präsens sprechen.

6

Dialogtraining: Diese Übung baut auf der Videosequenz 13 zu Lektion 12 auf. Man sollte sie dann machen, wenn keine Möglichkeit besteht, die Videoclips zu zeigen und die zum Video gehörenden Übungen nicht gemacht wurden.

Die KT können den Dialog mit unterschiedlichem Akzent lesen, z. B. erfreut, überrascht oder verärgert. Machen Sie für 6b, d. h. für die Fortsetzung des Dialogs evtl. Vorgaben, an die die KT dann anknüpfen können, z. B.:

Francesco: *Da ist jetzt etwas ärgerlich. Was machen wir jetzt?*

Friederike: *Kannst du Philipp fragen, ob du vielleicht alle zwei Wochen am Samstag statt am Sonntag arbeiten kannst?*

Das Weitere ergänzen dann die KT.

Spiel und Spaß

1

Das Spiel *Wer bin ich?* wird auf S. 147 ausführlich erklärt. Die Fragen neben der Illu sind nicht als Leitfragen oder als einzig maßgebliche Fragen gedacht, sondern als Anregung. Sammeln Sie mit den KT evtl. weitere mögliche Fragen, bevor sie mit dem Spiel beginnen.

Eine Möglichkeit, das Spiel einzugrenzen, kann auch darin bestehen, dass man sich darauf einigt, nur Tiere oder nur Sportler oder nur Sänger / Schauspieler oder nur einen Beruf auf die Zettel zu schreiben.

In Deutschland arbeiten

1

In diesem Block geht es um die Anerkennung ausländischer Berufsabschlüsse, wobei in Aufgabe 1 der Unterschied zwischen reglementierten und nicht reglementierten Berufen eine besondere Rolle spielt. Bereits in *Pluspunkt Deutsch A2* wurde in Station 3 anlässlich der Pflegeberufe darauf eingegangen.

In Aufgabe 1a wird wichtiger Wortschatz vermittelt. Die KT lösen Aufgabe 1a in Einzelarbeit, Auswertung im Plenum, die Besprechung der in Aufgabe 1b aufgelisteten Berufe sollte im Plenum erfolgen. Alle Berufe in dieser Liste sind reglementiert. Weitere Informationen bietet die Webseite *www.anerkennung-in-deutschland.de.* (vgl. auch Aufgabe 4 in diesem Block)

Die Diskussion in Aufgabe 1c dient dem interkulturellen Vergleich und dem allgemeinen Erfahrungsaustausch.

2

Das nachfolgende Leseverstehen bietet allgemeine Informationen über Bewerbungen, Berufsberatungen, berufliche Weiterbildung usw., die die KT zum Teil aus den vorangegangen Lektionen bzw. Bänden kennen. Das BIZ z. B. war bereits auf der Auftaktseite von *Pluspunkt Deutsch A2*, Lektion 8 Thema. Lassen Sie die KT den Inhalt der Texte in eigenen Worten wiedergeben, nachdem sie Aufgabe 2a gelöst haben. Beachten Sie, dass es für die Überschrift *Die Stellensuche* keinen passenden Text gibt.

Verweisen Sie auf den Redemittelkasten bei Aufgabe 2b und fordern Sie KT, für die das Thema relevant ist, auf, mindestens zwei Redemittel zu nutzen und Sätze zu schreiben, bevor sie mündlich berichten.

3

Es folgen ein längeres Hörverstehen (3a) und Leseverstehen (3b), in denen zwei Personen, deren Berufe in Deutschland schließlich anerkannt wurden, vorgestellt werden.
(Lösung 3a: Richtig: 1,3)

Zum besseren Verständnis empfiehlt es sich bei diesen längeren Hör- und Lesetexten, dass die KT in Gruppen weiter Fragen schreiben, nachdem sie 3a und 3b gelöst haben. Bei den Hörtexten kann dies im Falle lerngeübter KT z. B. dadurch geschehen, dass sie während des Hörens in Vierergruppen Fragen schreiben, und dann gegenseitig beantworten, während lernungeübte KT oder KT, denen das Hörverständnis besondere Schwierigkeiten bereitet, die Texte im Anhang nachlesen.

Darüber hinaus können lerngeübte KT die Geschichten von Maria Ondoas und Wedat Rifai in eigenen Worten wiedergeben. Dazu sollte KL die Hör- und Lesetexte nach den Personen getrennt sehr langsam vorlesen, die KT machen sich Notizen und berichten anschließend.

Diktat

Frauen sind heute sicher unabhängiger als früher und auf dem Papier ist die Gleichberechtigung Realität. Trotzdem gibt es im Berufsleben immer noch große Unterschiede. Obwohl Männer und Frauen gleiche Rechte haben und die Karrierechancen für Frauen heute besser sind als früher, meinen viele, dass es nur wenig Frauen gibt, die wirklich hohe Posten haben. In der Familie ist es etwas anders, denn die meisten Ehepaare teilen sich die Hausarbeit und auch die Väter kümmern sich mehr um die Erziehung der Kinder, sie räumen die Waschmaschine oder die Spülmaschine ein und aus und bügeln die Hemden. Es gibt auch Familien, in denen der Mann und die Frau die klassischen Rollen getauscht haben.

Variante: Lückendiktat

Dieses Lückendiktat überprüft die korrekte Schreibweise des Lernwortschatzes. Teilen Sie eine Kopie dieses Textes aus und diktieren Sie den Text. Die KT ergänzen die Wörter.

- -

Ergänzen Sie.

Frauen sind heute sicher _____ als früher und auf dem

_____ ist die _____ Realität. Trotzdem gibt es im

_____ immer noch große Unterschiede. Obwohl Männer und

Frauen gleiche _____ haben und die _____ für

Frauen heute besser sind als früher, meinen viele, dass es nur wenig

Frauen gibt, die wirklich hohe _____ haben. In der Familie

ist es etwas anders, denn die meisten Ehepaare _____ sich

die _____ und auch die Väter _____ sich mehr

um die _____ der Kinder, sie _____ die

Waschmaschine oder die _____ ein und aus und

_____ die Hemden. Es gibt auch Familien, in denen der

Mann und die Frau die _____ getauscht haben.

Diktat

Die digitale Welt hat unser Leben stark verändert. Mit Tablets oder Smartphones machen viele Leute Selfies, die sie dann zum Beispiel in sozialen Netzwerken posten. Vielen Menschen macht es Spaß, in diesen Netzwerken sich mit anderen auszutauschen und zu kommunizieren. So können sie neue Kontakte knüpfen. Es ist auch sehr beliebt, im Internet einzukaufen, zum Beispiel Haushaltsgeräte, Musik-CDs oder auch Online-Tickets. Ein Vorteil ist, dass das Internet keine Öffnungszeiten kennt und ein anderer, dass man ein Rückgaberecht hat, dass es also kein Problem ist, Waren zurückzuschicken, wenn man unzufrieden ist. Auch Fortbildungen per Internet sind möglich. Es gibt E-Learningkurse für viele Arbeitstätigkeiten.

Variante: Laufdiktat

Dieses kurze Diktat eignet sich sehr gut als Laufdiktat. Kopieren Sie das Diktat und befestigen Sie es ein paar Meter vom Kursraum entfernt. Die KT laufen zum Diktat, lesen den Text und merken sich einen Teil. Dann laufen sie zurück zu ihrem Tisch und schreiben es auf. Sie laufen so lange hin und her, bis sie das Diktat komplett aufgeschrieben haben.

Die digitale Welt hat unser Leben stark verändert. Mit Tablets oder Smartphones machen viele Leute Selfies, die sie dann zum Beispiel in sozialen Netzwerken posten. Vielen Menschen macht es Spaß, in diesen Netzwerken sich mit anderen auszutauschen und zu kommunizieren. So können sie neue Kontakte knüpfen. Es ist auch sehr beliebt, im Internet einzukaufen, zum Beispiel Haushaltsgeräte, Musik-CDs oder auch Online-Tickets. Ein Vorteil ist, dass das Internet keine Öffnungszeiten kennt und ein anderer, dass man ein Rückgaberecht hat, dass es also kein Problem ist, Waren zurückzuschicken, wenn man unzufrieden ist. Auch Fortbildungen per Internet sind möglich. Es gibt E-Learningkurse für viele Arbeitstätigkeiten.

Autor: Joachim Schote

Diktat

Um sich richtig zu bewerben, sollte man einige Regeln beachten. Zuerst sollte man die Stellenanzeigen genau lesen, um ein Angebot zu finden, das passt. Bei der klassischen Bewerbung braucht man eine Bewerbungsmappe, die man bei einer Online-Bewerbung nicht mehr braucht. Aber auch wenn man sich online bewirbt, muss das Bewerbungsschreiben einen formellen Stil haben und der Lebenslauf muss lückenlos sein. Zeugnisse kann man einscannen. Bevor man die Bewerbung abschickt, sollte man alles auf Fehler prüfen. Es ist gut, sie im PDF-Format zu verschicken, dann sind die Formatierungen geschützt. Bei einer Absage sollte man nicht enttäuscht sein. Nur selten bekommt man schon bei der ersten Bewerbung eine Stelle.

Variante: Lückendiktat

Dieses Lückendiktat überprüft die korrekte Schreibweise des Lernwortschatzes. Teilen Sie eine Kopie dieses Textes aus und diktieren Sie den Text. Die KT ergänzen die Wörter.

Ergänzen Sie.

Um sich richtig zu _____, sollte man einige Regeln beachten.

Zuerst sollte man die _____ genau lesen, um ein Angebot zu

finden, das passt. Bei der _____ Bewerbung braucht man

eine _____, die man bei einer _____ nicht mehr

braucht. Aber auch wenn man sich _____ bewirbt, muss das

_____ einen formellen _____ haben und der

Lebenslauf muss _____ sein. Zeugnisse kann man

_____. Bevor man die Bewerbung abschickt, sollte man alles

auf Fehler prüfen. Es ist gut, sie im _____ zu

_____, dann sind die _____ geschützt. Bei einer

_____ sollte man nicht enttäuscht sein. Nur selten bekommt

man schon bei der ersten Bewerbung eine _____.

Diktat

Vor neunzig Jahren fuhren nur wenige Autos, aber der Autoverkehr wuchs immer stärker, obwohl es in den 1920er Jahren mehr Motorräder als Autos gab. Die erste Ampel stellte man 1924 in Berlin auf. Trotzdem passierten in dieser Zeit sehr viele Unfälle und viele Menschen starben. Auch der Luftverkehr wurde immer wichtiger. Zuerst flogen Luftschiffe und später immer mehr Flugzeuge mit Passagieren. Früher staunten die Menschen über den damals modernen Verkehr und fanden ihn beeindruckend, für uns heute aber sind Schnellverbindungen mit Flugzeugen oder Zügen und der starke Autoverkehr normal und oft finden wir, dass das Leben etwas langsamer sein sollte.

Variante: Lückendiktat

Dieses Lückendiktat überprüft die korrekte Schreibweise des Lernwortschatzes. Teilen Sie eine Kopie dieses Textes aus und diktieren Sie den Text. Die KT ergänzen die Wörter.

Ergänzen Sie.

Vor neunzig Jahren _____ nur wenige Autos, aber der

Autoverkehr _____ immer stärker, obwohl es in den 1920er

Jahren mehr _____ als Autos _____ . Die erste

_____ stellte man 1924 in Berlin auf. Trotzdem passierten

in dieser Zeit sehr viele _____ und viele Menschen

_____ . Auch der _____ wurde immer wichtiger.

Zuerst _____ Luftschiffe und später immer mehr Flugzeuge

mit _____ . Früher _____ die Menschen über den

damals modernen Verkehr und _____ ihn _____ ,

für uns heute aber sind _____ mit Flugzeugen oder Zügen

und der starke Autoverkehr normal und oft finden wir, dass das Leben

etwas langsamer sein sollte.

Autor: Joachim Schote

Diktat

Das Unternehmen Matzon wollte ein Werk schließen, weil die Produktion zu teuer war. Die Beschäftigten haben dagegen demonstriert, um nicht arbeitslos zu werden. Dann hat es Verhandlungen zwischen dem Betriebsrat und der Geschäftsführung gegeben und man hat sich auf einen Kompromiss geeinigt. Ein Teil der Mitarbeiter musste die Firma verlassen, aber man hat ihnen einen Sozialplan und Abfindungen angeboten. Für die anderen hat die Firma drei Jahre Kündigungsschutz garantiert. Noch vor dem Ende der Verhandlungen hat der kaufmännische Angestellte Alfonso Moran aus der Verwaltung von Matzon in der Zeitung ein interessantes Stellenangebot gefunden und seine Bewerbungsunterlagen an die Firma geschickt. Jetzt arbeitet er dort in einem netten Team.

Variante: Lückendiktat

Dieses Lückendiktat überprüft die korrekte Schreibweise des Lernwortschatzes. Teilen Sie eine Kopie dieses Textes aus und diktieren Sie den Text. Die KT ergänzen die Wörter.

Ergänzen Sie.

Das _____ Matzon wollte ein _____ schließen,

weil die _____ zu teuer war. Die _____ haben

dagegen _____, um nicht _____ zu werden.

Dann hat es _____ zwischen dem _____ und

der _____ gegeben und man hat sich auf einen

_____ geeinigt. Ein Teil der _____ musste die

Firma verlassen, aber man hat ihnen einen _____ und

_____ angeboten. Für die anderen hat die Firma drei Jahre

_____ garantiert. Noch vor dem Ende der _____

hat der kaufmännische _____ Alfonso Moran aus der

_____ von Matzon in der Zeitung ein interessantes

_____ gefunden und seine _____ an die Firma

geschickt. Jetzt arbeitet er dort in einem netten _____.

Autor: Joachim Schote

Diktat

Verbraucherzentralen haben viele Beratungsangebote und Informationen für die Öffentlichkeit. Gestern war ich in einer Beratungsstelle, weil ich einen Vertrag für eine Kreditkarte unterschrieben hatte, die ich dann nicht mehr haben wollte. Man hat mir gesagt, dass ich den Vertrag innerhalb von zwei Wochen widerrufen kann. Ich hatte auch eine Frage zum Umtauschrecht. Ich habe erfahren, dass es kein allgemeines Umtauschrecht gibt. Wenn Geschäfte gekaufte Sachen trotzdem zurücknehmen, tun sie es, weil sie sich kulant zeigen und einen guten Service bieten wollen.

Variante: Rückendiktat

Bei dieser Variante arbeiten immer zwei KT zusammen. Sie sitzen Rücken an Rücken und diktieren sich gegenseitig die jeweils fehlenden Teile des Diktats. Teilen Sie Kopien der Texte aus. KT B) beginnt. Anschließend vergleichen die KT selbstständig.

- -

A _____

und Informationen für die Öffentlichkeit. _____ ,

weil ich einen Vertrag für eine Kreditkarte unterschrieben hatte, _____

_____ . Man hat mir gesagt, _____

_____ . Ich hatte auch eine Frage zum

Umtauschrecht. _____ , dass es kein allgemeines Umtauschrecht

gibt. _____ ,

_____ , weil sie sich kulant zeigen und einen guten Service bieten wollen.

- -

B Verbraucherzentralen haben viele Beratungsangebote _____

_____ . Gestern war ich in einer Beratungsstelle, _____

_____ , die ich dann

nicht mehr haben wollte. _____ , dass ich den Vertrag innerhalb von

zwei Wochen widerrufen kann. _____ .

Ich habe erfahren, _____ .

Wenn Geschäfte gekaufte Sachen trotzdem zurücknehmen, tun sie es, _____

_____ .

Autor: Joachim Schote

Diktat

Vor dem Urlaub habe ich mein Auto in die Werkstatt gebracht. Dort ist getestet worden, ob die Bremsen richtig funktionieren, der Motor und die Scheinwerfer wurden geprüft und der Ölstand wurde kontrolliert. Außerdem habe ich noch ein neues Warndreieck und einen neuen Erste-Hilfe-Kasten gekauft. Mein Auto war danach in Ordnung, aber die Fahrt war sehr anstrengend. Es gab viele Staus auf der Autobahn, oft war ein Fahrstreifen wegen Bauarbeiten gesperrt und einmal kam im Radio die Meldung, dass Gegenstände auf der Fahrbahn lagen. Schließlich habe ich auch noch die falsche Ausfahrt genommen und wir sind mit drei Stunden Verspätung am Urlaubsort angekommen.

Variante: Lückendiktat

Dieses Lückendiktat überprüft die korrekte Schreibweise des Lernwortschatzes. Teilen Sie eine Kopie dieses Textes aus und diktieren Sie den Text. Die KT ergänzen die Wörter.

Ergänzen Sie.

Vor dem Urlaub habe ich mein Auto in die Werkstatt gebracht. Dort ist

getestet worden, ob die _____ richtig funktionieren, der

_____ und die _____ wurden geprüft und der

_____ wurde kontrolliert. Außerdem habe ich noch ein

neues _____ und einen neuen _____

gekauft. Mein Auto war danach in Ordnung, aber die Fahrt war sehr

anstrengend. Es gab viele _____ auf der _____, oft

war ein _____ wegen _____ gesperrt und einmal

kam im Radio die _____, dass _____ auf der

_____ lagen. Schließlich habe ich auch noch die falsche

_____ genommen und wir sind mit drei Stunden

Verspätung am Urlaubsort angekommen.

Autor: Joachim Schote

Diktat

Wenn man sich selbstständig machen will, muss man das gut vorbereiten. Man braucht eine Geschäftsidee für ein Produkt oder eine Dienstleistung und Kapital, vielleicht muss man ein Gewerbe anmelden. Und man sollte einen Geschäftsplan machen. Bei der Existenzgründung gibt es viele Möglichkeiten, um Unterstützung zu bekommen. Es gibt Förderprogramme für die Finanzierung, Seminare und Beratung von Experten. Selbstständigkeit bietet Chancen und Risiken. Man muss sich selbst um die Versicherungen kümmern und wenn man Mitarbeiter hat, trägt man Verantwortung für sie. Aber man kann vielleicht unabhängiger arbeiten und mehr verdienen als Angestellte.

Variante: Rückendiktat

Bei dieser Variante arbeiten immer zwei KT zusammen. Sie sitzen Rücken an Rücken und diktieren sich gegenseitig die jeweils fehlenden Teile des Diktats. Teilen Sie Kopien der Texte aus. KT B) beginnt. Anschließend vergleichen die KT selbstständig.

A _____, muss man das gut vorbereiten.

_____ für ein Produkt oder eine Dienstleistung und

Kapital, _____. Und man sollte einen Geschäftsplan

machen. _____, um Unterstützung zu

bekommen. _____, Seminare und Beratung

von Experten. _____

Man muss sich selbst um die Versicherungen kümmern _____,

_____ trägt man Verantwortung für sie. _____

und mehr verdienen als Angestellte.

B   Wenn man sich selbstständig machen will, _____

Man braucht eine Geschäftsidee _____

_____, vielleicht muss man ein Gewerbe anmelden. _____

_____. Bei der Existenzgründung gibt es

viele Möglichkeiten, _____. Es gibt Förderprogramme

für die Finanzierung, _____. Selbstständigkeit bietet

Chancen und Risiken. _____

und wenn man Mitarbeiter hat, _____.

Aber man kann vielleicht unabhängiger arbeiten _____.

Autor: Joachim Schote

Diktat

Klimawandel und die Verschmutzung von Wasser und Luft sind große Umweltprobleme. Durch den Klimawandel regnet es oft mehr und es gibt zum Beispiel Hochwasser und der Meeresspiegel steigt. Durch die Verschmutzung von Seen, Flüssen und Bächen kann es Probleme mit dem Trinkwasser geben.

Viele Leute meinen, dass sich die Politik mehr um die Umwelt kümmern sollte, aber andere finden, dass das nicht genug ist. Sie sagen, dass jeder mehr für den Schutz der Umwelt tun muss, was auch gut möglich ist: Man kann Müll vermeiden, damit weniger Rohstoffe verschwendet werden, und man kann dadurch Energie sparen, dass man weniger Auto fährt oder Elektrogeräte ausschaltet, die man nicht benutzt.

Variante: Laufdiktat

Dieses kurze Diktat eignet sich sehr gut als Laufdiktat. Kopieren Sie das Diktat und befestigen Sie es ein paar Meter vom Kursraum entfernt. Die KT laufen zum Diktat, lesen den Text und merken sich einen Teil. Dann laufen sie zurück zu ihrem Tisch und schreiben es auf. Sie laufen so lange hin und her, bis sie das Diktat komplett aufgeschrieben haben.

Klimawandel und die Verschmutzung von Wasser und Luft sind große Umweltprobleme. Durch den Klimawandel regnet es oft mehr und es gibt zum Beispiel Hochwasser und der Meeresspiegel steigt. Durch die Verschmutzung von Seen, Flüssen und Bächen kann es Probleme mit dem Trinkwasser geben.

Viele Leute meinen, dass sich die Politik mehr um die Umwelt kümmern sollte, aber andere finden, dass das nicht genug ist. Sie sagen, dass jeder mehr für den Schutz der Umwelt tun muss, was auch gut möglich ist: Man kann Müll vermeiden, damit weniger Rohstoffe verschwendet werden, und man kann dadurch Energie sparen, dass man weniger Auto fährt oder Elektrogeräte ausschaltet, die man nicht benutzt.

Autor: Joachim Schote

Diktat

Vor drei Monaten hatte ich im Stadtzentrum einen Verkehrsunfall, bei dem mich ein Auto angefahren hat. Der Autofahrer sagt, dass ich den Unfall verursacht habe, aber ich meine, er hat die Ampel nicht beachtet. Das sagt auch ein Zeuge, der in der Nähe war. Ich hatte Verletzungen am rechten Am und am rechten Bein, die aber nicht lebensgefährlich waren. Ich wurde schnell in die Notaufnahme im Krankenhaus gebracht, wo ich dann nach der Untersuchung und dem Röntgen operiert wurde. Danach musste ich mehrere Tage mit einem Gips im Bett bleiben. Nachdem ich wieder zu Hause war, habe ich sechs Wochen lang Physiotherapie bekommen. Außerdem musste ich nach einer Woche noch einmal zu einer Untersuchung ins Krankenhaus.

Variante: Schütteldiktat zum Ergänzen

Verteilen Sie eine Kopie der Sätze und lassen Sie die KT die Sätze ausschneiden. Anschließend lesen Sie das Diktat und die KT müssen die Sätze in die richtige Reihenfolge bringen. Danach lesen Sie noch einmal und die KT ergänzen die fehlenden Wörter. Falls Ihnen das Diktat zum Sortieren zu lang erscheint, können Sie es auch nur bis zu dem Satz *die aber nicht lebensgefährlich waren* machen.

- -

Ergänzen Sie.

aber ich meine, er hat die _____ nicht beachtet.

Außerdem musste ich nach einer Woche noch einmal zu einer _____ ins Krankenhaus.

bei dem mich ein Auto _____ hat.

Danach musste ich mehrere Tage mit einem _____ im Bett bleiben.

Nachdem ich wieder zu Hause war, habe ich sechs Wochen lang _____ bekommen.

Das sagt auch ein _____, der in der Nähe war.

Der Autofahrer sagt, dass ich den _____ verursacht habe,

die aber nicht _____ waren.

Ich hatte _____ am rechten Am und am rechten Bein,

Ich wurde schnell in die _____ im Krankenhaus gebracht,

Vor drei Monaten hatte ich im Stadtzentrum einen _____,

wo ich dann nach der _____ und dem _____ operiert wurde.

Autor: Joachim Schote

Diktat

Alle vier Jahre wählen die Deutschen den Bundestag, der dann den Bundeskanzler wählt. Er ist der Chef der Bundesregierung, zu der außerdem die Minister gehören. Der Bundespräsident hat weniger Macht als der Kanzler. Er repräsentiert den Staat, ernennt Minister und unterschreibt Gesetze. Das Bundesverfassungsgericht ist das höchste deutsche Gericht und hat seinen Sitz in Karlsruhe. Die 16 Bundesländer sind für einige Bereiche der Politik, zum Beispiel Kultur und Bildung, allein zuständig. In den Kommunen gibt es Stadträte oder Gemeinderäte, die alle fünf bis sechs Jahre gewählt werden. Bei diesen Wahlen können auch EU-Bürger wählen und kandidieren.

Variante: Lückendiktat

Dieses Lückendiktat überprüft die korrekte Schreibweise des Lernwortschatzes. Teilen Sie eine Kopie dieses Textes aus und diktieren Sie den Text. Die KT ergänzen die Wörter.

- -

Ergänzen Sie.

Alle vier Jahre wählen die Deutschen den _____, der dann

den _____ wählt. Er ist der Chef der _____,

zu der außerdem die _____ gehören. Der _____

hat weniger Macht als der _____. Er _____

den Staat, ernennt _____ und unterschreibt _____.

Das _____ ist das höchste deutsche _____

und hat seinen _____ in Karlsruhe. Die 16 _____

sind für einige Bereiche der Politik, zum Beispiel _____ und

_____, allein zuständig. In den _____ gibt es

_____ oder _____, die alle fünf bis sechs

Jahre gewählt werden. Bei diesen Wahlen können auch

_____ wählen und _____.

Cornelsen   Autor: Joachim Schote

Diktat

Für die Zukunft gab und gibt es viele Prognosen. So wird sich die Einwohnerzahl Deutschlands verändern und es wird sicher auch Klimaveränderungen mit mehr heißen Tagen als heute geben. Man geht auch davon aus, dass es in Deutschland immer mehr Menschen mit Migrationshintergrund geben wird. Bei der Stromerzeugung werden erneuerbare Energien wie Wasserkraft wichtiger werden. Auch bei der Mobilität werden sich die Dinge ändern. Verkehrsexperten erwarten, dass das Auto an Bedeutung verliert und dass der öffentliche Nahverkehr in der Zukunft eine größere Rolle spielen wird. Im ländlichen Raum wird es wahrscheinlich weniger Menschen geben. Außerdem wird es immer mehr ältere Menschen geben, die im Ruhestand sind.

Variante: Fehlerkorrektur

In dem Text unten sind 16 Fehler, die die KT finden und korrigieren müssen. Teilen Sie eine Kopie dieses Textes aus. Diese Variante ist gut als Partnerübung geeignet. Auch ein Wettstreit ist möglich: Das Lernpaar, das zuerst alle Fehler gefunden und korrigiert hat, hat gewonnen.

Korrigieren Sie die 16 Fehler.

Für die Zukunft gab und gibt es viele Proghnosen. So wird sich die Einwonerzahl Deutschlands verändern und es wird sicher auch Klimaverenderungen mit mehr heisen Tagen als heute geben. Man geht auch davon aus, dass es in Deutschland immer mehr Menschen mit Miegrationshintergrund geben wird. Bei der Stromerzäugung werden erneuerbare Energin wie Wasserkrafft wichtiger werden. Auch bei der Mobilietät werden sich die Dinge ändern. Verkehrseksperten erwarten, dass das Auto an Bedeuthung verliert und dass der öffentliche Nahverker in der Zukunft eine größere Role spielen wird. Im ländliechen Raum wird es warscheinlich weniger Menschen geben. Außerdem wird es immer mehr ältere Menschen geben, die im Ruhestant sind.

Autor: Joachim Schote

| Name: | Kurs: | Datum: | Punkte insgesamt: | 25 |

1   **Kreuzen Sie an: Was ist richtig?**   5

1. Ich kann deine Meinung nicht ☐ ergänzen ☐ akzeptieren ☐ unterbrechen.
2. Unser Familienleben ☐ funktioniert ☐ arbeitet ☐ lebt gut.
3. Die Scheidung ist bei uns ☐ unabhängiger ☐ unkomplizierter ☐ langweiliger als hier.
4. Frauen und Männer sollten die gleichen ☐ Karrieren ☐ Berufe ☐ Chancen haben.
5. Sie will noch ☐ die Wäsche ☐ das Geschirr ☐ den Müll aufhängen.

2   **Schreiben Sie die Sätze mit *trotzdem* und *obwohl*.**   6

1. nur ein Jahr alt – das Auto – sein / verkaufen wollen – er – es

_____. Trotzdem _____.

Obwohl _____, _____.

2. um 6 Uhr – ihre Arbeit – beginnen / ins Bett gehen – sie – spät

_____. Trotzdem _____.

Obwohl _____, _____.

3   **Schreiben Sie die Sätze mit *deshalb*.**   4

1. Sie lernt Spanisch, weil ihr Mann aus Mexiko kommt.

_____.

2. Weil er oft Streit mit seinem Chef hat, sucht er eine neue Stelle.

_____.

4   **Ergänzen Sie die Genitivendungen.**   4

1. Während d____ Ferien____ haben die Busse einen anderen Fahrplan.
2. Ich wohne außerhalb d____ Stadt____.
3. Für viele Familien ist die Hilfe d____ Staat____ wichtig.
4. Wegen d____ Wetter____ mussten die Flugzeuge am Boden bleiben.

5   **Ergänzen Sie den Text.**   6

Posten – Grundgesetz – Gesellschaft – Praxis – Realität – Eindruck

Im _____ steht, dass Männer und Frauen gleichberechtigt sind,

aber es gibt Leute, die haben den _____, dass die Gleichberechtigung

in der _____ noch nicht _____ und dass es für Frauen

schwer ist, hohe _____ zu bekommen. Die _____ muss

also noch mehr tun, damit es Gleichberechtigung gibt.

Name: _____ Kurs: _____ Datum: _____ | Punkte insgesamt: | **20**

1 **Ergänzen Sie die Wörter.** | **3**

> tätigkeit – welt – geschichte – forum – korb – gerät

1. die Arbeits_____   4. der Waren_____

2. das Gesprächs_____   5. das Haushalts_____

3. die Liebes_____   6. die Medien_____

2 **Ergänzen Sie die passenden Wörter.** | **5**

> Kasse – Geschäftsbedingungen – Zahlungsmethode – Rückgaberecht – Warenkorb

Wenn man etwas online kauft hat man 14 Tage _____, aber man muss

die Allgemeinen _____ akzeptieren. Sachen, die man kauft, legt man in

den _____ und wenn man bezahlt, muss man die _____ wählen.

Dann geht man zur _____.

3 **Schreiben Sie Sätze mit *zu* + Infinitiv.** | **8**

1. keine Zeit haben – wir / dir – helfen

_____

2. er – versuchen / reparieren – den Computer

_____

3. manchmal – es – schwer sein / verstehen – die Grammatik

_____

4. es – machen Spaß / gehen – im Sommer – schwimmen

_____

4 **Präposition + *einander*. Ergänzen Sie.** | **4**

> aufeinander – miteinander – übereinander – ineinander

1. Sie haben sich _____ verliebt.   3. Sie können sich _____ verlassen.

2. Sie telefonieren lange _____.   4. Manchmal ärgern sie sich _____.

Autor: Joachim Schote

| Name: | Kurs: | Datum: | Punkte insgesamt: | 35 |

---

1 **Wie heißen die Wörter?** 5

1. das Unt__rn__hm__n
2. die Bew__rb__ngsm__pp__
3. die Fest__nst__ll__ng
4. das Betr____bskl__m__
5. die Soz____ll____st__ng

6. die Form__l____r__ng
7. der Ums__tz
8. die Bri__fm__rk__
9. die Abs__g__
10. Der Aussz__b__ld__nd__

2 **Ergänzen Sie die Adjektivendungen.** 12

1. Nett___ Mann mit gut___ Beruf sucht lieb___ Frau.
2. Ich mache mit dem neu___ Fahrrad gerne lang___ Radtouren.
3. Verkaufe schön___ Sofa mit klein___ Fehlern.
4. Ich mag kalt___ Kaffee nicht, aber frisch___ Milch und heiß___ Tee schmecken mir.
5. Die Frau mit dem blau___ Mantel und den schwarz___ Schuhen heißt Miriam.

3a **Schreiben Sie die Sätze mit _damit_.** 6

1. ankommen – am Bahnhof – schneller

   Er nimmt ein Taxi, _____.

2. sparen – Geld

   In diesem Jahr fährt sie nicht in Urlaub, _____.

3. lernen – können – länger – seine Frau

   Fabian kocht das Essen, _____.

3b **Schreiben Sie zwei Sätze aus 3a mit _um ... zu_.** 4

1. _____, _____.

2. _____.

4 **_Anstatt ... zu_ und _nicht ..., sondern_. Formulieren Sie die Sätze um.** 8

1. Sie gehen nicht ins Schwimmbad, sondern sie baden in einem See.

   Anstatt _____, _____.

2. Anstatt seine Freunde zu besuchen, bleibt Peter zu Hause.

   _____, sondern _____.

3. Sie sollte nicht immer zu Hause bleiben, sondern ins Fitnessstudio gehen.

   _____, anstatt _____.

4. Er schickt die Bewerbung per E-Mail, anstatt sie mit der Post zu schicken.

   _____, sondern _____.

| Name: | Kurs: | Datum: | Punkte insgesamt: | 20 |

1 **Wie heißen die Wörter?** | 4

auftritt – jahr – spieler – unfall – film –
geschichte – verleihung – verkehr

1. die Preis_____

5. der Flugzeug_____

2. der Fernseh_____

6. der Verkehrs_____

3. der Schau_____

7. das Lebens_____

4. die Zeit_____

8. der Stumm_____

2 **Ergänzen Sie die Präteritumendungen.** | 2

1. Er verdien____ nur wenig Geld.

2. Am Abend arbeit____ wir oft bis 23.00 Uhr.

3. Ich studier____ in Berlin.

4. Herr und Frau Bathi wohn____ lange in Köln.

3a **Ergänzen Sie die *ich*-Form der Verben im Präteritum.** | 5

1. sehen – _____

6. wachsen – _____

2. fliegen – _____

7. steigen – _____

3. kommen – _____

8. nennen – _____

4. anfangen – _____

9. sterben – _____

5. fahren – _____

10. geben – _____

3b **Ergänzen Sie den Infinitiv.** | 5

1. _____ – fand

6. _____ – gefiel

2. _____ – ging

7. _____ – nahm … zu

3. _____ – begann

8. _____ – schrieb

4. _____ – saß

9. _____ – aß

5. _____ – trank

10. _____ – kam … hinzu

4 **Schreiben Sie Satzanfänge richtig. Ergänzen Sie *wenn* oder *als*.** | 4

1. fünf Jahre alt sein – er

_____, hat er zum Geburtstag ein Fahrrad bekommen.

2. Ferien haben – wir

_____, sind wir selten in Urlaub gefahren.

Autor: Joachim Schote

Test

Name:	Kurs:	Datum:	Punkte insgesamt:	25

1 **Wie heißen die Wörter?** 4

> beits – men – neh – rat – ter –
> triebs – ung – walt – kon – flikt

1. die Ver_____ 3. das Un_____

2. der Be_____ 4. der Ar_____

2a **Wie heißen die Adjektive mit Negation? Ergänzen Sie.** 6

1. ohne Wolken – _____ 4. nicht zufrieden – _____

2. ohne Erfolg – _____ 5. nicht sicher – _____

3. ohne Fehler – _____ 6. nicht möglich – _____

2b **Ergänzen Sie die passenden Adjektive aus 2a.** 2

1. Ich bin sehr zufrieden. Mein Text war _____.

2. Gestern hat den ganzen Tag die Sonne geschienen und der Himmel

war _____.

3 **Wie heißen die Nomen? Ergänzen Sie. Beachten Sie die Endungen.** 4

1. Ich besuche einen Englischkurs für _____. (fortgeschritten)

2. Er ist seit einem Jahr _____. (deutsch)

3. Die _____ haben gegen die Schließung des Werkes demonstriert. (beschäftigt)

4. Ich habe eine _____, die aus Australien kommt. (bekannt)

4 **Das Frühstück. Schreiben Sie Sätze.** 6

8.00 Uhr: Herr Maron frühstückt.
8.00 Uhr: Er hört Radio. – 7.45 Uhr: Er macht Kaffee. – 8.30 Uhr: Er geht zur Arbeit.

1. Bevor _____.

2. Während _____.

3. Nachdem _____.

5 **Ergänzen Sie die Wörter.** 3

Die G__h__lts__br__chn__ng von Frau Friedrich: Frau Friedrich hat ein
Br__tt__g__h__lt von 2.100 Euro. N__tt__ bekommt sie 1.405 Euro. Sie bezahlt
244 Euro L__hnst__ __ __r und 13 Euro S__l__d__rz__schl__g. Für die
S__z__ __lv__rs__ch__r__ng bezahlt sie 438 Euro.

| Name: | Kurs: | Datum: | Punkte insgesamt: | 25 |

---

1 **Kreuzen Sie an: Was ist richtig?** **5**

1. Die ☐ Befragten ☐ Befragung ☐ Fragen haben ihre Meinung gesagt.
2. Verbraucherzentralen haben viele ☐ Versprechen ☐ Beratungsstellen ☐ Rechtsprobleme.
3. Das Geschäft ist ☐ finanziell ☐ ungesund ☐ kulant. Es nimmt Sachen zurück.
4. Er hat einen ☐ unbefristeten ☐ materiellen ☐ unabhängigen Arbeitsvertrag.
5. ☐ Einen Umtausch ☐ Ein Haustürgeschäft ☐ Einen Kaufvertrag kann man innerhalb von zwei Wochen widerrufen.

2 **Akkusativ oder Dativ? Ergänzen Sie die Reflexivpronomen.** **3**

1. Du musst _____ vor dem Essen die Hände waschen.
2. Ich fühle _____ gut.
3. Morgen kaufe ich _____ ein neues Fahrrad.

3 **Schreiben Sie Sätze. Benutzen Sie den Konjunktiv II.** **9**

1. eine gute Arbeit – wir – bekommen / sein – glücklich – wir
   Wenn _____, _____.
2. sein – Ferien / nicht so früh aufstehen – ihr – müssen
   Wenn _____, _____.
3. du – können – helfen – den Nachbarn / sich freuen – sie
   Wenn _____, _____.

4 **Ein Lottogewinn. Kreuzen Sie an: Was ist richtig?** **6**

Wenn ich im Lotto gewinnen (1), (2) ich endlich genug Geld für eine Weltreise.
Ich (3) nach Afrika und Asien fahren. Das (4) sehr schön.
Aber leider (5) das nur ein Traum, denn ich (6) noch nie im Lotto gewonnen.

1. ☐ A wäre ☐ B würden ☐ C würde
2. ☐ A hatte ☐ B hätte ☐ C habe
3. ☐ A konnte ☐ B können ☐ C könnte
4. ☐ A wäre ☐ B ist ☐ C war
5. ☐ A ist ☐ B sein ☐ C wäre
6. ☐ A hätte ☐ B hat ☐ C habe

5 **Der Umtausch. Ergänzen Sie den Text.** **2**

| Differenz – Geburtstagsgeschenk – Buchhandlung – Kassenzettel |

Ich habe ein schönes Buch als _____ bekommen, das ich leider schon hatte. Deshalb wollte ich es in der _____ zurückgeben. Leider wollte der Verkäufer das Buch nicht zurücknehmen, obwohl ich den _____ hatte. Ich war auch bereit, für ein teureres Buch die _____ zu bezahlen, aber das wollte der Verkäufer auch nicht.

Autor: Joachim Schote

Test

| Name: | Kurs: | Datum: | Punkte insgesamt: | 25 |

---

1 **Rund um Reisen und Verkehr. Wie heißen die Wörter?** 5

1. Die Straße ist wegen B__ __ __rb__ __t__n gesperrt. Es gibt eine __ml__ __t__ng.
2. Er hat für sein Autor eine V__llk__sk__v__rs__ch__r__ng, die auch die Sch__d__n am eigenen Fahrzeug deckt.
3. Die Br__ms__ ist zwischen der Kupplung und dem G__sp__d__l.
4. Die P__ss__g__ __r__ haben sich sehr geärgert, weil der Service der Fl__gg__s__llsch__ft sehr schlecht war.
5. Im Radio kam die M__ld__ng, dass es im B__hnv__rk__hr zu Verspätungen kommt.

2 **Ergänzen Sie die Sätze.** 2

> demselben – dieselben – dasselbe – dieselbe

1. Ich möchte nicht schon wieder _____ Bluse anziehen.

2. Wir haben seit zehn Jahren _____ Auto.

3. Sie machen gerne an _____ Ort Urlaub.

4. Oft haben die Schüler _____ Fragen.

3 **Schreiben Sie Sätze im Passiv Präsens, Passiv Präteritum und Passiv Perfekt.** 12

1. renovieren – das Haus – von den Mietern

_____.

_____.

_____.

2. sperren – die Straße

_____.

_____.

_____.

4 **Schreiben Sie die Sätze im Aktiv. Achten Sie auf die Zeit.** 6

1. Der Autofahrer wird von der Polizei angehalten.

_____.

2. Ich bin in dem Geschäft gut beraten worden.

_____.

3. Der Urlaub wurde von dem Ehepaar genau geplant.

_____.

Cornelsen

Autor: Joachim Schote

| Name: | Kurs: | Datum: | Punkte insgesamt: | 25 |

1 **Wie heißen die Wörter? Ergänzen Sie.** **8**

> amt – der – fi – gramm – gen – grün – hal – ka – la – leis –
> li – nanz – nes – plan – pro – stenz – ter – tion – tung

1. der Buch
2. die Dienst
3. das Förder
4. der Bussi

5. das Fi
6. die Unter
7. die Oua
8. der Exi

2 *Was* oder *wo*? Ergänzen Sie. **2**

1. Herr Kargi ist in der Türkei geboren, _____ er auch die Schule besucht hat.
2. Die Verbraucherzentralen bieten Beratungen an, _____ ich sehr wichtig finde.
3. Sie hat nicht angerufen, _____ ihn sehr traurig macht.
4. Er hat eine Arbeit gefunden, _____ ein großes Glück für ihn war.

3 **Ergänzen Sie die Sätze im Plusquamperfekt.** **8**

1. machen – er – das Abitur

   Nachdem _____, begann er ein Medizinstudium.

2. stehen – im Bahnhof – eine Stunde – er

   Der Zug fuhr endlich ab. Vorher _____.

3. gehen – der letzte Gast

   Nachdem _____, fielen sie müde in ihre Betten.

4. vergleichen – die Preise – Anna

   Als _____, kaufte sie einen Computer bei Nordtech.

4 **Wo fehlt ein -(e)n? Ergänzen Sie.** **2**

1. Wo haben Sie diese Tasche____ gekauft?
2. Herr Amelsberg ist ein sehr netter Kollege____.
3. In Deutschland leben mehr Mensch____ als in Österreich.
4. Wie gut kennen Sie Ihren Nachbar____?

5 **Ergänzen Sie den Text.** **5**

> Experten – Finanzierung – Geschäft – Unterlagen – Zinsen

Mit der Hilfe eines _____ habe ich ein _____ eröffnet.

Der Kredit für die _____ kostet 2,5 % _____ und dafür

brauchte ich viele _____.

Autor: Joachim Schote

| Name: | Kurs: | Datum: | Punkte insgesamt: | 25 |

1 **Wie heißen die Tiere? Schreiben Sie die Wörter mit Artikel.** **6**

1. acShf _____
3. drfPe _____
5. easH _____

2. öLew _____
4. uhnH _____
6. ceSwihn _____

2 **Umweltschutz. Ergänzen Sie die Wörter.** **2**

> verschmutzung – müll – stoffe – wandel

1. Ein Grund für den Klima_____ ist die Luft_____.
2. Wir sollten weniger Roh_____ verschwenden.
3. Bei uns kommt der Bio_____ in die braune Tonne.

3 **Ergänzen Sie den Superlativ.** **3**

1. groß – größer – am _____
4. hoch – höher – am _____

2. klein – kleiner – am _____
5. kurz – kürzer – am _____

3. viel – mehr – am _____
6. teuer – teurer – am _____

4 **Komparativ oder Superlativ. Ergänzen Sie.** **5**

1. Reis esse ich _____ als Spaghetti. Kartoffeln esse ich _____. (gern)
2. Von allen Städten in Deutschland finde ich München _____. (schön)
3. Ein Flugzeug ist _____ als ein ICE. (schnell)
4. Französisch spreche ich _____ als Englisch. (gut)

5 **Schreiben Sie Sätze mit *seit* oder *seitdem*.** **6**

1. fertig sein – mit dem Studium – er

_____, habe ich mit ihm nicht mehr gesprochen.

2. wir – haben – einen Hund

Wir gehen viel spazieren, _____.

3. kennengelernt haben – sich – Henry und Maria

_____, sind sie jeden Tag zusammen.

6 **Wie heißt der Diminutiv?** **3**

1. das Rad – _____
4. die Flasche – _____

2. der Vogel – _____
5. der Hund – _____

3. der Fluss – _____
6. die Katze – _____

Name: Kurs: Datum: | Punkte insgesamt: | **25**

1   Gesundheit. Ergänzen Sie die Sätze.   **6**

> Beobachtung – Gehhilfe – Patient – Impfung –
> Operation – Grippe

1. Nach seiner _____ blieb der _____ noch eine Woche

   zur _____ im Krankenhaus.

2. Er konnte zuerst nur mit einer _____ gehen.

3. Im Winter wird eine _____ gegen _____ empfohlen.

2   Ergänzen Sie das Partizip I der Verben in der richtigen Form.   **5**

1. Von rechts _____ Autos haben Vorfahrt. (kommen)

2. Auf dem Herd steht _____ Wasser. (kochen)

3. Ich sehe gerne _____ Flugzeuge. (starten)

4. Arbeit _____ Menschen können von der Bundesagentur Hilfe

   bekommen. (suchen)

5. Die _____ Ärztin heißt Annemarie Grothewohl. (behandeln)

3   Schreiben Sie Sätze. Verwenden Sie die Konjunktionen.   **10**

1. essen – Fisch – Fleisch – wir *(weder ... noch)*

   _____ .

2. fahren – im August – ich – nach Polen – nach Frankreich *(entweder ... oder)*

   _____ .

3. sehen wollen – den Führerschein – den Ausweis – die Polizisten *(sowohl ... als auch)*

   _____ .

4. sich ärgern – ich – über den Film – über die Preise *(nicht nur ..., sondern auch)*

   _____ .

5. haben – er – eine Kreditkarte – eine EC-Karte *(weder ... noch)*

   _____ .

4   Eine Meldung. Bringen Sie den Text in die richtige Reihenfolge.   **4**

A Am Freitagnachmittag wurde
B dass der Autofahrer
C das Rotlicht nicht beachtet
D ein Fußgänger von einem PKW angefahren.

E Grund für den Unfall war,
F hatte. Der Fußgänger wurde
G mit leichten Verletzungen
H ins Krankenhaus gebracht.

_____

Autor: Joachim Schote

| Name: | Kurs: | Datum: | Punkte insgesamt: | 25 |

---

1 **Wie heißen die Wörter? Ergänzen Sie.** 4

> wahl – stadt – kanzlerin – rat – kampf – gesetz – meister – tag

1. die Haupt_____
2. die Kommunal_____
3. der Gemeinde_____
4. der Bürger_____

5. das Grund_____
6. die Bundes_____
7. der Wahl_____
8. der Bundes_____

---

2 **Kreuzen Sie an. Was ist richtig?** 6

1. Der Bundesrat ☐ vernachlässigt ☐ regiert ☐ vertritt die Interessen der Bundesländer.
2. Der Bundestag wird alle vier Jahre ☐ kontrolliert ☐ gewählt ☐ bestimmt.
3. Der Bundespräsident ☐ bestimmt ☐ ernennt ☐ repräsentiert die Bundesrepublik Deutschland.
4. Die Bundesrepublik Deutschland ☐ besteht ☐ hat ☐ bekommt aus 16 Bundesländern.
5. Die Opposition ☐ wählt ☐ ernennt ☐ kontrolliert die Regierung.
6. Politiker sollten den Umweltschutz nicht ☐ ernennen ☐ bestimmen ☐ vernachlässigen.

---

3 **Superlativ oder *am* + Superlativ? Ergänzen Sie.** 5

1. Frau Jürgens ist die _____ Person, die ich kenne. (sympathisch)
2. Den _____ Kuchen bekommt man im Café Hans. (gut)
3. Wie heißt der _____ CDU-Politiker? (beliebt)
4. Die SPD war bei den letzten Wahlen der _____ Gewinner. (groß)
5. Spaghetti mit Tomatensoße schmecken mir _____. (gut)

---

4 **Schreiben Sie Sätze mit *je ..., desto*.** 10

1. genau fragen – man / Antworten – sein – gut

   _____.

2. ins Bett gehen – spät – man / müde – man – sein – am nächsten Tag

   _____.

3. hören – Nachrichten – ich – oft / sich gut informiert fühlen – ich

   _____.

4. kommen – die Kommunalwahlen – nah / werden – die Kandidaten – nervös

   _____.

5. zuverlässig – arbeiten – du / zufrieden – der Kunde – sein

   _____.

Autor: Joachim Schote

Lektion 12
Wie wird es sein?

Test

| Name: | Kurs: | Datum: | Punkte insgesamt: | 25 |

1 **Ergänzen Sie die Sätze.** 10

> Prognose – Gegenwart – Zuwanderer – Unsicherheit – Empfehlung –
> Lebensabschnitt – Gelegenheit – Arbeitsalltag –
> Ruhestand – Bevölkerungsentwicklung

1. Ein Kochkurs ist auch eine gute _____, Deutsch zu lernen.

2. Vielleicht schließt die Firma. Die _____ der Mitarbeiter ist groß.

3. Mit dem _____ beginnt ein neuer _____ als Rentner.

4. Mein _____ als Lehrer ist nicht langweilig.

5. Ich denke, in der Zukunft bleiben die Probleme genauso groß wie in

   der _____.

6. In den letzten Jahren sind viele _____ aus anderen Ländern

   nach Deutschland gekommen.

7. Es ist schwierig, eine _____ über die _____ zu machen.

8. Mein Deutschlehrer hat mir die _____ gegeben, mehr zu lesen.

2 **Kreuzen Sie an. Was ist richtig?** 7

1. Du solltest Ruhe ☐ erwarten ☐ bewahren ☐ halten. Deine Prüfung ist sicher
   gut gelaufen.
2. Wo ist mein Handy? Es ist ☐ gegangen ☐ gemeldet ☐ verschwunden.
3. Ich ☐ halte ☐ denke ☐ finde Frau Henz für eine sympathische Person.
4. + Ist Antonio nicht da? – Nein, ich ☐ sehe ☐ weiß ☐ finde, dass er heute nicht kommt.
5. Ich kann mich in diesem Land nur schwer ☐ verlieren ☐ melden ☐ zurechtfinden
6. Ich habe den Test in Hamburg ☐ erwartet ☐ wiedergesehen ☐ abgelegt.
7. Anne und Peter wollen ☐ zurückgehen ☐ zusammenziehen ☐ aufpassen und
   suchen deshalb eine Wohnung.

3 **Wie wird die Zukunft? Schreiben Sie die Sätze im Futur I.** 8

1. haben – viel Erfolg – er – mit seinem Geschäft – wahrscheinlich

   _____.

2. eventuell – in eine andere Stadt – umziehen – wir

   _____.

3. wahrscheinlich – weniger Menschen – im Jahr 2050 – leben – in Deutschland

   _____.

4. ab Januar – nicht mehr rauchen – ich

   _____.

 Autor: Joachim Schote

Lösungen:

Test 1

1   1. akzeptieren – 2. funktioniert – 3.unkomplizierter – 4. Chancen – 5. die Wäsche

2   1. Das Auto ist nur ein Jahr alt. Trotzdem will er es verkaufen.
     Obwohl das Auto nur ein Jahr alt ist, will er es verkaufen.
     2. Ihre Arbeit beginnt um 6 Uhr. Trotzdem geht sie spät ins Bett.
     Obwohl ihre Arbeit um 6 Uhr beginnt, geht sie spät ins Bett.

3   1. Ihr Mann kommt aus Mexiko. Deshalb lernt sie Spanisch.
     2. Er hat oft Streit mit seinem Chef. Deshalb sucht er eine neue Stelle.

4   1. der/– – 2. der/– –3. des/-es – 4. des/-s

5   Grundgesetz – Eindruck – Praxis – Realität – Posten – Gesellschaft

Test 2

1   1. tätigkeit – 2. forum – 3. geschichte – 4. korb – 5. gerät – 6. welt

2   Rückgaberecht – Geschäftsbedingungen – Warenkorb – Zahlungsmethode – Kasse

3   1. Wir haben keine Zeit, dir zu helfen.
     2. Er versucht, den Computer zu reparieren.
     3. Es ist manchmal schwer, die Grammatik zu verstehen.
     4. Es macht Spaß, im Sommer schwimmen zu gehen.

4   1. ineinander – 2. miteinander – 3. aufeinander – 4. übereinander

Test 3

1   1. Unternehmen – 2. Bewerbungsmappe – 3. Festanstellung – 4. Betriebsklima – 5. Sozialleistung
     6. Formulierung – 7. Umsatz – 8. Briefmarke – 9. Absage – 10. Auszubildende

2   1. Netter, gutem, liebe – 2. neuen, lange – 3. schönes, kleinen – 4. kalten, frische, heißer –
     5. blauen, schwarzen

3a   1. damit er schneller am Bahnhof ankommt.
     2. damit sie Geld spart.
     3. damit seine Frau länger lernen kann.

3b   1. Er nimmt ein Taxi, um schneller am Bahnhof anzukommen.
     2. In diesem Jahr fährt sie nicht in Urlaub, um Geld zu sparen.

4   1. Anstatt ins Schwimmbad zu gehen, baden sie in einem See.
     2. Peter besucht nicht seine Freunde, sondern er bleibt zu Hause.
     3. Sie sollte ins Fitnessstudio gehen, anstatt immer zu Hause zu bleiben.
     4. Er schickt die Bewerbung nicht mit der Post, sondern per E-Mail.

Test 4

1   1. verleihung – 2. auftritt – 3. spieler – 4. geschichte – 5. verkehr – 6. unfall – 7. jahr – 8. film

2   1. verdiente – 2. arbeiteten – 3. studierte – 4. wohnten

3a   1. sah – 2. flog – 3. kam – 4. fing an – 5. fuhr – 6.wuchs – 7. stieg – 8. nannte – 9. starb – 10. gab

3b   1 finden – 2. gehen – 3. beginnen – 4. sitzen – 5. trinken – 6. gefallen – 7. zunehmen –
     8. schreiben – 9. essen – 10 hinzukommen

4   1. Als er fünf Jahre alt war – 2. Wenn wir Ferien hatten

Lösungen zu den Tests

Test 5

1   1. Verwaltung – 2. Betriebsrat – 3. Unternehmen – 4. Arbeitskonflikt

2a   1. wolkenlos – 2. erfolglos – 3. fehlerlos – 4. unzufrieden – 5. unsicher – 6. unmöglich

2b   1. fehlerlos – 2. wolkenlos

3   1. Fortgeschrittene – 2. Deutscher – 3. Beschäftigten – 4. Bekannte

4   1. Bevor Herr Maron frühstückt, macht er Kaffee.
       2. Während Herr Maron frühstückt, hört er Radio.
       3. Nachdem Herr Maron gefrühstückt hat, geht er zur Arbeit.

5   Gehaltsabrechnung – Bruttogehalt – Netto – Lohnsteuer – Solidarzuschlag – Sozialversicherung

Test 6

1a   1. Befragten – 2. Beratungsstellen – 3. kulant – 4. unbefristeten – 5. Ein Haustürgeschäft

2   1. dir – 2. mich – 3. mir

3   1. Wenn wir eine gute Arbeit bekommen würden, wären wir glücklich.
       2. Wenn Ferien wären, müsstet ihr nicht so früh aufstehen.
       3. Wenn du den Nachbarn helfen könntest, würden sie sich freuen.

4   1. C – 2. B – 3. C – 4. A – 5. A – 6. C

5   Geburtstagsgeschenk – Buchhandlung – Kassenzettel – Differenz

Test 7

1   1. Bauarbeiten, Umleitung – 2. Vollkaskoversicherung, Schäden – 3. Bremse, Gaspedal –
       4. Passagiere, Fluggesellschaft – 5. Meldung, Bahnverkehr

2   1. dieselbe – 2. dasselbe – 3. demselben – 4. dieselben

3   1. Das Haus wird von den Mietern renoviert. Das Haus wurde von den Mietern renoviert.
       Das Haus ist von den Mietern renoviert worden. 2. Die Straße wird gesperrt. Die Straße wurde
       gesperrt. Die Straße ist gesperrt worden.

4   1. Die Polizei hält den Autofahrer an.
       2. Man hat mich in dem Geschäft gut beraten.
       3. Das Ehepaar plante den Urlaub genau.

Test 8

1   1. Buchhalter – 2. Dienstleistung – 3. Förderprogramm – 4. Bussinessplan – 5. Finanzamt –
       6. Unterlagen – 7. Qualifikation – 8. Existenzgründer

2   1. wo – 2. was – 3. was – 4. was

3   1. Nachdem er das Abitur gemacht hatte – 2. Vorher hatte er eine Stunde im Bahnhof gestanden.
       3. Nachdem der letzte Gast gegangen war – 4. Als Anna die Preise verglichen hatte

4   1. - – 2. - – 3. -en – 4. -n

5   Experten – Geschäft – Finanzierung – Zinsen – Unterlagen

Test 9

1   1. das Schaf – 2. die Kuh – 3. das Pferd – 4. das Huhn – 5. der Hase – 6. das Schwein

2   1. Klimawandel, Luftverschmutzung – 2. Rohstoffe – 3. Biomüll

3   1. größten – 2. kleinsten – 3. meisten – 4. höchsten – 5. kürzesten – 6. teuersten

4   1. lieber, am liebsten – 2. am schönsten – 3. schneller – 4. besser

5   1. Seit/Seitdem er mit dem Studium fertig ist – 2. seit/seitdem wir einen Hund haben. –
       3. Seit/seitdem Henry und Maria sich kennengelernt haben

6   1. Rädchen – 2. Vögelchen – 3. Flüsschen – 4. Fläschchen – 5. Hündchen – 6. Kätzchen

Autor: Joachim Schote

Test 10

1   1. Operation, Patient, Beobachtung – 2. Gehhilfe – 3. Impfung, Grippe

2   1. kommende – 2. kochendes – 3. startende – 4. suchende – 5. behandelnde

3   1. Wir essen weder Fisch noch Fleisch.

      2. Ich fahre im August entweder nach Polen oder nach Frankreich.

      3. Die Polizisten wollen sowohl den Führerschein als auch den Ausweis sehen.

      4. Ich ärgere mich nicht nur über den Film, sondern auch über die Preise.

      5. Er hat weder eine Kreditkarte noch eine EC-Karte.

4   A – D – E – B – C – F – G – H

Test 11

1   1. Hauptstadt – 2. Kommunalwahl – 3. Gemeinderat – 4. Bürgermeister – 5. Grundgesetz –
      6. Bundeskanzlerin – 7. Wahlkampf – 8. Bundestag

2   1. vertritt – 2. gewählt – 3. repräsentiert – 4. besteht – 5. kontrolliert – 6. vernachlässigen

3   1. sympathischste – 2. besten – 3. beliebteste – 4. größte – 5. am besten

4   1. Je genauer man fragt, desto besser sind die Antworten.

      2. Je später man ins Bett geht, desto müder ist man am nächsten Tag.

      3. Je öfter ich Nachrichten höre, desto besser fühle ich mich informiert.

      4. Je näher die Kommunalwahlen kommen, desto nervöser werden die Kandidaten.

      5. Je zuverlässiger du arbeitest, desto zufriedener ist der Kunde.

Test 12

1   1. Gelegenheit – 2. Unsicherheit – 3. Ruhestand, Lebensabschnitt – 4. Arbeitsalltag –
      5. Gegenwart – 6. Zuwanderer – 7. Prognose, Bevölkerungsentwicklung – 8. Empfehlung

2   1. bewahren – 2. verschwunden – 3. halte – 4. weiß – 5. zurechtfinden – 6. abgelegt –
      7. zusammenziehen

3   1. Er wird mit seinem Geschäft wahrscheinlich viel Erfolg haben./Wahrscheinlich wird er mit
      seinem Geschäft viel Erfolg haben./Mit seinem Geschäft wird er wahrscheinlich viel Erfolg
      haben.

      2. Wir werden eventuell in eine andere Stadt umziehen./Eventuell werden wir in eine andere
      Stadt umziehen.

      3. Im Jahr 2050 werden wahrscheinlich weniger Menschen in Deutschland leben./
      Wahrscheinlich werden im Jahr 2050 weniger Menschen in Deutschland leben.

      4. Ich werde ab Januar nicht mehr rauchen./Ab Januar werde ich nicht mehr rauchen.

INTERVIEW
Fragen Sie Ihre Nachbarin / Ihren Nachbarn:

Name/Herkunftsland? _____

Wie lange ist sie/er schon in Deutschland? _____

Warum lernt sie/er Deutsch? _____

Beruf/Ausbildung? _____

_____

Hobbys? _____

Lieblingsfarbe? Warum? _____

_____

Lieblingswort (auf Deutsch)? _____

Was hat sie/er am Wochenende gemacht? _____

_____

Wünsche für den Kurs? _____

_____

Pläne nach dem B1-Kurs: _____

_____

Erzählen Sie im Kurs.
Sie/Er heißt _____ / Sie/Er kommt aus _____

Stammbaum der Familie Löper

Die Familie Löper
Lesen Sie den Text auf S. 10 KB und ergänzen Sie.

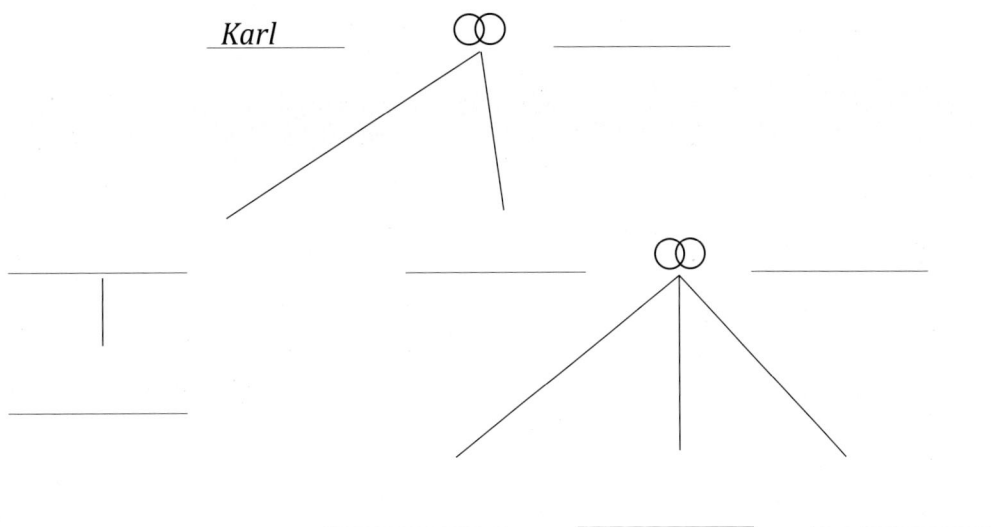

Karl ⊙⊙ _____

_____ | _____   _____ ⊙⊙ _____

_____

_____   _____   _____

Die Familie aus der Sicht von Hilde

Karl = _ihr Mann_____   Andreas = _____

Michael = _____   Miriam = _____

Max = _____   Beate = _____

Katrin = _____   Isa = _____

Autor: Dieter Maenner
Foto: © Fotolia, Yuri Arcurs (RF)

Cornelsen

| Obwohl | er | 65 Jahre alt | ist, | möchte | er | nicht in Rente | gehen. |

| Er | möchte | nicht in Rente | gehen, | obwohl | er | 65 Jahre alt | ist. |

| Er | ist | 65 Jahre alt. | Trotzdem | möchte | er | nicht in Rente | gehen. |

| Er | ist | 65 Jahre alt, | aber | er | möchte | nicht in Rente | gehen. |

| Sie | hat | in der letzten Nacht | schlecht | geschlafen. | Trotzdem | ist | sie | heute | nicht müde. |

| Sie | ist | heute | nicht müde, | obwohl | sie | letzte Nacht | schlecht | geschlafen | hat. |

| Sie | hat | in der letzten Nacht | schlecht | geschlafen, | aber | sie | ist | heute | nicht müde. |

| Ich | habe | den Film | dreimal | gesehen, | weil | er | sehr | spannend | war. |

| Ich | habe | den Film | dreimal | gesehen, | denn | er | war | sehr | spannend. |

| Der Film | war | sehr spannend. | Deshalb | habe | ich | ihn | dreimal | gesehen. |

| Weil | der Film | sehr spannend | war, | habe | ich | ihn | dreimal | gesehen. |

| Gestern | war | die Wohnung | sehr kalt, | weil | die Heizung | nicht funktioniert | hat. |

| Gestern | war | die Wohnung | sehr kalt, | denn | die Heizung | hat | nicht funktioniert. |

| Gestern | hat | die Heizung | nicht funktioniert. | Deshalb | war | die Wohnung | sehr kalt. |

Autor: Joachim Schote

Sie brauchen:

4 Münzen, 4 Spielfiguren, 24 Aufgabenkarten

Spielregeln:

1. Immer vier Personen aus dem Kurs spielen zusammen.
2. Alle vier Spielfiguren beginnen auf dem Feld „Start".
3. Jede/r Teilnehmer/in hat eine Münze. Werfen Sie die Münze der Reihe nach.
4. Bei „Zahl" gehen Sie ein Feld weiter, bei „Kopf" zwei Felder.
5. Wenn Sie auf ein Feld mit Ausrufezeichen (!) kommen, nehmen Sie eine Karte und lösen Sie die Aufgabe. Sie müssen den Satz mit „zu" plus Infinitiv ergänzen.
6. Wenn Ihre Lösung richtig ist, gehen Sie ein Feld weiter, wenn sie falsch ist, gehen Sie ein Feld zurück.
7. Sind Sie als Erste/r im Ziel? Herzlichen Glückwunsch – Sie haben gewonnen.

START	!		!	
!		!		!
	!		!	
!		!		!
	!		!	
!		!		!
	!		!	*ZIEL*

Autor: Joachim Schote

Ich habe manchmal keine Lust, …	Sie hat Angst, …	Ich habe selten Zeit, …	Er hat Probleme, …
Ich habe Lust, …	Ich habe oft Zeit, …	Ich vergesse manchmal, …	Es macht Spaß, …
Es ist schön, …	Es ist langweilig, …	Es ist nicht möglich, …	Ich habe angefangen, …
Ich helfe dir, …	Es ist leicht, …	Ich schlage vor, …	Es ist nicht einfach, …
Es ist interessant, …	Wir haben vergessen, …	Ich versuche, …	Es ist möglich, …
Ich liebe es, …	Ich hoffe, …	Es ist schwer, …	Wir planen, …

Unterschriften sammeln

*Haben Sie/
Hast du schon öfter
online eingekauft?*

1. Wer hat schon öfter online eingekauft?

   Name: _____

2. Wer hat seit kurzem ein neues Handy? Warum?

   Name: _____

3. Wer glaubt, dass er einen Monat ohne Handy leben kann?

   Name: _____

4. Wer lernt online Deutsch? Wie?

   Name: _____

5. Wer vergisst immer seine Passwörter?

   Name: _____

6. Wer hat schon schlechte Erfahrungen mit dem Internet gemacht? Welche?

   Name: _____

7. Wer hat kein Internet zu Hause?

   Name: _____

8. Wer hat zu Hause WLAN?

   Name: _____

9. Wer schreibt jeden Tag E-Mails?

   Name: _____

10. Wer macht viele Fotos mit seinem Handy?

    Name: _____

Autor: Dieter Maenner

A

? **Wozu /** **Handy** **kaufen**	**?** **Wozu /** **Deutsch** **lernen?**	**?** **Wozu /** **sich für ein** **Bewerbungs-** **training** **anmelden**	**?** **Wozu /** **im Baumarkt** **Farbe und** **Pinsel kaufen**
? **Wozu /** **Obst und** **Gemüse** **kaufen**	**?** **Wozu /** **so viel Sport** **machen**	**?** **Wozu /** **Kinder-** **bücher auf** **Deutsch** **kaufen**	**?** **Wozu /** **eine neue** **Stelle suchen**

B

immer **erreichbar** **sein**	**in** **Deutschland** **arbeiten** **können**	**sich auf das** **Vorstellungs-** **gespräch** **vorbereiten**	**meine** **Wohnung** **renovieren**
meine Kinder **sich gesünder** **ernähren**	**fitter sein**	**meine** **Tochter** **besser** **Deutsch** **lernen**	**mehr Geld** **verdienen**

	Sie hört Radio,
um gut informiert zu sein.	Anstatt das Auto reparieren zu lassen,
hat er es selbst gemacht.	Ich habe schon am Freitag eingekauft,
damit wir es nicht morgen machen müssen.	Sie hängt die Wäsche nicht auf dem Balkon auf,
sondern im Keller.	Er will nach dem Abitur lieber eine Ausbildung machen,
anstatt zu studieren.	Damit das Essen richtig gut wird,
lese ich das Rezept sehr genau.	Um pünktlich am Flughafen zu sein,
fahre ich morgen schon sehr früh von zu Hause weg.	Sie kauft Zugfahrkarten nicht im Internet,
sondern immer am Bahnhof oder im Reisebüro.	

Autor: Joachim Schote

Übersicht über den Deutsch-Test für Zuwanderer A2-B1

Hören

Sie hören jeden Text nur einmal.

Teil 1: Sie hören fünf Ansagen am Telefon oder per Lautsprecher. Die erste Ansage ist ein Beispiel. Bei jeder Ansage wählen Sie zwischen drei Möglichkeiten die richtige Lösung.

Teil 2: Sie hören fünf Ansagen oder Informationen aus dem Radio, z. B. Wetterbericht, Verkehrsinformationen.
Zwei Aufgabentypen sind möglich:
  a) allgemeine W-Fragen mit drei Kurzantworten zur Auswahl, von denen eine richtig ist.
  b) Satzanfänge mit drei Fortsetzungen zur Auswahl, von denen eine zu der Ansage passt.

Teil 3: Sie hören fünf kurze Gesprächssituationen. Die erste Situation ist ein Beispiel.
Für jede Gesprächssituation gibt es zwei Aufgaben:
  a) Eine Richtig/Falsch-Entscheidung
  b) Sie bekommen eine Frage mit drei Kurzantworten zur Auswahl, von denen eine richtig ist.

Teil 4: Sie hören Antworten auf eine Hörerumfrage zu einem Thema im Radio, z. B. zum Thema Erziehung oder Gesundheit.
Sie hören vier Antworten. Die erste Antwort ist ein Beispiel. Zur Auswahl stehen sechs Aussagen, in denen die Antworten aus der Umfrage zusammengefasst sind. Sie ordnen die Antworten den Aussagen zu.

Lesen

Teil 1: Sie lesen fünf Situationen. Dazu bekommen Sie eine Liste, z. B. eine Webseite mit Einkaufsmöglichkeiten, einen Wegweiser im Kaufhaus oder einer Behörde oder das Kursprogramm einer Volkshochschule.
Sie suchen für jede der Situationen den passenden Punkt in der Liste, z. B. die passende Abteilung im Kaufhaus oder den passenden Volkshochschulkurs.

Teil 2: Sie lesen fünf Situationen. Dazu bekommen Sie acht kurze Texte (z. B. Kleinanzeigen oder Werbetexte).
Sie suchen für jede Situation den passenden Text. Für eine Situation gibt es keinen passenden Text.

Teil 3: Sie lesen drei Texte, z. B. Zeitungsartikel oder Mitteilungen. Für jeden Text gibt es zwei Aufgaben.
  a) Eine Richtig/Falsch-Entscheidung
  b) Sie bekommen einen Satzanfang mit drei Fortsetzungen zur Auswahl, von denen eine zum Text passt.

Autor: Dieter Maenner; Weitere Informationen: Michaela Perlmann-Balme, Sybille Plassmann, Beate Zeidler, Deutsch-Test für Zuwanderer A2-B1, Prüfungsziele Testbeschreibung, Cornelsen Verlag, Berlin, 2009, S. 45 ff.

Teil 4: Sie lesen einen längeren Text, z. B. eine Produktinformation oder eine Gebrauchs-anweisung. Zu diesem Text lösen Sie drei Richtig/Falsch-Aufgaben.

Teil 5: Sie ergänzen in einem Text, z. B. einem Brief sechs Lücken. Für jede Lücke gibt es drei Auswahlmöglichkeiten.

Für Lesen Teil 1–5 haben Sie 45 Minuten Zeit.

Schreiben

Sie schreiben eine Kurzmitteilung, z. B. einen Entschuldigungsbrief, weil sie krank sind, eine Antwort auf eine Einladung oder eine Bitte an Nachbarn, Ihnen beim Umzug zu helfen. Sie können zwischen zwei Aufgaben wählen, zu denen Sie je vier Inhaltspunkte bekommen. Die Kurzmitteilung soll auch eine Anrede und einen Gruß enthalten.
Für die Kurzmitteilung haben Sie 30 Minuten Zeit.

Sprechen

In der Prüfung sind außer Ihnen selbst zwei Prüfende sowie in der Regel ein/e weitere/r Kandidat/in.

Teil 1: Sich vorstellen
Sie stellen sich vor (Name, Geburtsort, Wohnort usw. – ca. zwei Minuten). Der/die Prüfende stellt dazu einige Fragen.

Teil 2: Über eigene Erfahrungen sprechen
Sie erhalten ein Foto zu einem Alltagsthema, z. B. eine Familiensituation. Sie beschreiben kurz das Foto und sprechen dann über das Thema und über die eigenen Erfahrungen damit. Sie sprechen zunächst ca. zwei Minuten allein, anschließend stellt der/die Prüfende einige Fragen.

Teil 3: Gemeinsam etwas planen
Sie sollen gemeinsam mit Ihrem Prüfungspartner/Ihrer Prüfungspartnerin etwas planen, z. B. eine Feier. Dazu erhalten Sie einige Inhaltspunkte. Das Gespräch dauert ca. sechs Minuten.

Die Prüfungsteile werden separat bewertet:
- Hören und Lesen
- Schreiben
- Sprechen

Um in dem Test das **Gesamtergebnis B1** zu erreichen, müssen Sie in der mündlichen Prüfung sowie mindestens in einem anderen Prüfungsteil (Hören/Lesen oder Schreiben) das Niveau B1 erreichen.

Autor: Dieter Maenner; Weitere Informationen: Michaela Perlmann-Balme, Sybille Plassmann, Beate Zeidler, Deutsch-Test für Zuwanderer A2-B1, Prüfungsziele Testbeschreibung, Cornelsen Verlag, Berlin, 2009, S. 45 ff.

Der Deutsch-Test für Zuwanderer

In der Prüfung werden die vier Fertigkeiten Hören, Lesen, Schreiben und Sprechen geprüft.

Testteil	Aufgabe	Zeit
Hören		**25 Min.**
Hören 1	Ansagen und Durchsagen (im Bahnhof/Kaufhaus, am Telefon etc.) verstehen	
Hören 2	Kurze Informationen (Wetterberichte, Verkehrshinweise etc.) in den Medien verstehen	
Hören 3	Alltagsgespräche verstehen	
Hören 4	Verschiedene Meinungen zu einem Thema in Umfragen und Interviews verstehen	
Lesen		**45 Min.**
Lesen 1	Kataloge, Verzeichnisse, Übersichten verstehen	
Lesen 2	In Anzeigen Einzel- und Hauptinformationen verstehen	
Lesen 3	Zeitungsartikel und formelle Mitteilungen verstehen	
Lesen 4	Informationstexte zu Produkten, Veranstaltungen etc. verstehen	
Lesen 5	Einen Brief verstehen und Wörter ergänzen	
Schreiben		**30 Min.**
	Eine Kurzmitteilung schreiben	
Mündliche Prüfung **Sprechen**		**ca. 15-17 Min.**
Sprechen 1	Über sich sprechen, sich vorstellen Auf Nachfragen reagieren	
Sprechen 2	Über Erfahrungen sprechen Auf Nachfragen reagieren	
Sprechen 3	Gemeinsam etwas planen (Gespräch mit einem anderen Prüfungsteilnehmer/einer anderen Prüfungsteilnehmerin)	

aus: Prüfungstraining Deutsch-Test für Zuwanderer, Cornelsen Verlag Berlin, 2010, S. 6

gefallen	gehen	fliegen
geben	wachsen	finden
ziehen	schreiben	steigen
nennen	helfen	glauben
werden	sitzen	beginnen
sehen	denken	fahren
nehmen	wissen	arbeiten
leben	kommen	wohnen
essen	trinken	anfangen

gefiel	ging	flog
gab	wuchs	fand
zog	schrieb	stieg
nannte	half	glaubte
wurde	saß	begann
sah	dachte	fuhr
nahm	wusste	arbeitete
lebte	kam	wohnte
aß	trank	fing an

Wo haben Sie gewohnt, als Sie 10 Jahre alt waren?	**Wie sind Sie in die Schule gekommen, wenn das Wetter schlecht war?**	**Was hat Ihnen gefallen, als Sie nach Deutschland kamen?**	**Was haben Sie gemacht, als Sie gestern nach Hause kamen?**
Was haben Sie gemacht, als Sie das letzte Mal krank waren?	**Was haben Sie als Kind gemacht, wenn Sie viel Zeit hatten?**	**Was haben Sie als Kind gemacht, wenn Sie Geburtstag hatten?**	**Was haben Sie gemacht, als Sie das letzte Mal Geburtstag hatten?**
Laden Sie viele Leute ein, wenn Sie Geburtstag haben?	**Wie haben Sie sich gefühlt, als Sie in die Schule kamen?**	**Was haben Sie gekauft, als Sie das letzte Mal im Supermarkt waren?**	**Was hat Ihnen nicht gefallen, als Sie nach Deutschland kamen?**
Was machen Sie, wenn die Sonne scheint?	**Was machen Sie, wenn Sie krank sind?**	**Was machen Sie, wenn das Wetter schlecht ist?**	**Was machen Sie, wenn Sie heute nach Hause kommen?**
Was machen Sie, wenn Sie viel Zeit haben?	**Was sind Ihre Pläne, wenn der B1 Kurs vorbei ist?**	**Was kaufen Sie am liebsten, wenn Sie auf dem Markt sind?**	**Was machen Sie, wenn Sie Urlaub haben?**

Cornelsen

[Absender]

[Empfänger]

[Ort, Datum]

Ihr Stellenangebot in … vom …

– Sehr geehrte Damen und Herren,
– Sehr geehrte Frau …,
– Sehr geehrter Herr …,

– in Ihrer Stellenanzeige vom … in … suchen Sie …
– Ihr Stellenangebot interessiert mich, weil …
– mit großem Interesse habe ich Ihr Stellenangebot gelesen, weshalb ich Ihnen meine
  Bewerbung schicke.

– Zur Zeit arbeite ich als … bei …
– Im Moment bin ich als … bei … tätig.

– Ich suche eine neue Stelle, weil …
– Ich glaube, der Arbeitsplatz bei Ihnen bietet mehr Möglichkeiten als meine
  jetzige Stelle.
– Besonders interessant finde ich, dass ich bei Ihnen (im Team / selbstständig / …)
  arbeiten kann.

Weitere Informationen über meine Ausbildung und Berufserfahrung / Berufstätigkeit
finden Sie in der Anlage.

– Über die Möglichkeit eines persönlichen Gesprächs würde ich mich freuen.
– Ich würde mich freuen, wenn Sie mir die Möglichkeit zu einem persönlichen
  Gespräch geben würden.

– Sie erreichen mich telefonisch unter der oben angegebenen Nummer.
– Ich bin tagsüber unter der Telefonnummer / Handynummer … zu erreichen.

Mit freundlichen Grüßen

[Unterschrift]

Anlagen [tabellarischer Lebenslauf, Zeugniskopien, Referenzen]

Autor: Joachim Schote

Sie haben sechs Fragen an Ihren Partner/Ihre Partnerin. Ihr Partner/Ihre Partnerin hat sechs Fragen an Sie. Fragen Sie Ihren Partner/Ihre Partnerin. Er/Sie sucht dann ein passendes Bild und antwortet mit der Konjunktion, die unter dem Bild steht. Danach stellt Ihr Partner / Ihre Partnerin Ihnen Fragen. Beantworten Sie diese Fragen.

Beispiel:
A: Isabella und Ewa hatten Streit. Was ist vorher passiert?
B: Isabella hat Ewas Computer kaputt gemacht, bevor sie Streit hatten.
B: Wann gießt Frau Buchholz die Blumen ihrer Nachbarn?
A: Frau Buchholz gießt die Blumen, während die Nachbarn in Urlaub sind.

Isabella und Ewa hatten Streit. Was ist vorher passiert?	Evangelos hat eine Stelle als Verkäufer. Was hat er vorher gemacht?	Wann kann der Zug abfahren?
Wann wäscht Frau Ivanova ab?	Wann hört Ricardo Musik?	Wann hat es geregnet?

Frau Buchholz gießt die Blumen, während …

Bevor Herr Mayer …

Bevor Frau Gonzales …

Nachdem Elisabeth …

Oliver geht zur Arbeit, nachdem …

Sie trinkt Kaffee, während …

Sie haben sechs Fragen an Ihren Partner/Ihre Partnerin. Ihr Partner/Ihre Partnerin hat sechs Fragen an Sie. Fragen Sie Ihren Partner/Ihre Partnerin. Er/Sie sucht dann ein passendes Bild und antwortet mit der Konjunktion, die unter dem Bild steht. Danach stellt Ihr Partner / Ihre Partnerin Ihnen Fragen. Beantworten Sie diese Fragen.

Beispiel:
B: Wann gießt Frau Buchholz die Blumen ihrer Nachbarn?
A: Frau Buchholz gießt die Blumen, während die Nachbarn in Urlaub sind.
A: Isabella und Ewa hatten Streit. Was ist vorher passiert?
B: Isabella hat Ewas Computer kaputt gemacht, bevor sie Streit hatten.

Wann gießt Frau Buchholz die Blumen ihrer Nachbarn?	Herr Mayer geht in das Büro von Frau Schmidt. Was hat er vorher gemacht?	Frau Gonzales druckt einen Brief aus. Was hat sie vorher gemacht?
Wann liest Elisabeth die Briefe?	Wann geht Oliver zur Arbeit?	Wann trinkt Stella Kaffee?

Isabella hat …, bevor …

Bevor Evangelos …

Der Zug kann abfahren, nachdem …

Frau Ivanova wäscht ab, nachdem …

Ricardo hört Musik, während …

Während …, hat es geregnet.

Sie brauchen:

1 Würfel, 4 Spielfiguren, 24 Aufgabenkarten

Spielregeln:

1. Immer vier Personen spielen zusammen.
2. Alle vier Spielfiguren beginnen auf dem Feld „Start".
3. Würfeln Sie der Reihe nach.
4. Wenn Sie auf ein Feld mit Ausrufezeichen (!) kommen, nehmen Sie eine Karte und lösen Sie die Aufgabe. Benutzen Sie immer den Konjunktiv II.
5. Wenn Ihre Lösung richtig ist, gehen Sie ein Feld weiter. Wenn sie falsch ist, gehen Sie drei Felder zurück.
6. Sind Sie als Erste/r im Ziel? Herzlichen Glückwunsch – Sie haben gewonnen.

START	!		!	
!		!		!
	!		!	
!		!		!
	!		!	
!		!		!
	!		!	ZIEL

Autor: Joachim Schote

Was wünschen Sie sich für Ihren Beruf?	Was würden sie noch gerne lernen?	Wenn ich morgens länger schlafen könnte, …	Was sollten Kinder in der Freizeit nicht machen?
Machen Sie drei Vorschläge für eine Klassenparty.	Was erwarten Sie von guten Freunden?	Wie kann man Konflikte und Streit mit Nachbarn beenden?	Bitten Sie Ihren Nachbarn um Kleingeld für den Kaffeeautomaten.
Wie könnte man Alleinerziehenden helfen?	Wenn ich immer schlechte Laune hätte, …	Wenn man in Deutschland am Sonntag überall einkaufen könnte, …	Machen Sie drei Vorschläge für einen Ausflug in die Umgebung.
Wie kann man neue Freunde finden?	Wenn ich ein Auto hätte, …	Wo würden Sie gerne wohnen?	Wenn es nie regnen würde, …
Bitten Sie Ihren Nachbarn höflich um einen Kugelschreiber.	Was sollte man bei einem Bewerbungsgespräch beachten?	Wenn ich mehr Zeit hätte, …	Was möchten Sie im Unterricht am liebsten machen?
Beschreiben Sie in drei Sätzen Ihr Traumhaus.	Bitten Sie Ihren Lehrer höflich, den Konjunktiv II zu erklären.	Bitten Sie Ihren Nachbarn, Ihnen die Zeitung zu geben.	Bitten Sie Ihren Nachbarn um Informationen über sein Heimatland.

Autor: Joachim Schote

Schreiben und spielen Sie Dialoge. Die Dialoggrafiken helfen.

Geschenke und Einkauf

Dialog 1

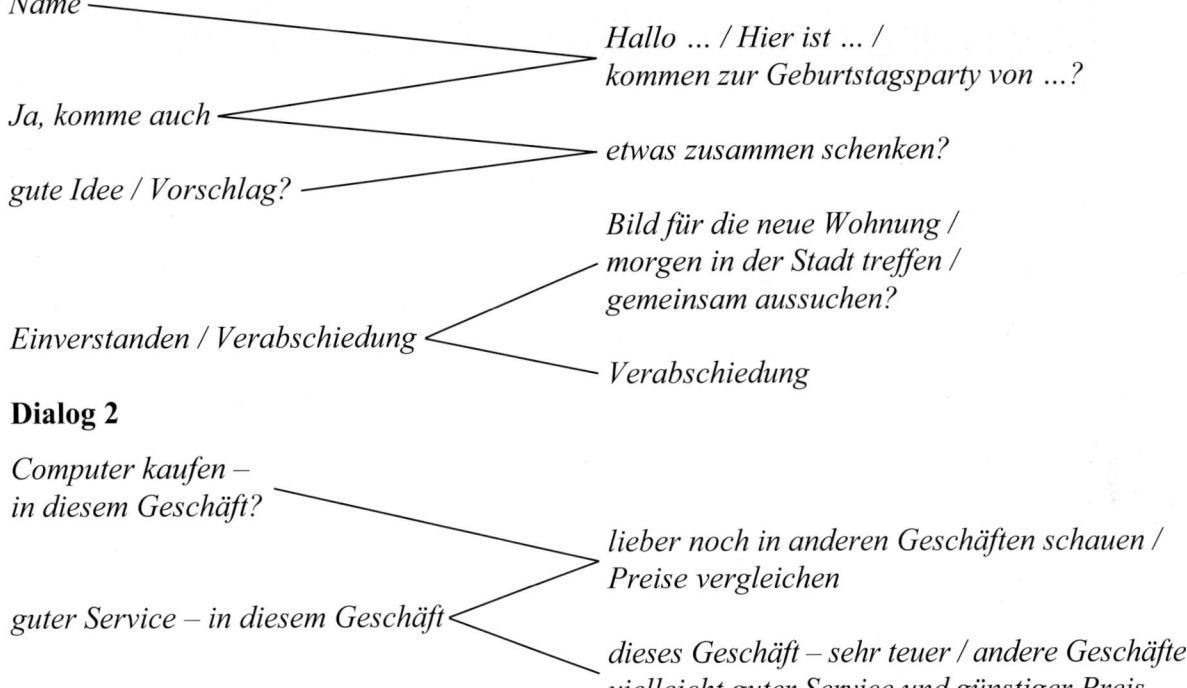

Name

Hallo ... / Hier ist ... /
kommen zur Geburtstagsparty von ...?

Ja, komme auch

etwas zusammen schenken?

gute Idee / Vorschlag?

Bild für die neue Wohnung /
morgen in der Stadt treffen /
gemeinsam aussuchen?

Einverstanden / Verabschiedung

Verabschiedung

Dialog 2

Computer kaufen –
in diesem Geschäft?

lieber noch in anderen Geschäften schauen /
Preise vergleichen

guter Service – in diesem Geschäft

dieses Geschäft – sehr teuer / andere Geschäfte /
vielleicht guter Service und günstiger Preis

Umtausch

Dialog 3

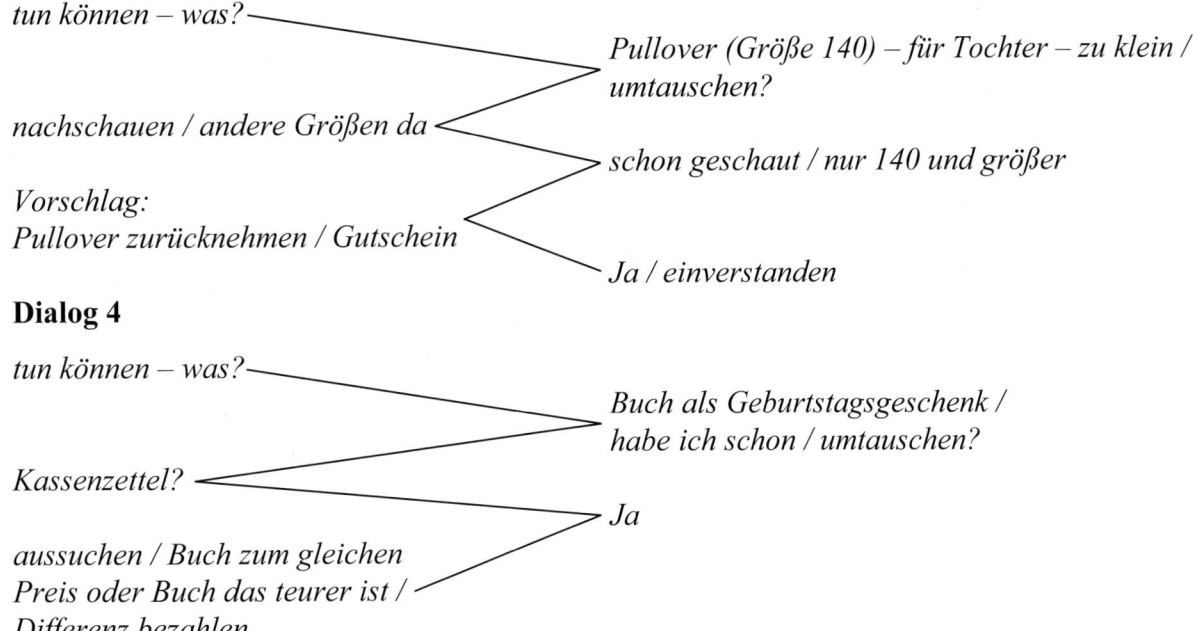

tun können – was?

Pullover (Größe 140) – für Tochter – zu klein /
umtauschen?

nachschauen / andere Größen da

schon geschaut / nur 140 und größer

Vorschlag:
Pullover zurücknehmen / Gutschein

Ja / einverstanden

Dialog 4

tun können – was?

Buch als Geburtstagsgeschenk /
habe ich schon / umtauschen?

Kassenzettel?

Ja

aussuchen / Buch zum gleichen
Preis oder Buch das teurer ist /
Differenz bezahlen

Sie planen gemeinsam mit zwei Freunden eine Urlaubsreise. Die Reise soll im Juli stattfinden und eine Woche dauern. Sie möchten am liebsten einen Wanderurlaub in den Bergen machen. Ihre beiden Freunde haben andere Vorschläge. Diskutieren Sie mit Ihren Freunden und finden Sie ein gemeinsames Urlaubsziel.

Nennen Sie die Vorteile Ihres Urlaubswunsches, z. B.: Wandern ist gesund, man ist immer draußen in der Natur, …

Sie planen gemeinsam mit zwei Freunden eine Urlaubsreise. Die Reise soll im Juli stattfinden und eine Woche dauern. Sie würden gerne eine Städtetour machen und zwei bis drei Städte besuchen. Ihre beiden Freunde haben andere Vorschläge. Diskutieren Sie mit Ihren Freunden und finden Sie ein gemeinsames Urlaubsziel.

Nennen Sie die Vorteile Ihres Urlaubswunsches, z. B.: Man kann Museen besuchen, in denen es interessante Informationen gibt, man macht neue Erfahrungen, …

Sie planen gemeinsam mit zwei Freunden eine Urlaubsreise. Die Reise soll im Juli stattfinden und eine Woche dauern. Sie würden gerne eine Woche Strandurlaub machen. Ihre beiden Freunde haben andere Vorschläge. Diskutieren Sie mit Ihren Freunden und finden Sie ein gemeinsames Urlaubsziel.

Nennen Sie die Vorteile Ihres Urlaubswunsches, z. B.: Man kann im Meer schwimmen, ein Strandurlaub bietet viel Erholung, abends kann man ausgehen, …

Autor: Joachim Schote

	der Schein
werfer	das Warn
dreieck	der Seiten
spiegel	der Koffer
raum	die Motor
haube	die Warn
weste	der Erste-
Hilfe-Kasten	die Windschutz
scheibe	der Wagen
heber	der Sicherheits
gurt	der Werkzeug
koffer	das Gas
pedal	der Scheiben
wischer	das Lenk
rad	

Autor: Joachim Schote

	Fliesbach ist ein kleiner Ort,
wo ich als Kind gelebt habe.	Dort gab es wenig Verkehr,
was mir sehr gut gefiel.	Dann wurde um Fliesbach eine Autobahn gebaut,
wo früher ein schöner Wald war.	Hier ist ein Foto,
wo man sehen kann, wie Fliesbach früher aussah.	Auf dem Foto kann man gut sehen,
was sich verändert hat.	Heute lebe ich Frankfurt,
wo das Leben viel hektischer ist als in Fliesbach.	Ich habe eine gute Arbeit gefunden,
was nicht einfach war.	Jetzt suche ich eine größere Wohnung,
was auch nicht so leicht ist.	Am Samstag kamen Freunde aus Fliesbach zu Besuch,
was mich immer sehr freut.	Zusammen sind wir an den See gefahren,
wo wir auch als Kinder immer gebadet haben.	

Autor: Dieter Maenner

Kopiervorlage 19

**Lektion 8
Was war zuerst? Was war danach?**

8

Tom hört heute Morgen den Wecker nicht.	Tom hat Sonntagabend lange gefeiert.
Tom kommt ins Büro.	Im Büro macht er erst einmal einen Kaffee.
Sie schaltet den Computer aus.	Naomi speichert ihre Texte.
Am Abend kommt sie sehr spät nach Hause.	Auf der Autobahn steht Naomi sehr lange im Stau.
Nadine macht eine Radtour.	Nadine repariert ihr Fahrrad.
Sie kaufen einen neuen Fernseher.	Laura und John vergleichen Preise.
Sie bringen ihn zurück in den Elektromarkt.	Der Fernseher funktioniert nicht.
Wir melden uns zur Prüfung an.	Wir bereiten uns gut auf die Prüfung vor.

Kopie A

Ordnen Sie zusammen mit Ihrem Partner / Ihrer Partnerin die Teile von zwei kurzen Dialogen. Dialog 1 ist ein Dialog bei der Bank wegen eines Kredits, Dialog 2 ist ein Gespräch zwischen einem Mietinteressenten und einem Vermieter. Sie haben von jedem Dialog vier Teile. Ihr Partner / Ihre Partnerin hat die anderen Teile. Spielen Sie die Dialoge, wenn Sie sie in die richtige Reihenfolge gebracht haben.

Dialog 1							Dialog 2						
B													

A Das stimmt. Aber wir müssen viel renovieren, was Geld kostet und die Miete finde ich auch ziemlich hoch.

B Guten Tag, ich möchte gerne eine Reparaturwerkstatt für Computer eröffnen und brauche dafür einen Kredit.

C Ich finde sie nicht schlecht, aber vielleicht etwas zu dunkel.

D Ich habe 18.000 Euro Eigenkapital, aber ich brauche insgesamt etwa 30.000 Euro.

E Ja, das sollten wir. Darf ich jetzt den Büroraum sehen?

F Ja, ich habe ein Girokonto bei Ihnen.

G Toll, dieser Raum hat sogar Platz für zwei Schreibtische. Wenn wir uns über die Miete einigen können, nehme ich die Räume.

H Wie lange dauert das?

- -

Kopie B

Ordnen Sie zusammen mit Ihrem Partner / Ihrer Partnerin die Teile von zwei kurzen Dialogen. Dialog 1 ist ein Dialog bei der Bank wegen eines Kredits, Dialog 2 ist ein Gespräch zwischen einem Mietinteressenten und einem Vermieter. Sie haben von jedem Dialog vier Teile. Ihr Partner / Ihre Partnerin hat die anderen Teile. Spielen Sie die Dialoge, wenn Sie sie in die richtige Reihenfolge gebracht haben.

Dialog 1							Dialog 2						
							J						

I Dann brauchen Sie also 12.000 Euro Kredit. Aber wir müssen zuerst Ihre Unterlagen prüfen.

J Das sind die Geschäftsräume, die wir vermieten wollen.

K Dann möchte ich zuerst gerne wissen, ob Sie bei uns ein Konto haben.

L Ja, natürlich. Hier ist er.

M Mit der richtigen Beleuchtung und helleren Möbeln wirkt der Raum sicher viel freundlicher und heller.

N Normalerweise drei bis vier Tage.

O Wie hoch soll der Kredit denn sein?

P Über die Miete können wir noch sprechen.

Autor: Joachim Schote

Sie brauchen:

4 Münzen, 4 Spielfiguren 24 Aufgabenkarten

Spielregeln:

1. Immer vier Personen aus dem Kurs spielen zusammen.
2. Alle vier Spielfiguren beginnen auf dem Feld „Start".
3. Jede/r Teilnehmer/in hat eine Münze. Werfen Sie die Münze der Reihe nach.
4. Bei „Zahl" gehen Sie ein Feld weiter, bei „Kopf" zwei Felder.
5. Wenn Sie auf ein Feld mit Ausrufezeichen (!) kommen, nehmen Sie eine Karte und ergänzen Sie den Satz.
6. Wenn Ihre Lösung richtig ist, gehen Sie ein Feld weiter, wenn sie falsch ist, gehen Sie ein Feld zurück.
7. Sind Sie als Erste/r im Ziel? Herzlichen Glückwunsch – Sie haben gewonnen.

START	!		!	
!		!		!
	!		!	
!		!		!
	!		!	
!		!		!
	!		!	*ZIEL*

Cornelsen

Autor: Joachim Schote

Seit ich mehr Sport mache, …	Nachdem er den Führerschein gemacht hatte, …	Wenn sie abends nach Hause kam, …	Ich denke, dass …
Wir lernen Grammatik, damit …	Als ich vier Jahre alt war, …	Können Sie mir sagen, ob …	Bevor er seine Freundin anruft, …
Weil …, hat sie ihn nicht angerufen.	Ich möchte gerne wissen, wie …	Weil die Wettervorhersage für das Wochenende gut ist, …	Seit sie eine Berlinreise gemacht haben, …
Obwohl er Abitur gemacht hat, …	Während die Fernsehsendung lief, …	Sie schwimmt nicht im Meer, obwohl …	Während …, haben wir Essen gekocht.
Als …, konnte er schon lesen und schreiben.	Nachdem …, brachte sie ihr Fahrrad in die Werkstatt.	Bevor …, muss ich die Fahrräder aus dem Keller holen.	Seit …, interessieren sie sich sehr für andere Länder.
Wenn …, sollte man elektrische Geräte ausschalten.	Um Energie zu sparen, …	Frau Marx geht zum Bürgeramt, um …	…, damit die Kinder bessere Chancen im Leben haben.

Autor: Joachim Schote

Sie haben Informationen, Ihr Partner/Ihre Partnerin hat andere Informationen. Fragen Sie Ihren Partner/Ihre Partnerin und kreuzen Sie an. Beantworten Sie dann seine/ihre Fragen.

Was trinkt Julia am liebsten?

Sie trinkt gerne Tee, aber lieber trinkt sie Kaffee und am liebsten Apfelsaft.

Welche Musik findet Yoko am interessantesten?

Sie findet Klassik interessant, aber Jazz findet sie interessanter. Am interessantesten findet sie Pop.

Was trinkt Julia am liebsten? ☐ Tee ☐ Kaffee ☐ Apfelsaft

Welche Musik findet Yoko am interessantesten? Klassik ☺ Jazz ☺ ☺ Pop ☺ ☺ ☺

Wer hat am meisten Geld dabei? ☐ Yoko ☐ Julia ☐ Anja

Welche Schlange ist am längsten? Klapperschlange: bis 2,40 Meter – Boa Constrictor: bis 3,60 Meter – Anakonda: bis 9 m

Welche Insel ist am größten? ☐ Fehmarn ☐ Usedom ☐ Rügen

Welches Tier ist am schwersten? Nashorn 3-4 t – Elefant 5-6 t – Blauwal 190 t (t = Tonne, 1 Tonne = 1000 kg)

Wer spielt am besten Gitarre? ☐ Claudia ☐ Martin ☐ Sabine

Wo ist es am wärmsten? Berlin: 29 °C – Hamburg 26 °C – Hannover: 24 °C

Wo ist es am kältesten? ☐ München ☐ Nürnberg ☐ Frankfurt

Welcher See ist am tiefsten? Chiemsee: 73 m – Starnberger See: 128 m – Bodensee: 254 m

Welche Stadt ist am kleinsten? ☐ Wolfstein ☐ Gebesee ☐ Bad Grund

Welches Tier braucht am wenigsten Schlaf? Löwe: bis zu 18 Stunden – Igel: bis zu 20 Stunden – Elefant: 2–6 Stunden

Welches Fahrzeug ist am schnellsten? ☐ ICE ☐ Regionalexpress ☐ U-Bahn

Welches Tier lebt am längsten? Grönlandwal: 175 bis 200 Jahre – Hummer: bis zu 100 Jahre – Elefant: bis zu 60 Jahre

Welches Tier kann am höchsten springen? ☐ Hund ☐ Puma ☐ Delfin

Welche Stadt ist am ältesten? Berlin ca. 780 Jahre alt – München ca. 850 Jahre alt – Trier ca. 2030 Jahre alt

Autor: Joachim Schote

Sie haben Informationen, Ihr Partner/Ihre Partnerin hat andere Informationen. Fragen Sie Ihren Partner/Ihre Partnerin und kreuzen Sie an. Beantworten Sie dann seine/ihre Fragen.

Was trinkt Julia am liebsten?	*Sie trinkt gerne Tee, aber lieber trinkt sie Kaffee und am liebsten Apfelsaft.*
Welche Musik findet Yoko am interessantesten?	Sie findet Klassik interessant, aber Jazz findet sie interessanter. Am interessantesten findet sie Pop.

Was trinkt Julia am liebsten?   Tee ☺ Kaffee ☺ ☺ Apfelsaft ☺ ☺ ☺

Welche Musik findet Yoko am interessantesten?   ☐ Klassik ☐ Jazz ☐ Pop

Wer hat am meisten Geld dabei?   Yoko: 35 Euro – Julia 49 Euro – Anja 67 Euro

Welche Schlange ist am längsten?   ☐ Klapperschlange ☐ Boa Constrictor ☐ Anakonda

Welche Insel ist am größten?   Fehmarn: 185 km² – Usedom: 445 km² – Rügen: 926 km²

Welches Tier ist am schwersten?   ☐ Nashorn ☐ Elefant ☐ Blauwal

Wer spielt am besten Gitarre?   Claudia ☺ Martin ☺ ☺ Sabine ☺ ☺ ☺

Wo ist es am wärmsten?   ☐ Berlin ☐ Hamburg ☐ Hannover

Wo ist es am kältesten?   München: –2 °C – Nürnberg: 0 °C – Frankfurt: 3 °C

Welcher See ist am tiefsten?   ☐ Chiemsee ☐ Starnberger See ☐ Bodensee

Welche Stadt ist am kleinsten?   Wolfstein: 2000 Einwohner – Gebesee: 2200 Einwohner – Bad Grund: 2400 Einwohner

Welches Tier braucht am wenigsten Schlaf?   ☐ Löwe ☐ Igel ☐ Elefant

Welches Fahrzeug ist am schnellsten?   ICE: 300 km/h – Regionalexpress: bis zu 160 km/h – U-Bahn: 70 km/h

Welches Tier lebt am längsten?   ☐ Grönlandwal ☐ Hummer ☐ Elefant

Welches Tier kann am höchsten springen?   Hund 3.9 m – Puma 5 m – Delfin 7 m

Welche Stadt ist am ältesten?   ☐ Berlin ☐ München ☐ Trier

Autor: Joachim Schote

der Vogel **"-**	**der Hund** **-e**	**die Maus** **"-e**	**das Pferd** **-e**
das Huhn **"-er**	**das Schaf** **-e**	**das Schwein** **-e**	**der Hase** **-n**
die Kuh **"-e**	**das Chamäleon** **-s**	**der Bär** **-en**	**der Löwe** **-n**
die Giraffe **-n**	**der Elefant** **-en**	**die Gans** **"-e**	**das Känguru** **-s**
der Affe **-n**	**der Fisch** **-e**	**der Wolf** **"-e**	**das Krokodil** **-e**
die Schlange **-n**	**die Fliege** **-n**	**die Biene** **-n**	**die Spinne** **-n**

Sie brauchen:

1 Würfel, 4 Spielfiguren, 24 Aufgabenkarten

Spielregeln:

1. Immer vier Personen spielen zusammen.
2. Alle vier Spielfiguren beginnen auf dem Feld „Start".
3. Würfeln Sie der Reihe nach.
4. Wenn Sie auf ein Feld mit Ausrufezeichen (!) kommen, nehmen Sie eine Karte und erklären Sie mit einem Relativsatz, z. B.: *Schlafende Hunde → Schlafende Hunde sind Hunde, die schlafen.*
5. Wenn Ihre Lösung richtig ist, gehen Sie ein Feld weiter. Wenn sie falsch ist, gehen Sie drei Felder zurück.
6. Sind Sie als Erste/r im Ziel? Herzlichen Glückwunsch – Sie haben gewonnen.

START	!		!	
!		!		!
	!		!	
!		!		!
	!		!	
!		!		!
	!		!	*ZIEL*

Autor: Joachim Schote

Ein lachendes Kind	Spielende Kinder	Ein fahrendes Auto	Ein abfahrender Zug
Ein von rechts kommender PKW	Laut diskutierende Menschen	Eine auf dem Land lebende Familie	Eine beratende Organisation
Sich streitende Nachbarn	Demonstrierende Arbeitnehmer	Eine gut verdienende Mitarbeiterin	Singende Menschen
Ein nach links abbiegendes Fahrzeug	Ein frei laufender Hund	Ein wartender Bus	Ein startendes Flugzeug
Ein auf dem Boden liegender Mann	Der behandelnde Arzt	Ein an der Wand hängendes Bild	Auf gutes Wetter hoffende Touristen
Schlafende Hunde	Die gut aussehende Frau	Ein weinendes Kind	Der aus München stammende Fußballspieler

Autor: Joachim Schote

	Ich kann sowohl Auto
als auch Motorrad fahren.	Ich spreche weder Spanisch
noch Portugiesisch.	Entweder kaufe ich eine Jacke
oder einen Mantel.	Wir machen nicht nur im Sommer Urlaub,
sondern auch im Winter.	Morgen gibt es sowohl Regen
als auch Sonne.	Wir machen entweder einen Spaziergang
oder eine Radtour.	Sowohl regelmäßige Bewegung
als auch gesunde Ernährung sind wichtig für ein gesundes Leben.	Man sollte weder zu viel Fleisch
noch zu viel Wurst essen.	Der Supermarkt verkauft nicht nur Lebensmittel,
sondern auch Kleidung.	Meine Wohnung ist weder groß
noch hell.	Er will entweder Ingenieur
oder Arzt werden.	

Fragen Sie Ihren Partner/Ihre Partnerin und machen Sie Notizen.

1. Wie funktionieren in Ihrem Heimatland Wahlen?

2. Ab welchem Alter darf man bei Ihnen wählen?

3. Welche Parteien gibt es in Ihrem Land?

4. Gibt es in Ihrem Land einen König/eine Königin?

5. Was sind Ihrer Meinung nach die wichtigsten politischen Probleme in Deutschland?

6. Was sollte die Politik beim Thema Umwelt ändern?

7. Was sollte die Politik beim Thema Gesundheit und Familie besser machen?

8. Sollte die Politik beim Thema Integration von Migranten und in der Ausländerpolitik etwas ändern?

9. Was würden Sie machen, wenn Sie Bundeskanzlerin oder Bundeskanzler wären?

10. Was würden Sie machen, wenn Sie Bürgermeisterin oder Bürgermeister wären?

| Werden | die Menschen | in der Zukunft | besser | leben? |

| Ich | würde | gerne | mehr | über die Zukunft | wissen. |

| In der Sandstraße | werden | die Autos | von der Polizei | kontrolliert. |

| In zwei Monaten | werden | wir | heiraten. |

| In der Fabrik | wird | auch sonntags | gearbeitet. |

| Ich | kann | mir | die Zukunft | nicht vorstellen. |

| Im letzten Sommer | wurden | sehr hohe | Temperaturen | gemessen. |

| In Zukunft | werden | die erneuerbaren Energie | eine immer größere Rolle | spielen. |

| Sie | würden | gerne | ein eigenes Haus | kaufen. |

| Früher | wurde | viel mit Kohle | geheizt. |

| Würden | Sie | gerne | in einer anderen Zeit | als heute | leben? |

| Werdet | ihr | am Bahnhof | abgeholt? |

1. Diese Wörter haben Sie in Pluspunkt Deutsch B1 gelernt. Ordnen Sie die Wörter in Gruppen. Schreiben Sie Ihre Gruppen (Wortfelder) auf ein großes Plakat und vergleichen Sie im Kurs.

Abgase	giftig	Schmerzen
Abgeordnete	gleichberechtigt	Schulden
abschleppen	Gutschein	selbstständig
angestellt	heizen	sich beschäftigen
anklicken	herstellen	sich verändern
Anlage	Impfung	sparsam
App	Internet	Stau
Arbeitsvertrag	kaufmännisch	stolz
Ausfahrt	Klimawandel	Umleitung
ausschildern	klug	Umsatz
benutzen	körperlich	umtauschen
beraten	Kredit	Umwelt
bescheiden	Kundendienst	unbefristet
Beschwerden	Kündigung	Unfall
Bewerbung	Lärm	Unternehmen
Beziehung	Meldung	untersuchen
Demokratie	minderjährig	Verbraucherschutz
Durchsage	Mülltrennung	Verfassung
Eigenschaft	nervös	Vergangenheit
Einkommen	neugierig	verschwenden
Entwicklung	online	Versicherung
Erfahrung	Operation	vorsichtig
Erwartung	Opposition	wählen
Erziehung	Partnerschaft	wahrscheinlich
Existenzgründung	Produkt	Zeuge
Gegenwart	Prognose	Zeugnis
Gehalt	Qualität	Zukunft
Geschäftsidee	Regierung	zurücknehmen
Gesetz	schädlich	zuständig
Gewerbe	Scheidung	zuverlässig

2. Schreiben Sie die Artikel zu den Nomen.

3. Ergänzen Sie weitere Wörter zu den Wortfeldern.

Autor: Dieter Maenner

Notizen

Notizen